T0197056

Die ersten Bewerbungen für Schüler und Studierende

Tamara Schrammel

Die ersten Bewerbungen für Schüler und Studierende

Ein persönlicher Ratgeber für Ausbildung, Gap-Jahr, (Duales) Studium und Praktika

2., überarbeitete und aktualisierte Auflage

Tamara Schrammel
Burgthann, Bayern, Deutschland

ISBN 978-3-658-37931-5   ISBN 978-3-658-37932-2   (eBook)
https://doi.org/10.1007/978-3-658-37932-2

Die Deutsche Nationalbibliothek verzeichnet diese Publikation in der Deutschen Nationalbibliografie;
detaillierte bibliografische Daten sind im Internet über http://dnb.d-nb.de abrufbar.

Planung/Lektorat: Irene Buttkus
Springer ist ein Imprint der eingetragenen Gesellschaft Springer Fachmedien Wiesbaden GmbH und ist
ein Teil von Springer Nature.
Die Anschrift der Gesellschaft ist: Abraham-Lincoln-Str. 46, 65189 Wiesbaden, Germany

Für Jean und Christian

Vorwort zur zweiten Auflage

Zwischen dem Erscheinen der ersten und der zweiten Auflage dieses Buches liegt die COVID-19-Pandemie. Es ist keine Übertreibung zu sagen, dass diese das Leben, so wie wir es bis dahin kannten, komplett auf den Kopf gestellt hat. Junge Menschen waren in besonderem Maß von den Veränderungen betroffen. Von jetzt auf gleich wurde der gesamte Unterricht virtuell abgehalten und Online-Meetings waren mit einem Mal fester Bestandteil des täglichen Lebens. Computer, Headsets und Webcams wurden gekauft und angesichts von Klassen- und Studienarbeiten, Präsentationen und Tests konnte man nur hoffen, dass die Internetverbindung stabil blieb. Mit einem Mal war es enorm schwierig, neben Schule und Studium überhaupt noch Berufserfahrung zu sammeln, da Schul- und Studierendenpraktika sowie Auslandssemester Großteils ausfielen. Bewerbungsverfahren, wenn sie überhaupt stattfanden, wurden teilweise komplett online durchgeführt und viele Bewerbungstrainings fielen aus. Es war vorher schon nicht leicht, im Bewerbungsprozess positiv aufzufallen, doch seit Beginn der Pandemie hat sich die Situation noch verschärft. Vorstellungsgespräche und sogar Assessment Center fanden mit einem Mal virtuell daheim am

Computer statt. Ein weiterer unbekannter Faktor, der es gerade für alle, die sich zum allerersten Mal bewerben, nicht einfacher gemacht hat.

Aus Sicht vieler großer Unternehmen war die Umstellung des Bewerbungsprozesses auf virtuelle Zoom- und Teams-Meetings dagegen weit weniger gravierend. Hier hatte man in der Regel bereits Erfahrung in der digitalen Zusammenarbeit. Tatsächlich haben viele Arbeitgeber durch die zwangsweise Umstellung auf Online-Prozesse deren Vorteile erkannt. Gut möglich, dass auch nach Ende der Pandemie in der *„New Normal"*-Bewerbungslandschaft viele Arbeitgeber auch künftig Teile ihres Bewerbungsverfahrens online abhalten werden. Der Aspekt der virtuellen bzw. Online-Bewerbung wird sich künftig aus der Bewerbungslandschaft nicht mehr wegdenken lassen. Aufgrund der wachsenden Bedeutung und Relevanz des Online-Bewerbungsverfahrens geht die Neuauflage dieses Ratgebers auch detailliert darauf ein, was es dabei zu beachten gilt.

Zu den neu hinzugekommenen Inhalten in der zweiten Auflage gehören auch ein Abschnitt zur kreativen Bewerbung und zusätzliche Details zur Bewerbung nach dem Studium. Diese resultieren aus dem Feedback und den Fragen, die ich seit der ersten Veröffentlichung erhalten habe. Neu ist in diesem Zusammenhang auch ein kreativerer Beispiellebenslauf. Darüber hinaus wurden alle Informationen, Daten und Links aktualisiert und auf den neuesten Stand gebracht.

Auf diese Weise wird der Leser durch die Lektüre dieses Buches auf alle Eventualitäten angesichts virtueller und Vor-Ort-Bewerbungsverfahren vorbereitet. Gerade in Zeiten wachsender Ungewissheit und einer sich immer schneller verändernden Welt ist die richtige Unterstützung zur richtigen Zeit essenziell für den beruflichen Erfolg. Genau darum soll es in diesem Buch gehen.

Ich wünsche dir viel Freude beim Lesen dieses Buches, viele nützliche Erkenntnisse und ganz besonders: Viel Glück und Erfolg bei deinen ersten Bewerbungen!

Burgthann   Tamara Schrammel
im Sommer 2022

Vorwort zur ersten Auflage

Mir ist bereits vor Jahren aufgefallen, dass viele junge Menschen – egal ob sie sich in der Schule, der Ausbildung, oder im Studium befinden – häufig nicht wissen, wie gute Bewerbungsunterlagen auszusehen haben und was sie im Bewerbungsprozess konkret erwartet. Dabei kann die richtige Unterstützung zur richtigen Zeit auf die ganze (berufliche) Zukunft eines jungen Menschen von entscheidender Bedeutung sein.

Wirklich bewusst, wie nötig und wertvoll Bewerbungshilfe tatsächlich sein kann, wurde mir ganz konkret vor einigen Jahren, als sich mein damals 16-jähriger kleiner Bruder Timo kurz vor dem Realschulabschluss für einen Ausbildungsplatz beworben hat und um dabei um Hilfe gebeten hat. Ich habe ihn gerne bei der Erstellung der Bewerbungsunterlagen und der Vorbereitung auf das Bewerbungsgespräch geholfen und es macht mich noch heute sehr stolz, dass fast alle seiner Bewerbungen letztlich zu einer Zusage geführt haben. Er hatte letztlich den Luxus, aus einer Reihe sehr guter Ausbildungsplätze (u. a. bei namhaften Firmen wie Siemens, Diehl und Bionorica) einen auswählen zu können. Ich finde, so sollte es allen jungen Menschen gehen. Timo hat bei den Bewerbungsverfahren aus eigener Kraft überzeugt und hätte er sich nicht für die Ausbildungsrichtungen geeignet, wäre er auch nicht so erfolgreich gewesen. Und trotzdem wäre er ganz ohne Hilfe wahrscheinlich schon an den ersten Hürden, der Identifikation passender Ausbildungsplätze und dem Erstellen guter Bewerbungsunterlagen, gescheitert. Ein bisschen wie ein Marathonläufer, der Probleme hat, seine Schuhe richtig zu schnüren und deshalb erst gar nicht am Rennen teilnehmen, geschweige denn jemals das Ziel erreichen kann.

Der Erfolg meines kleinen Bruders hat mich motiviert und in mir den Wunsch geweckt, auch anderen jungen Menschen zu helfen. Aus diesem Grund habe ich mit der Volkshochschule Bewerbungstrainings an Schulen unterstützt und sowohl an der Hochschule als auch später in der Arbeit im Rahmen diverser Veranstaltungen immer wieder die Fragen von Schülern bzw. Studenten betreffend die beruflichen Möglichkeiten und der dafür nötigen Bewerbungsverfahren beantwortet und meine Erfahrungen geteilt. Dabei ist mir aufgefallen, dass es besonders viele Fragen zur Bewerbung um einen Ausbildungsplatz und einen Dualen Studienplatz gab. Aufgrund dieses großen Interesses habe ich beschlossen, diesen Ratgeber zu schreiben und darin nicht nur auf das „klassische" Bewerbungs-Handwerkszeug, wie dem Erstellen der Bewerbungsunterlagen einzugehen, sondern auch meine persönlichen Erfahrungen hierzu offen zu teilen. Ganz so, wie ich es bei meinem kleinen Bruder getan habe. Ich hoffe, auf diese Weise junge Menschen in den unterschiedlichsten Bewerbungssituationen – sei es als Schüler, Absolvent oder Student – bei der Identifikation und Erreichung ihrer persönlichen, beruflichen Ziele unterstützen zu können.

Mehrwert dieses Ratgebers
Mein Ziel ist es, den Leser dieses Buches mit der gleichen Energie und Offenheit bei seiner Bewerbung zu unterstützen wie damals erfolgreich meinen kleinen Bruder. Dieser Ratgeber soll durch die enthaltenen persönlichen Beispiele und Erfahrungen in einer Vielzahl unterschiedlicher Bewerbungssituationen einen echten Mehrwert zusätzlich zur Unterstützung seitens wohlwollender Verwandter, Bekannter und Lehrer bieten.

Alles, was ich heute über Bewerbungen sagen und schreiben kann, weiß ich aus eigener Erfahrung, vielen erfolgreichen Bewerbungen, unter anderem bei Siemens und McKinsey, aber auch einigen Niederlagen. Ich denke, man muss nicht jede Erfahrung immer selbst machen, manchmal kann man getrost von den Fehlern und Erfolgen anderer lernen. Da meine eigene Schulzeit inzwischen dreizehn Jahre zurückliegt, habe ich heute genug Abstand, um objektiv und sachlich zurückzublicken. Gleichzeitig bin ich noch nah genug dran, um mich noch sehr deutlich an die Nervosität vor meinen ersten (und den darauffolgenden) Bewerbungsprozessen erinnern zu können. Entsprechende Gefühle kann ich deshalb noch gut nachvollziehen.

Erfahrungsgemäß möchten viele Eltern ihren Kindern bei deren ersten Bewerbungen unterstützen, verfügen aber oft nicht über das notwendige aktuelle Wissen. In der Regel liegt die letzte eigene Bewerbung schon einige Jahrzehnte zurück. Seither hat sich naturgemäß vieles verändert. Nicht selten schlagen Kinder zudem einen anderen Lebensweg ein als ihre Familien, was es diesen oft doppelt schwermacht, zu helfen. Dies war damals auch bei mir der Fall. Mein Vater ist Berufskraftfahrer für Schwertransport und meine Mutter Erzieherin, heute leitet sie einen kleinen Kindergarten. Sie taten sich schwer, mir bei meinen eigenen Bewerbungen zu helfen, etwa für ein Au-pair-Jahr in Amerika, für das Duale Studium oder die Studienabschlussarbeit in Thailand. Nie werde ich in diesem Zusammenhang eine Diskussion mit meinem Vater bezüglich der Frage vergessen, ob die Berufe der Eltern noch im Lebenslauf des Kindes angegeben werden oder nicht. Das werden sie übrigens nicht (mehr über Inhalt und Aufbau der Bewerbungsmappe siehe Abschn. 3.1). Auch Lehrer können eine große Unterstützung bei der Bewerbungsvorbereitung sein. Ich habe Lehrer gesehen, die sich dabei sehr bemühen und auf die Aktualität der Informationen sowie eine ansprechende Vermittlung an die Schüler großen Wert legen. Dieses Engagement ist großartig. Trotzdem fehlt es Lehrern naturgemäß meist an persönlichen Erfahrungen angesichts Bewerbungen in Wirtschaftsunternehmen und Industriebetrieben.

Von diesem Buch können sowohl Schüler, Schulabsolventen als auch Studenten profitieren, da auf alle gängigen Bewerbungen von Schülerpraktikum über Gap-Jahr, Ausbildung, Studium, Duales Studium bis hin zur Studienabschlussarbeit (sowie neu in der 2. Auflage auch auf die Bewerbung nach dem Studium) detailliert eingegangen wird. Aufgrund der breiten Palette an abgedeckten Bewerbungen kann (und soll) dieses Buch ein langjähriger Begleiter und Ratgeber sein.

Die Bewerbung ist oft der entscheidende Schritt, um den (beruflichen) Lebensweg einzuschlagen, der einen wirklich erfüllt. Ich kann deshalb jeden nur ans Herz legen, ihn entsprechend wichtig zu nehmen und nicht zu unterschätzen. Für mich ist dieser Ratgeber eine echte Herzensangelegenheit und ich wünsche jedem Leser, dass er die Position bekommt, die seinen Stärken und Interessen entspricht und langfristig glücklich macht.

Disclaimer

Alle Ratschläge in diesem Buch sind von der Autorin und vom Verlag sorgfältig erwogen und geprüft. Eine Garantie kann dennoch nicht übernommen werden. Eine Haftung der Autorin beziehungsweise des Verlags und seiner Beauftragten für Personen-, Sach- und Vermögensschäden muss ausgeschlossen werden.

Stimme zum Buch

Bernhard Schiffer
Oberstudiendirektor und Schulleiter des Willibald-Gluck-Gymnasiums
in Neumarkt in der Oberpfalz

*„Ein Freitagabend im Juni 2008 in der Sporthalle eines süddeutschen
Gymnasiums: 137 Abiturientinnen und Abiturienten lauschen den Worten
des Schulleiters, der die Gruppe gerade – nebst Eltern und Verwandten –
sozusagen in die nach-schulische Freiheit entlässt. Unter den Zuhörerinnen
und Zuhörern auch die Verfasserin dieses Ratgebers. In der Rede des Schulleiters geht es um Elite und Verantwortung, und sie gipfelt in dem Satz:*

*„Nur wenn ein Lehrer in der Vorfreude, seine Klasse wieder zu sehen, das
Klassenzimmer betritt, nur wenn ein Forscher im Bewusstsein, Menschen
zu helfen, sein Tagwerk beginnt, nur wenn ein Politiker in Dankbarkeit darüber, das Bestmögliche für seine Mitbürger leisten zu dürfen, zum
Konferenzraum eilt, wird er Großes bewirken."*

*137 junge Menschen in der Schwebe zwischen Gestern und Morgen,
zwischen dem Diktat des schulischen Lehrplans und der Herausforderung,
die neugewonnene Freiheit bestmöglich zu nutzen – oder in anderen Worten
vor der Frage: Wer bin ich, und was möchte ich werden?*

Denn woher weiß ein junger Mensch, ob er als Lehrerin oder Lehrer, als Forscherin oder Forscher, als Politikerin oder Politiker einstmals das ihm Aufgetragene leisten kann, ja, ob er es leisten will, und ob ihn das zu einem glücklicheren Menschen macht?

In dieser Grauzone des Werdens gibt es viele Instanzen und Institutionen, die einem jungen Menschen helfen können, Wege zu beschreiten, und die ihm Orientierung geben wollen – das Elternhaus, Freunde, vor allem auch Praktika oder die eine oder andere Ferienarbeit, in den letzten Jahren immer stärker auch die Schule und berufspropädeutische Seminare in der Oberstufe, das Arbeitsamt und viele mehr, die sich alle aus Erfahrungen und Lehren, die das Leben schrieb und schreibt, speisen.

Und dennoch: Zu mannigfaltig sind die Wege, die sich jungen Menschen anbieten, zu verwirrend die Angebote der verschiedenen Universitäten, Bildungsträger, Interessensverbände, Unternehmen.

Und so war es vor einigen Jahren bezeichnend, dass im Rahmen einer Regionaltagung des Arbeitskreises „SchuleWirtschaft" in Bayern einige Schülerinnen und Schüler der Oberstufe des Gymnasiums zu Wort kamen, die da sagten, dass es nicht ein Defizit an Informationsmöglichkeiten sei, dass sie als problematisch empfanden, sondern das genaue Gegenteil, näm-lich ein Überangebot, dessen Reichhaltigkeit und schiere Fülle eher zur Ver-wirrung denn zu einer Klärung beitrage.

Gerade hier setzt das Buch von Tamara Schrammel an, dessen großer Verdienst darin besteht, dass es Ordnung schafft und dass es gerade an den kleinen Dingen der Praxis ausgerichtet ist, die die suchenden Jugendlichen und jungen Erwachsenen tagtäglich darin unterstützen können, ihren Weg in die berufliche Zukunft zu finden.

Denn eines kann dieses Buch nicht – die Erfahrungen, die Hinweise aller gutmeinenden Menschen von den Eltern bis hin zu den Ausbildern ersetzen, die freilich oftmals zu umfassend sind, als dass sie von jungen Menschen bereits in Gänze begriffen werden können in dem Sinne, dass sie Gefühl und Verstand gleichermaßen prägen. Was es aber leistet – nicht selten quasi in Form einer „Augmented Reality" – eine Ergänzung, eine Ver-ortung und vor allem den Einstieg in die grundlegenden Dinge der Berufs-wahl, einen ersten Überblick über die vielen Möglichkeiten und worauf es zu Beginn dieses Prozesses ankommt. Denn erst, wenn junge Menschen einen Einstieg in diese diffizile Gedanken-, aber auch Gefühlswelten dessen gefunden haben, was ihren späteren Lebensweg prägen soll, erst wenn die anfänglichen Hürden möglichst niedrig gelegt wurden, werden wir auch jene Jugendlichen und Jung-Erwachsenen ansprechen und zu einer Auseinandersetzung mit dem Thema bewegen können, die ansonsten schon vorab vor den schieren Herausforderungen, die für sie die Welt der beruflichen Professionals darstellt, kapitulieren.

Und so hat die Verfasserin genau das getan, was für die Welt unserer Schülerinnen und Schüler so wichtig ist und der auch alle Pädagoginnen und Pädagogen verpflichtet sind – sie holt junge Menschen in ihrer Lebenswelt ab und leitet sie nicht nur sachlogisch, sondern Schritt für Schritt auch chronologisch durch wichtige Lebensstationen, die sich ab der Zeit der Adoleszenz abzeichnen – von der allmählichen Bewusstwerdung dessen, was man als Berufsfindungsprozess bezeichnen könnte, zu bereits konkreter Berufsorientierung, von der Bewerbung während und unmittelbar nach der Schulzeit bis hin zu verschiedenen Möglichkeiten, sich eine Auszeit aus einer scheinbar geradlinigen, aber gerade deshalb nicht alle Möglichkeiten ausschöpfenden Zielorientiertheit zu geben, und dem endgültigen Absprung, der Bewerbung im und am Ende des Studiums.

Dass dieser Ratgeber keinen top-down-Prozess abbildet, der in jovialem Ton jungen Menschen aus der Sicht der erfahrenen und erfolgreichen Karrierefrau großzügige Lektionen erteilt, liegt schlichtweg daran, dass die Verfasserin die Kunst des Sich-Hineinfühlens und vor allem des Sich-Erinnerns beherrscht, des Sich-Erinnerns an eigene prägende Erfahrungen und vor allem an die eigene Lebens- und Gefühlswelt als Schülerin, Studentin und nicht zuletzt als Berufsanfängerin.

Unprätentiös, klar, wohlgeordnet, aus der Praxis entwachsen und jungen Menschen auf den Leib geschnitten – dass sind wohl die wichtigsten Verdienste dieses Buches, die es zu einer wertvollen Ergänzung nicht zuletzt der Berufs- und Studienorientierung an den Schulen macht. Und wenn es darüber hinaus auch noch seinen Beitrag dazu leistet herauszufinden, was einem Berufseinsteiger einstmals die nötige Motivation geben wird, das in der täglichen Arbeit Geleistete mit Freude und Hingabe zu tun, ist damit bereits mehr als nur das Handwerkliche getan – es kann damit ein wichtiger Grundstein für das künftige Glück seiner Leserinnen und Leser sein."

Über die Struktur dieses Buches

Dieser Ratgeber deckt ein breites Spektrum an Themen rund um die ersten Bewerbungen ab, mit denen Schüler, Absolventen und Studierende sich konfrontiert sehen (vgl. Abb. 1).

Als Vorbereitung wird zunächst in Kap. 1 eine gesunde innere Einstellung und Geisteshaltung gegenüber der nachfolgenden Berufsorientierung und den verschiedenen Bewerbungen vorgestellt.

Kap. 2 befasst sich anschließend umfassend mit der Berufsorientierung. Neben einem Überblick über den deutschen Bildungsmarkt mit seinen verschiedenen Wegen, einen Schulabschluss zu erreichen sowie aktuellen Trends in Bezug auf Ausbildung und Studium gibt es Tipps zur Selbstreflexion. Dabei geht es zunächst um die Identifizierung der eigenen Interessen, Talente und Fähigkeiten, welche wiederum als Basis für die nachfolgende Schritt-für-Schritt-Anleitung zur Berufsfindung dienen.

Kap. 3 und 4 vermitteln die allgemeinen Grundlagen für die Bewerbungsunterlagen und den Bewerbungsprozess und gehen ausführlich auf das *„klassische"* Bewerbungs-Handwerkszeug ein. Diese Inhalte sind auf alle im Anschluss vorgestellten Bewerbungen anwendbar. Es wird detailliert auf mögliche Bewerbungsschritte,

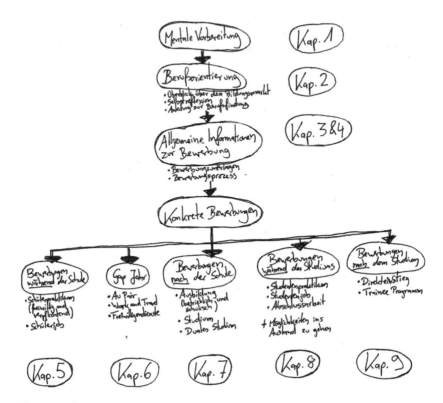

Abb. 1 Buchstruktur

wie u. a. Einstellungstest, Vorstellungsgespräch und das Assessment Center eingegangen und hinsichtlich ihres jeweiligen Ablaufs und Inhalts detailliert erklärt. Zudem gibt es zu jedem der vorgestellten Bewerbungsschritte Tipps zur richtigen Vorbereitung, sowie Ratschläge zum Auftreten und zur Kleiderwahl. In diesem Zusammenhang wird auch auf die Möglichkeiten des virtuellen Bewerbungsgesprächs eingegangen.

Bis einschließlich Kap. 4 kann ich dir nur empfehlen, den Ratgeber in der vorgegebenen Reihenfolge zu lesen. Die nachfolgenden fünf Kapitel befassen sich dann im Detail mit ganz konkreten Bewerbungssituationen. Aufgrund dieser Aufteilungen ist es möglich, je nach Interesse oder persönlicher Lebensphase innerhalb der Kapitel zu springen ohne Gefahr zu laufen, wichtige Inhalte zu verpassen oder immer wieder die gleichen Informationen zu erhalten. Die nachfolgenden Kapitel untergliedern sich in die Bewerbungen während der Schulzeit (Kap. 5), Bewerbungen für ein Gap-Jahr (Kap. 6), Bewerbungen nach der Schulzeit (Kap. 7), während des Studiums (Kap. 8) und nach dem Ende des Studiums (Kap. 9). Jeder Abschnitt stellt die entsprechende Bewerbungssituation vor, beleuchtet Vor- und Nachteile der verschiedenen Optionen – für alle, die noch unentschlossen sind – geht kurz auf die rechtlichen Grundlagen ein, um sich dann ausführlich mit den jeweiligen Bewerbungsprozessen zu befassen. Dabei werden jeweils die Stellensuche, Erstellung der Bewerbungsunterlagen und die (möglichen) Bewerbungsschritte beleuchtet, einschließlich zahlreicher nützlicher Tipps.

Konkret werden in Kap. 5 die Bewerbungen für ein freiwilliges und verpflichtendes Schülerpraktikum behandelt sowie für einen Schülerjob.

In Kap. 6 wird die Möglichkeit eines Gap-Jahres vorgestellt und auf die entsprechende Bewerbung eingegangen. Der Fokus liegt dabei auf dem Au-pair-Jahr, der Work-and-Travel-Tätigkeit und dem Freiwilligendienst.

Kap. 7 bildet das Herzstück dieses Ratgebers und geht besonders ausführlich auf die beruflichen Möglichkeiten nach dem Schulabschluss ein. Dabei werden nicht nur die Bewerbungen rund um Ausbildung, Studium und Duales Studium betrachtet, sondern auch kurz darauf eingegangen, wie diese denn inhaltlich ablaufen, wenn man die Bewerbung erfolgreich absolviert hat. Diese Kapitel sollen auch bei der persönlichen Entscheidungsfindung helfen.

In Kap. 8 geht es um die Bewerbungen während des Studiums, einschließlich Studentenpraktikum, Praxissemester, Studentenjob, Werkstudententätigkeit und Studienabschlussarbeit. Zusätzlich werden kurz die grundsätzlichen Möglichkeiten besprochen, als Student eine Zeit lang ins Ausland zu gehen.

Abschließend geht Kap. 9 auf die verschiedenen Möglichkeiten ein nach der Beendigung des Studiums in die Berufswelt zu starten, ebenso wie die entsprechenden Bewerbungsverfahren. Hierzu gehören der Direkteinstieg und das Trainee- beziehungsweise Graduate Programm.

Untermauert wird alles durch insgesamt 22 konkrete Beispiellebensläufe und -anschreiben.

Jedes Kapitel enthält meine persönlichen Erfahrungen und Erkenntnisse sowohl aus eigenem Erleben als auch durch Trainings. Aus diesem
breiten Spektrum an Informationen kann jeder Leser für sich mitnehmen, was er für seine erfolgreiche Bewerbung braucht (siehe auch
Abb. 1).

Für eine bessere Lesbarkeit wird in diesem Buch auf Doppelbegriffe
und Schrägstrich- bzw. Sternchenkonstruktionen verzichtet und überwiegend die maskuline Form verwendet. Diese schließt inhaltlich
immer alle Formen, also auch das Femininum und Diverse explizit mit
ein.

Inhaltsverzeichnis

Über die Autorin

Tamara Schrammel

verfügt über ein abgeschlossenes Maschinenbau- und MBA Studium, zudem ist sie ausgebildete Industriemechanikerin und LEAN zertifiziert. Derzeit arbeitet sie als Finance Managerin bei Siemens Healthineers. Zuvor war sie dort im Marketing, Vertrieb, der Beratung und in Großbritannien als Business Development Managerin für Education and Skills Management tätig. In den letzten dreizehn Jahren hat sie u.a. in Deutschland, Thailand und Großbritannien gearbeitet. Zu ihren bisherigen Arbeitgebern gehören auch Siemens und McKinsey.

Tamara Schrammel hat sich im Rahmen ihrer beruflichen Laufbahn einen breiten Erfahrungsschatz rund um den erfolgreichen Karrierestart aneignen können. Ihre Erfahrungen und Erkenntnisse teilt sie offen in Vorträgen und Seminaren, sowie in ihrer Tätigkeit als Hochschuldozentin und als Mentorin für Doktoranden der Universitäten Oxford und Cambridge in England.

Sie lebt heute mit Mann und Hund in der Nähe von Nürnberg.

Kostenlose Word-Vorlagen für Lebenslauf und Anschreiben aus dem Buch gibt es zum Download auf: http://www.tamaraschrammel.de.

1

Mentale Vorbereitung

Hilfreiche Gedanken als tatsächliche Hilfe für die eigene berufliche Laufbahn.

Zusammenfassung In diesem Kapitel werden nützliche Gedanken und Vorschläge für eine optimale innere Einstellung und gedankliche Haltung, angesichts der bevorstehenden Berufsorientierung und dem Bewerbungsprozess vorgestellt. Zudem wird auf die richtige Balance aus Ernsthaftigkeit und Gelassenheit eingegangen und der Begriff Erfolg im Zusammenhang mit der eigenen Bewerbung genauer betrachtet.

Von der Erstellung der Bewerbungsunterlagen bis zur Vertragsunterschrift können unter Umständen Wochen und Monate vergehen. Bewerbungen können viel Zeit und Energie kosten und durchaus nervenaufreibend und (emotional) anstrengend werden. Aus diesem Grund möchte ich in diesem Ratgeber gleich zu Beginn hilfreiche Gedanken und Überlegungen teilen, die in diesem Zusammenhang nützlich werden können.

Profisportler bekommen von ihren Trainern auch ermutigende und unterstützende Worte mit auf den Weg, bevor sie am Wettkampftag

© Springer Fachmedien Wiesbaden GmbH, ein Teil von Springer Nature 2023
T. Schrammel, *Die ersten Bewerbungen für Schüler und Studierende*,
https://doi.org/10.1007/978-3-658-37932-2_1

so richtig zeigen, was in ihnen steckt. Schließlich ist man erst mit der richtigen Geisteshaltung bestens gerüstet, um an die kommenden Herausforderungen heranzutreten. Dieses Kapitel soll dir dabei helfen, eine innere Einstellung zu entwickeln, von der du im Laufe des Bewerbungsprozesses immer wieder profitieren und zehren kannst.

1.1 Die Bedeutung der Berufswahl

Viele Menschen erwarten von ihrer Arbeit in erster Linie die Finanzierung eines selbstbestimmten, unabhängigen und möglichst sorgenfreien Lebens. Trotzdem sollte sich niemand täglich zu einer Tätigkeit zwingen müssen, die ihm widerstrebt. Gemessen an den vielen Stunden, die man am Arbeitsplatz verbringt, kann sich die Wahl eines geeigneten Berufs sehr positiv oder eben auch entsprechend negativ auf die eigene Lebensqualität auswirken. Entsprechend wichtig ist es, die Berufsorientierung ernst zu nehmen.

Gleichzeitig sollte dieser Ernst jedoch nicht in Angst vor der vermeintlichen Endgültigkeit dieser Entscheidung umschlagen. Von der Ausbildung bis zur Rente in ein und demselben Beruf zu arbeiten, ist heute bei weitem nicht mehr so verbreitet wie noch zu Zeiten der Großeltern. Unser Schul- und Bildungssystem bietet jedem die Möglichkeit, in jeder Lebenslage einen anderen Berufsweg einzuschlagen, umzuschulen, nachträglich einen höheren Bildungsabschluss zu erwerben oder sich anderweitig weiterzubilden (siehe Abschn. 2.1.1). Man sollte sich jedoch nicht der Illusion hingeben, auf diese Weise ohne viel Anstrengung an einen Abschluss zu kommen. Ich habe vor kurzem ein Studium des Master of Business Administration (MBA) neben der Arbeit abgeschlossen und kann aus eigener Erfahrung berichten, wie viel Energie und Zeit eine nachträgliche Weiterbildung verlangen kann. Im Falle einer beruflichen Neuorientierung kommt zudem immer auch eine gehörige Portion Mut und Überwindung dazu. Auch darf man nicht vergessen, dass mit zunehmendem Alter oft auch die persönliche Lebenssituation deutlich an Komplexität gewinnt. Die Unabhängigkeit, die man als junger Mensch noch hat, kann durch Faktoren wie Kinder und finanzielle Verpflichtungen deutlich beeinflusst werden.

1.2   Definition von Erfolg

Erfolg bei der Bewerbung heißt nicht einfach, irgendeine Zusage für irgendeine Stelle zu bekommen, getreu dem Motto: *„Hauptsache, man hat überhaupt etwas".* Vielmehr geht es zunächst darum, einen Beruf für sich zu finden, der einem liegt und anschließend eine Anstellung in diesem zu bekommen.

Was für den einen ein passender Beruf sein mag, kann für den anderen völlig ungeeignet sein. Kein Beruf ist pauschal besser oder schlechter als ein anderer. Ebenso wenig, wie ein Studium nicht pauschal besser oder schlechter als eine Ausbildung ist. Mit einem Studienabschluss wird man auch nicht automatisch besser bezahlt. Ich kenne Leute, die mit einer Ausbildung mehr Gehalt bekommen als andere mit einem abgeschlossenen Studium. So kann zum Beispiel ein Industriemechaniker, der im Schichtdienst arbeitet, deutlich mehr verdienen als ein Hochschulabsolvent im geistes- oder sozialwissen- schaftlichen Bereich. Geld sollte auch niemals zum alleinigen oder wichtigsten Entscheidungskriterium bei der Berufswahl werden. Du kannst nur dann wirklich gut sein in dem, was du tust, wenn dir deine Arbeit Spaß macht und du in einem angenehmen Umfeld deine Stärken ausüben kannst. Wenn du einzig nach finanziellen Gesichtspunkten entscheiden solltest, läufst du Gefahr, einen Beruf zu wählen, der dir nicht liegt und in dem du deshalb langfristig nie dein volles Potenzial entfalten kannst. Das kann auf lange Sicht dann wirklich viel Geld kosten.

Wie eine erfolgreiche Bewerbung für dich aussieht, musst du letztlich selbst entscheiden. Aber wie wäre es mit folgender Definition: Erfolg bei der Bewerbung heißt, eine Stelle zu finden, die deinen eigenen Interessen, Talenten und Fähigkeiten entspricht, dich glücklich macht und dir ein finanziell selbstbestimmtes Leben ermöglicht. (Siehe hierzu auch Abschn. 2.2 mit Tipps, wie man die eigenen Stärken für sich identifiziert).

1.3   Verantwortung übernehmen

Verwandte und Bekannte können im Bewerbungsprozess zu einer großen Unterstützung werden. So kann zum Beispiel ein neutraler Blick beim Querlesen und Fehlercheck der Bewerbungsunterlagen sehr wertvoll sein. Auch im Rahmen der Selbstreflexion und Berufsorientierung kann es sinnvoll sein, wohlwollende Menschen, die einen schon lange und gut kennen, um ihre Einschätzung zu bitten. Vorsicht nur, wenn man in einem solchen Gespräch langsam abdriftet und gleich über mögliche Berufsrichtungen, Unternehmen oder sogar ganz konkrete Stellen zu sprechen kommt. Die Verlockung könnte groß werden, alle Mühe der Berufsorientierung, einschließlich der Auseinandersetzung mit der eigenen Persönlichkeit, einfach zu überspringen und hier und jetzt eine (sicherlich gut gemeinte) Empfehlung anzunehmen, ohne sich wirklich Gedanken darüber zu machen, ob diese einem auch entspricht. Die Verantwortung über das eigene (berufliche) Leben abzugeben scheint auf den ersten Blick ein leichter und bequemer Weg ans Ziel zu sein. Zudem ist der Gedanke verführerisch, auf diese Weise auch gleich die Schuld für eine mögliche Fehlentscheidung abgeben zu können, sollte sich die Berufswahl als unpassend herausstellen. Aber es ist fraglich, ob das auch die richtige Herangehensweise ist.

Anders als noch unsere Großeltern und deren Eltern haben wir heute die Freiheit und das Recht, unseren Beruf eigenverantwortlich zu wählen. Ganz gleich, ob unsere Wahl den Zuspruch oder die Ablehnung vonseiten der eigenen Familie erfährt. Damit kommt auch die Pflicht, diese Entscheidung ernst zu nehmen und nach bestem Wissen und Gewissen vorzugehen. Letztlich wird es einem später auch niemand abnehmen können, jeden Morgen aufzustehen und den gewählten Beruf nachzugehen.

1.4   Selbstvertrauen

Es ist wichtig, dass du an dich selbst glaubst, und selbstbewusst an neue Aufgaben und Herausforderungen herantrittst, auch beim Bewerbungsprozess. Das bedeutet nicht, dass du perfekt sein musst.

Das ist niemand und schon gar nicht immer und überall. Wenn du dich jedoch erst einmal für eine berufliche Richtung entschieden hast, musst du auch im Bewerbungsprozess selbstbewusst sagen können: *„Ja, ich kann das. Ich bin für diese Aufgaben geeignet und ein guter Kandidat für diese Position."* Wenn du unsicher bist und Zweifel hast, wird dein Gesprächspartner dies spätestens beim Bewerbungsgespräch wahrnehmen und ebenfalls zweifeln. Lass es nicht soweit kommen!

Man neigt manchmal unbewusst dazu, andere positiver und wohlwollender zu beurteilen als sich selbst und die eigenen Fähigkeiten. Dann sind mit einem Mal in der eigenen Wahrnehmung alle hervorragend, nur man selbst scheint nichts zu können. Um solchen Gedanken proaktiv entgegenzuwirken, kann es helfen sich selbst einmal wie einen guten Freund zu betrachten. Auf diese Weise wird der Blick auf die eigene Person in der Regel deutlich geduldiger, freundlicher und insgesamt wohlwollender. Probiere es ruhig einmal aus.

Ein Thema liegt mir im Zusammenhang mit Selbstvertrauen noch persönlich am Herzen: Die Ermutigung junger Frauen auch eine Karriere in einem eher männerdominierten Bereich, wie etwa dem Ingenieurwesen, Mathe oder den Naturwissenschaften für sich in Erwägung zu ziehen. Bereits während meines Maschinenbaustudiums habe ich deshalb Kurse im Rahmen von wunderbaren Projekten wie *„Girls-Day"* oder *„GirlsGoTech"* gegeben. Mit den 8- bis 12-jährigen Mädchen haben wir exemplarisch Brücken aus ungekochten Spaghetti gebaut, um ganz spielerisch zu zeigen, wie interessant und spannend Ingenieurwesen sein kann. Das Feedback war immer sehr positiv und es hat mir großen Spaß gemacht. Im Rahmen von Veranstaltungen wie der *„Kinderuni"* mache ich dies auch heute noch. Zudem bin ich seit einigen Jahren Mentorin in einem von den englischen Universitäten Oxford und Cambridge organisierten Mentoren- und Netzwerkprogramms.

Bei der Berufswahl sollte man einschränkende Stereotypen überwinden, die häufig bereits in der Kindheit beim Spielzeug oder der Kleidung anfangen. Natürlich spricht grundsätzlich nichts dagegen Mädchen in rosa glitzernde Kleidchen zu stecken. Meine kleine Nichte sieht darin allerliebst und grenzenlos bezaubernd aus. Allerdings sollte man spätestens bei der Berufswahl eventuelle Klischees und Vorurteile überwinden und auch Branchen und Berufe für sich in Betracht ziehen, die nicht dem gängigen Geschlechterbild entsprechen. Junge Frauen können zu hervorragenden Ingenieurinnen, Technikerinnen und Wissenschaftlerinnen werden. Ebenso können junge Männer wunderbare Sozialpädagogen, Krankenpfleger, Erzieher etc. werden. Die Berufswahl sollte sich in erster Linie nach der eigenen Persönlichkeit richten, nicht nach dem Geschlecht.

Ich kann dir alle Branchen und Berufe vorurteilslos anzusehen und eine eigenständige Entscheidung treffen. Dazu sollten übrigens auch Lehrer und Erziehungsberechtigte ermutigen.

1.5   An die Eltern

Wenn man Erziehungsberechtigte fragt, was sie sich für ihre Kinder wünschen, erhält man stets ähnliche Antworten. Alle wollen nur *„das Beste"* für ihre Schützlinge. Etwas konkreter bedeutet das in erster Linie, dass die Kinder gesund, sorgenfrei und glücklich leben sollen. Aus eigener Erfahrung wissen sie, dass der richtige Job hierfür eine große Rolle spielt. Die Kinder sollen etwas Vernünftiges lernen, am besten gemäß den Vorstellungen ihrer Familien. Der Beruf sollte genug Geld einbringen, damit sie sich nicht andauernd Sorgen darüber machen müssen und später eine eigene Familie ernähren können. Umso besser, wenn er zudem noch Spaß macht.

Eines darf man dabei nicht vergessen, nämlich, dass hinter diesen Überlegungen ein Mensch steckt. Ein junger Mensch, voller Zweifel und womöglich Angst vor dem Ungewissen, was ihm nach der Schule erwartet. Wenn man sich einmal an seine eigene Jugend zurückerinnert: Man geht jahrelang in die Schule und hat einen regelmäßigen und geordneten Tagesablauf ohne gravierende Veränderungen oder Entscheidungen. Und plötzlich hat man seinen Abschluss oder steht kurz davor und soll sich für eine Berufsrichtung, eine konkrete Ausbildung oder einen Studiengang, sowie anschließend einen Job entscheiden, den man dann womöglich ein Leben lang ausüben wird. Von allen Seiten wird man gefragt, was man einmal werden möchte und je älter man wird, desto größer scheint der Druck zu werden, wenn man in den Augen des Fragenstellers keine zufriedenstellende Antwort liefern kann. Gutgemeinte Ratschläge bekommt man zwar von allen Seiten, aber diese können völlig unterschiedlich sein und sich sogar widersprechen. Da kann man schnell überfordert sein.

Egal, wie gut ein Rat auch gemeint sein mag und wie wertvoll und wichtig er aus der Sicht des Ratgebenden ist, man kann niemanden zwingen, diesen anzunehmen. Bitte versuchen Sie nicht, einem jungen Menschen einen Beruf aufzuzwingen oder schönzureden, nur, weil Sie diesen selbst ergriffen haben oder gerne ergriffen hätten. Jeder muss für sich selbst den richtigen Weg finden. Man tut gut daran, diese Freiheit den eigenen Kindern zuzugestehen und unabhängig von den eigenen Vorstellungen zu akzeptieren. Die Kinder werden erwachsen – und spätestens jetzt sollte man das auch akzeptieren.

Ich weiß, das sagt sich immer so leicht und gerade von jemandem (noch) ohne eigene Kinder. Ich habe diese Situation selbst zweimal erlebt. Einmal als Jugendlicher am eigenen Leib und einmal als neun Jahre ältere Schwester meines kleinen Bruders Timo. Dabei wurde ich selbst Zeuge davon, wie schief es laufen kann, obwohl jeder die besten Absichten verfolgt.

Erwachsene können beim Bewerbungsprozess trotzdem eine enorm wertvolle Hilfe sein. Nämlich dann, wenn sie als wohlwollende Ratgeber fungieren, ermutigen, Tipps geben, die Bewerbungsunterlagen Korrekturlesen und beim Üben des Bewerbungsgesprächs helfen. Dabei kann und sollte man seine Unterstützung jederzeit anbieten und gleichzeitig akzeptieren, falls diese nicht sofort angenommen wird.

Weitere Tipps für Eltern gibt es beispielsweise auf den Webseiten der Arbeitsagentur: https://www.arbeitsagentur.de/bildung/schule/tipps-fuer-eltern.

2

Erfolgreiche Berufsorientierung

Nur wer sich selbst und seine Möglichkeiten kennt, kann für sich die optimale Berufswahl treffen.

Zusammenfassung Ziel dieses Kapitels ist es, aktiv bei der Berufsorientierung und dem Berufsfindungsprozess zu unterstützen, indem ein strukturierter Weg aufgezeigt wird, passende Berufe für sich zu identifizieren und zu evaluieren. Hierzu wird zunächst der deutsche Bildungsmarkt betrachtet und die verschiedenen Möglichkeiten aufgezeigt, einen Schulabschluss zu erwerben. Zudem werden die aktuellen Entwicklungen und Trends bezüglich gewählter Ausbildungen und Studiengänge aufgezeigt. Bei der anschließenden Selbstreflexion geht es darum, gezielt die eigenen Interessen, Talente und Fähigkeiten zu identifizieren und dabei vernünftig mit Träumen und vermeintlichen Schwächen umzugehen. Es folgt eine Schritt-für-Schritt-Anleitung, um konkrete Branchen, Berufe, Ausbildungen oder Studiengänge zu finden. Im Anschluss an dieses Kapitel sollte man guten Gewissens eine Berufsentscheidung treffen können.

2.1   Überblick über den deutschen Bildungsmarkt

Ich bin davon überzeugt, dass jeder mit der richtigen Einstellung, entsprechendem Fleiß und zielführender Unterstützung zur rechten Zeit jeden Schulabschluss erreichen kann. Und zwar unabhängig von der Schulform, die man im Alter von zehn Jahren, aus welchen Gründen auch immer, gewählt hat. Niemand, der den mittleren Schulabschluss oder das Gymnasium nicht auf Anhieb schafft, ist grundsätzlich ungeeignet, die entsprechenden Schulabschlüsse zu erwerben. Ich kenne viele, die zunächst den Hauptschulabschluss angestrebt haben und letztlich ein Studium erfolgreich abgeschlossen haben. Während meines Maschinenbaustudiums war sogar der Jahrgangsbeste nie auf einem Gymnasium.

Leider kann man häufig beobachten, dass vorzugsweise dann der Frust groß ist, wenn die höhere Schule nur knapp verpasst wurde, oder von dieser frühzeitig abgegangen werden musste. Spätestens nach Erreichen des ersten Schulabschlusses stehen einem jedoch wieder alle Möglichkeiten offen. Hierzu ist es jedoch unerlässlich, dass du die Möglichkeiten des Bildungsmarktes kennst. Denn nur dann kannst du diese für dich und deine eigene berufliche Laufbahn nutzen.

2.1.1   Unterschiedliche Wege zum Schulabschluss

„Bildung ist Ländersache und damit auch das Schulsystem. Was als Reaktion auf den ideologischen Missbrauch durch das national-sozialistische Regime entstand, entwickelte sich zu einem undurchsichtigen System. Die Bundesländer etablierten über die Jahre hinweg 16 teilweise sehr unterschiedliche Lösungen für die Bildungspolitik: So haben die Lehrpläne unterschiedliche Schwerpunkte und Fächerangebote, die Abschlussprüfungen unterscheiden sich stark und auch der Übergang auf eine weiterführende Schule ist überall anders geregelt […]." [1]

Schularten

Die Anzahl der unterschiedlichen Schularten und Schulabschlüsse ist bundesweit gewaltig und sprengt den Rahmen dieses Ratgebers. Nachfolgend deshalb eine allgemeine Übersicht, um ein grundlegendes Verständnis über die Möglichkeiten des Bildungsmarkts zu erlangen. Da die Bundesländer ihr jeweiliges Bildungs- und Schulsystem selbst bestimmen, lohnt es sich – für detaillierte Informationen zum eigenen Bundesland – einen Blick auf die Webseite des jeweiligen Kultusministeriums zu werfen 1.

Allgemeinbildende Schulen

Hauptschule

Bei der Hauptschule gibt es in den einzelnen Bundesländern gravierende Unterschiede hinsichtlich der Schulbezeichnungen und möglichen Schulabschlüssen. In Bayern werden zum Beispiel die früheren Hauptschulen nach und nach in Mittelschulen umgewandelt. Sie bieten zudem die Möglichkeit, einen Realschulabschluss oder gleichwertigen Abschluss zu erreichen. In Baden-Württemberg finden sich noch die Werkrealschulen, zu welcher viele Hauptschulen umgewandelt wurden. Diese ermöglichen ebenfalls den Erwerb der mittleren Reife. Die klassische Hauptschule gibt es mit dieser Bezeichnung nur noch in Niedersachsen, Nordrhein-Westfalen, Hessen und Baden-Württemberg. Je nach Bundesland werden die Schulabschlüsse der Hauptschulen unterschiedlich bezeichnet. Andere Bezeichnungen dafür sind erster Bildungsabschluss, qualifizierender Abschluss der Mittelschule, erster allgemeinbildender Schulabschluss oder Berufsreife [1].

Realschule und Schularten mit mehreren Bildungsgängen

Die klassische Realschule existiert noch in Baden-Württemberg, Bayern, Hessen, Niedersachsen, Nordrhein-Westfalen und Thüringen. Bundesweit gibt es zudem Schularten, die zwei oder drei Bildungsgänge, also verschiedene Schularten und Abschlüsse miteinander kombinieren. Als Beispiel für Schularten mit zwei Bildungsgängen seien die Gemeinschaftsschule (Baden-Württemberg), Mittelstufenschule (Hessen) oder die Regionalschule (Mecklenburg-Vorpommern und Schleswig–Holstein) genannt. Darüber hinaus gibt es in einigen Bundesländern zusätzlich noch die Mittelschule, Oberschule, Realschule plus und die Sekundarschule [1].

In denjenigen Bundesländern, in denen Schularten mit drei Bildungsgängen angeboten werden, gibt es eine große Variationsbreite. Als Beispiel dafür steht die Gemeinschaftsschule (Baden-Württemberg, Saarland, Schleswig–Holstein und Thüringen), die Oberschule (Bremen), die Integrierte Sekundarschule (Berlin) und die Stadtteilschule (Hamburg) [1].

Die anzustrebenden Schulabschlüsse sind ebenso mannigfach wie die Schularten selbst. Einige Beispiele dafür sind neben dem Realschulabschluss der erweiterte und qualifizierte Realschulabschluss sowie der mittlere Bildungsabschluss oder die mittlere Reife.

Gymnasium

Das Gymnasium bezeichnet in allen Bundesländern die gleiche Schulform, allerdings existieren auch hier Unterschiede hinsichtlich der Organisationsformen. Der dort zu erwerbende Schulabschluss am Gymnasium heißt bundesweit Allgemeine Hochschulreife oder auch Abitur [1].

Berufliche Schulen

Wer an einer der oben beschriebenen allgemeinbildenden Schulen einen Abschluss erworben hat, jedoch noch einen höheren Schulabschluss draufsetzen möchte, hat hierzu verschiedene Möglichkeiten. Er kann beispielsweise auf eine andere allgemeinbildende Schule wechseln, etwa nach der Realschule auf die gymnasiale Oberstufe (falls dies die Schule zulässt) oder eine berufliche Schule besuchen, um dort an den bestehenden Abschluss noch einen weiteren anzuhängen.

Wie bei den vorangegangenen Schularten ist auch das Angebot an beruflichen Schulen stark vom jeweiligen Bundesland abhängig. So gibt es beispielsweise bundesweit die Berufsfachschule, Berufsschule und Fachschule, wohingegen es die Berufsoberschule (BOS) und die Fachoberschule (FOS) nur in manchen Bundesländern gibt. Weitere berufliche

Schulen sind zum Beispiel das berufliche Gymnasium, berufliche Oberstufengymnasium, Berufskolleg, Fachakademie, Höhere Handelsschule und Wirtschaftsschule [2].

Nachfolgend eine exemplarische Übersicht einiger berufliche Schulen:

„**Berufsschule und Berufsfachschule:** An Berufsschulen oder Berufsfachschulen kannst du unter bestimmten Voraussetzungen den mittleren Schulabschluss oder die Fachhochschulreife erwerben.

Fachoberschule (FOS): Die FOS ist eine berufliche Schule, die auf dem mittleren Bildungsabschluss aufbaut. Dieser ist Voraussetzung für den Besuch der zweijährigen Fachoberschule. Es gibt unterschiedliche Fachrichtungen. An der FOS ist es möglich, die Fachhochschulreife zu erwerben. Falls eine 13. Jahrgangsstufe angeboten wird, kannst du die fachgebundene Hochschulreife oder die allgemeine Hochschulreife machen.

Berufsoberschule (BOS): Die BOS ist eine berufliche Schule, die auf einer abgeschlossenen einschlägigen Berufsausbildung oder mehrjähriger Berufstätigkeit aufbaut. Der Abschluss ermöglicht es, ein fachgebundenes Hochschulstudium zu beginnen. Durch Nachweis von Kenntnissen in einer zweiten Fremdsprache kannst du auch die allgemeine Hochschulreife (Abitur) erwerben.

Berufliches Gymnasium (Fachgymnasium): Du hast einen mittleren Bildungsabschluss? Über das berufliche Gymnasium kannst du bei erfolgreichem Besuch die allgemeine Hochschulreife (Abitur) erwerben. Es gibt verschiedene Fachrichtungen. Berufliche Gymnasien (Fachgymnasien) gibt es nicht in allen Bundesländern." [2]

Schulabschlüsse

Obwohl sich die Schularten und Schulabschlüsse je nach Bundesland unterscheiden, gibt es doch Gemeinsamkeiten, etwa bei den grundsätzlichen Möglichkeiten, welche diese eröffnen:

Förderschulabschluss

Den Förderschulabschluss kann man auf der Förderschule erwerben. Damit ist es möglich, sich für eine Ausbildungsstelle zu bewerben oder den Hauptschulabschluss nachzuholen. Dies ist zum Beispiel durch ein Berufsvorbereitungsjahr, eine berufsvorbereitende Bildungsmaßnahme oder den Besuch der Volkshochschule möglich [3].

Hauptschulabschluss

Den Hauptschulabschluss kann man an der Hauptschule oder einer entsprechenden Schulform nach der 9. Klasse erwerben. Es ist möglich, sich anschließend für eine Ausbildungsstelle zu bewerben, oder bei entsprechend guten Noten einen höheren Schulabschluss anzustreben [3].

Mittlerer Bildungsabschluss

Der mittlere Schulabschluss kann nach erfolgreicher Absolvierung der 10. Klasse erworben werden. Dieser eröffnet einem verschiedene Wege wie z. B. eine Berufsausbildung. Die Chancen mit diesem Abschluss eine betriebliche oder schulische Ausbildungsstelle zu finden sind gut. Alternativ ist es auch möglich, bei guten Noten die Hochschulreife nachzuholen [3].

Hochschulreife

Am Gymnasium kann man das Abitur, auch allgemeine Hochschulreife genannt, erwerben. An anderen Schulen, wie etwa der Gesamtschule oder der Fach- oder Berufsoberschule, kann man anstelle der allgemeinen Hochschulreife auch die fachgebundene Hochschulreife oder die Fachhochschulreife (das sogenannte Fachabi) erwerben. Diese befähigen in gleicher Weise zu einem Studium, jedoch mit den Einschränkungen hinsichtlich Fächerwahl oder Hochschulart. Alternativ kann man sich auch mit der Hochschulreife für eine Ausbildung bewerben [3].

Die Hochschulreife ist die Zulassungsvoraussetzung für ein Studium an einer Universität oder an einer Fachhochschule. Die allgemeine Hochschulreife (das „*klassische*" Abitur) ermöglicht grundsätzlich ein Studium sämtlicher an Hochschulen angebotenen Studiengängen, egal ob es sich hierbei um eine Universität oder um eine Fachhochschule handelt. Dagegen ist mit der fachgebundenen Hochschulreife die freie Studienwahl nur an Fachhochschulen möglich, an der Universität muss ein Studiengang aus einem bestimmten Fachbereich gewählt werden, wie zum Beispiel Wirtschaft oder Technik. Der Besitz der (allgemeinen) Fachhochschulreife ermöglicht das Studium jedes beliebigen Fachbereichs an einer Fachhochschule, jedoch nicht an einer Universität. Die fachgebundene Fachhochschulreife ermöglicht die Belegung eines Studiengangs innerhalb des jeweiligen Fachbereichs an einer Fachhochschule [4].

Der zweite Bildungsweg

Menschen jeden Alters, die nach ihrer eigentlichen Schulzeit, quasi *„nachträglich"*, einen zusätzlichen Schulabschluss erwerben möchten, können dies auf dem zweiten Bildungsweg tun.

> „Der zweite Bildungsweg ist kein Spazierweg. Er ist voller Kreuzungen, Kurven und manchmal auch Sackgassen. Wer ihn bis zum Ende geht, darf sich aber über den Hauptschulabschluss, die mittlere Reife oder das Abitur freuen. Er ist eine Option für alle, die ihr (Berufs-)Leben umkrempeln oder noch mal neu starten wollen." [5]

Wer einen höheren Bildungsabschluss auf dem zweiten Bildungsweg anstrebt, hat verschiedene Optionen, dies berufsbegleitend in Teilzeit oder in Vollzeit zu tun. Auch hier gibt es wieder große Unterschiede bei den Schulformen je nach Bundesland. Dann weichen ihrer Bezeichnung ab oder es gibt sie gar nicht. Nachfolgend eine Übersicht darüber, welche Schulabschlüsse an welchen Schularten auf dem zweiten Bildungsweg möglich sind:

„(Qualifizierender) Hauptschulabschluss
Abendschule, Volkshochschule, andere Bildungsträger
Mittlerer Bildungsabschluss
Abendrealschule, Berufsfachschule, Berufsschule
Fachhochschulreife
Abendgymnasium, Berufsoberschule/Fachoberschule, Fachschule

Fachgebundene Hochschulreife
Fachoberschule Klasse 13 mit einer Fremdsprache, Berufsoberschule
Allgemeine Hochschulreife
Kolleg (Vollzeit) oder Abendgymnasium (Teilzeit), berufliches Gymnasium/Fachgymnasium, Berufsoberschule (mit Nachweis der zweiten Fremdsprache), Fachoberschule Klasse 13 mit zweiter Fremdsprache." [6]

Der Besuch von staatlichen Abendschulen oder einem Kolleg ist kostenfrei. Lediglich die benötigten Lehrmittel müssen selbst bezahlt werden. Wird ein Schulabschluss jedoch durch einen privaten Anbieter erworben, ist dies mit Gebühren verbunden. Der Staat ermöglicht finanzielle Unterstützung in Form von Schüler-BAföG, Bildungskrediten oder Stipendien. Auch können finanzielle Aufwendungen in aller Regel als Werbungskosten oder Sonderausgaben in der Steuererklärung geltend gemacht werden [6].

Für weitere Details hinsichtlich des jeweiligen Bundeslandes bieten sich die Webseiten der entsprechenden Kultusministerien als Informationsquellen an. Sie bieten zum Teil sehr übersichtlich alle relevanten Informationen rund um den zweiten Bildungsweg. Alternativ bietet auch die Agentur für Arbeit kostenfreie, individuelle Beratungen, wahlweise telefonisch oder persönlich vor Ort.

2.1.2 Aktuelle Trends und die beliebtesten Berufsrichtungen

Die Anzahl der Schulabsolventen, Ausbildungs- und Studienanfänger, sowie die beliebtesten Ausbildungsrichtungen und Studiengänge vermitteln einen guten Überblick über die aktuellen Entwicklungen und Trends im deutschen Bildungsmarkt. Dieser Abschnitt soll als Inspiration für die eigene Berufswahl dienen.

Absolventen- und Anfängerzahlen

Schulabsolventen und Abschlüsse

Im Jahr 2020 gab es laut Bundesministerium für Bildung und Forschung circa 978.1000 Schulabsolventen in Deutschland. (Davon haben 168.800 junge Menschen die Schule mit Beendigung der Vollzeitschulpflicht verlassen) [7].

Folgende Schulabschlüsse wurden erworben:

* **5 % kein Hauptschulabschluss,**
* **13 % Hauptschulabschluss,**
* **44 % mittlerer Schulabschluss,**
* **39 % Hochschulreife** (davon 31 % mit allgemeiner und 8 % mit Fachhochschulreife) [7].

Ein Blick auf die Entwicklung der Schulabgänger und Absolventen zeigt von 1992 bis 2020 einen deutlichen Anstieg der Absolventenanteile mit allgemeiner Hochschulreife (+7,5 %) und mittlerem Abschluss (+4,9 %) bezogen auf die jeweilige Gesamtzahl der Schulabsolventen der entsprechenden Jahre. Die prozentuellen Anteile der Absolventen ohne Hauptschulabschluss ist dagegen gefallen (-2,3 %), ebenso wie der Anteil der Absolventen mit Hauptschulabschluss (-10,1 %). Insbesondere in den letzten zehn Jahren stieg die Zahl der Absolventen mit allgemeiner Hochschulreife und mittlerem Bildungsabschluss stark an, wohingegen bei den Absolventen mit Hauptschulabschluss ein deutlicher Rückgang zu verzeichnen ist [7].

Anfängerzahlen für Ausbildung und Studium

2021 haben sich die Ausbildungsanfänger folgendermaßen auf die unterschiedlichen Bereiche oder Sektoren verteilt:

* **36 % duale/betriebliche Berufsausbildung** als Kombination aus Betriebs- und Berufsschulphasen,
* **10 % schulische Berufsausbildung** im Gesundheits-, Erziehungs- und Sozialwesen,
* **1 % Beamtenausbildung** im mittleren Dienst,

* **26 % Berufsfachschulen und Fachgymnasien** mit Erwerb der Hochschulzugangsberechtigung,
* **25 % Studium** [8].

Es herrscht ein Trend zu immer höher qualifizierenden Abschlüssen, ebenso wie eine gestiegene Studierneigung. [8].

Mehr Informationen zu den unterschiedlichen Ausbildungsformen siehe Abschn. 2.3.1.

Beliebteste Ausbildungen

Bei der Wahl der Ausbildungsberufe fokussieren sich viele Jugendliche auf wenige verschiedene Berufe. So haben laut Berufsbildungsbericht 2022 73.2 % aller Ausbildungsanfängerinnen nur 25 verschiedene Berufe gewählt. Bei den männlichen Jugendlichen sieht es nicht anders aus, hier verteilen sich 62,9 % aller Ausbildungsanfänger auf die 25 häufigsten Berufe [8].

Die beliebtesten Ausbildungen der weiblichen Studienanfänger im Wintersemester 2020/2021

1. Medizinische Fachangestellte
2. Kauffrau für Büromanagement
3. Zahnmedizinische Fachangestellte
4. Verkäuferin
5. Kauffrau im Einzelhandel
6. Industriekauffrau
7. Verwaltungsfachangestellte
8. Friseurin
9. Steuerfachangestellte
10. Kauffrau im Groß- und Außenhandel [8]

Es folgen: Bankkauffrau, Hotelfachfrau, Fachverkäuferin im Lebensmittelhandwerk, Tiermedizinische Fachangestellte, Rechtsanwaltsfachangestellte, Kauffrau für Versicherungen und Finanzen, Sozialversicherungsfachangestellte und Augenoptikerin [8].

Die 2021 häufigsten von jungen Männern besetzten Berufe sind

1. Kraftfahrzeugmechatroniker
2. Fachinformatiker
3. Anlagenmechaniker für Sanitär-, Heizungs- und Klimatechnik
4. Elektroniker
5. Verkäufer
6. Kaufmann im Einzelhandel
7. Industriemechaniker
8. Fachkraft für Lagerlogistik
9. Tischler
10. Mechatroniker [8]

Es folgen: Kaufmann im Groß- und Außenhandelsmanagement, Kaufmann für Büromanagement, Industriekaufmann, Maler und Lackierer, Elektroniker für Betriebstechnik, Fachlagerist, Koch und Gärtner [8].

Die Auflistung der beliebtesten Ausbildungsberufe bei jungen Männern und Frauen zeigt, dass hier noch immer eine stereotypische Rollenverteilung vorherrscht. Zudem fokussieren sich viele Jugendliche auf wenige Berufe.

„Der Ausbruch der Corona-Pandemie im Frühjahr 2020 hat Arbeitgeberinnen und Arbeitgeber in eine nie dagewesene Situation gebracht und sie vor enorme, teilweise existenzielle Herausforderungen gestellt. […]. Dies zeigt sich auch im konstant hohen Ausbildungsengagement. So bilden 78 % der ausbildungsberechtigten Unternehmen kontinuierlich oder mit Unterbrechung aus. Auch das Angebot an Ausbildungsplätzen stieg 2021 um 1,7 % gegenüber dem Vorjahr auf 536.200." [9]

Ende September 2021 waren noch 63.200 Ausbildungsstellen unbesetzt, während gleichzeitig 24.600 Bewerberinnen und Bewerber gänzlich ohne Ausbildung geblieben sind. Angebot und Nachfrage unterscheiden sich stark nach Region und Branche und können deshalb nicht einfach gegeneinander aufgerechnet werden. Es gibt Stellenbesetzungsprobleme in den für junge Menschen vermeintlich weniger attraktiven Berufsfeldern, hierzu gehören: Fachverkäufer im

Lebensmittelhandwerk, Restaurantfachmann, Fleischer, Klempner, Fachkraft für Kurier-, Express- und Postdienstleistungen, sowie Beton- und Stahlbetonbauer, Fachkraft für Möbel-, Küchen- und Umzugsservice, sowie Steinmetz und Steinbildhauer, Gerüstbauer und Fachmann für Systemgastronomie. Zu den besonders beliebten Ausbildungsplätzen gehören dagegen: Tierpfleger, Gestalter für visuelles Marketing, Mediengestalter Bild und Ton, Mediengestalter Digital und Print, Sport- und Fitnesskaufmann, Biologielaborant, Fachangestellter für Medien und Informationsdienste, IT-System Elektroniker, Fachkraft für Schutz und Sicherheit und Fahrzeuglackierer [8].

Beliebteste Studiengänge

Im Wintersemester 2018/2019 gab es in Deutschland 426 Hochschulen, davon 106 Universitäten, 216 Fachhochschulen, 74 Pädagogische, Theologische und Kunsthochschulen und 30 Verwaltungsfachhochschulen. An diesen studierten insgesamt 2,86 Mio. Studierende, von denen circa 434.000 Studienanfänger waren. Analog zu den beliebtesten Ausbildungen variieren auch die beliebtesten Studiengänge je nach Geschlecht [10].

Die beliebtesten Studienfächer der weiblichen Studienanfänger im Wintersemester 2020/2021

1. Betriebswirtschaftslehre
2. Psychologie
3. Rechtswissenschaften
4. Medizin (Allgemeinmedizin)
5. Soziale Arbeit
6. Germanistik/Deutsch
7. Erziehungswissenschaften (Pädagogik)
8. Wirtschaftswissenschaften
9. Biologie
10. Anglistik/Englisch [11]

Es folgen: Gesundheitswissenschaft/-management, Mathematik, Internationale Betriebswirtschaft/Management, Informatik, Architektur, Sozialwesen, Chemie, Bauingenieurwesen/Ingenieurbau [11].

Die beliebtesten Studienfächer der männlichen Studienanfänger im Wintersemester 2020/2021

1. Betriebswirtschaftslehre
2. Informatik
3. Maschinenbau-/wesen
4. Elektrotechnik/Elektronik
5. Wirtschaftsingenieurwesen mit ingenieurwissenschaftlichem Schwerpunkt
6. Wirtschaftsinformatik
7. Rechtswissenschaften
8. Wirtschaftswissenschaften
9. Bauingenieurwesen/Ingenieurbau
10. Medizin (Allgemeinmedizin) [11]

Es folgen: Physik, Mathematik, Psychologie, Chemie, Wirtschaftsingenieurwesen mit wirtschaftswissenschaftlichem Schwerpunkt, Internationale Betriebswirtschaft/Management, Geschichte, Biologie [11].

Auch bei den Studiengängen lassen geschlechterspezifische Präferenzen erkennen, allerdings sind diese weniger ausgeprägt als bei den Ausbildungsberufen.

Empfehlungen für Zusatzinformationen zum Bildungsmarkt

- www.arbeitsagentur.de/bildung (ausführliche Infos zu Schule, Ausbildung und Studium)
- https://karrierebibel.de/zweiter-bildungsweg/ (Infos zum zweiten Bildungsweg und Links zu den Webseiten der Kultusministerien der einzelnen Bundesländer)

2.2   Selbstreflexion – das eigene Potenzial erkennen

Die Auseinandersetzung mit der eigenen Persönlichkeit und den eigenen Stärken und Fähigkeiten ist essenziell für den gesamten Bewerbungsprozess und meiner Meinung nach sogar für das ganze (berufliche) Leben.

Wer eine gute Bewerbungsmappe erstellen möchte, muss sich und die eigenen Stärken dem potenziellen neuen Arbeitgeber gegenüber präsentieren. Das wird sehr schwierig, wenn man sich zuvor nicht mit der eigenen Persönlichkeit auseinandergesetzt hat. Aus diesem Grund ist die Selbstreflexion eine der wichtigsten Vorbereitungen für den gesamten Bewerbungsprozess. Nur wer weiß, was er kann und möchte, kann auch andere von sich überzeugen.

2.2.1 Interessen, Talente und Fähigkeiten

„Wähle einen Beruf, den du liebst, und du brauchst keinen Tag in deinem Leben mehr zu arbeiten."
    (Konfuzius, chinesischer Lehrmeister und Philosoph, geb. 551 v. Chr., gest. 479 v. Chr.)

Definition von Interesse, Talenten und Fähigkeiten
Entsprechend dem Duden bedeutet „*Interesse haben*" eine Vorliebe oder Neigung für etwas zu entwickeln. Das Gegenteil hierzu wäre Gleichgültigkeit. Ein Talent ist eine Begabung oder Veranlagung, die zu überdurchschnittlichen Ergebnissen befähigt. Bezeichnende Wörter, die häufig im Zusammenhang mit Talent verwendet werden, sind: erkennen, fördern, entfalten, beweisen und vergeuden. Eine Fähigkeit beschreibt die Eignung oder die Kompetenz, etwas zu leisten oder zu tun [12].

Interessen und Talente bekommt man von Geburt an mit auf den Weg. Talente können sich im Laufe des Lebens entfalten, wenn sie entsprechend gefördert werden, oder andernfalls auch verkümmern. Fähigkeiten müssen aktiv erarbeitet und entwickelt werden.

Beispiel aus dem Alltag

In meiner Kindheit habe ich von meiner Oma Stricken gelernt. Diese Fähigkeit muss man üben, um sie irgendwann zu beherrschen. Mit der Zeit wird man dann immer besser. Ein gewisses Maß an handwerklichem Talent und Geschick kann den Lernprozess beschleunigen und erleichtern. Ebenso kann ein grundsätzliches Interesse dabei helfen, motivierter an die Sache heranzugehen und auch mit eventuellen Rückschlägen leichter umzugehen. Zu guter Letzt kann man das Stricken natürlich auch wieder verlernen, wenn man sich längere Zeit nicht mehr damit beschäftigt.

Übung zur Selbstreflexion

„Das Geheimnis des Erfolgs ist anzufangen."
(Mark Twain, Schriftsteller, geb. 30. November 1835, gest. 21. April 1910)

Ich rate dir dringend dazu, jetzt selbst aktiv zu werden, Zettel und Stift zur Hand zu nehmen und die nachfolgende Übung tatsächlich mitzumachen. Frag dich hierzu einmal selbst, was deine Interessen, Talente und Fähigkeiten eigentlich sind und halte deine Gedanken am besten schriftlich fest. So gibst du ihnen Ordnung und Struktur. Außerdem kannst du sie dir auf diese Weise später immer wieder ansehen und ergänzen. Gedanken aufzuschreiben, verleiht ihnen Bedeutung und macht sie offiziell und wichtig. Und genau darum geht es. Du solltest dich selbst wichtig genug nehmen, um über dich zu schreiben. Abb. 2.1 zeigt dir an einem Beispiel, wie das aussehen könnte.

Letztlich hast du es selbst in der Hand wie viel du von diesem Ratgeber mitnehmen wirst. Ich kann dir nur Ideen liefern, Erfahrungen teilen und Tipps geben. Umsetzten musst du sie jedoch selbst, um mit deiner persönlichen Berufsorientierung voranzukommen.

Folgende Fragen und Gedanken können dir bei dieser Übung helfen:

Peter Blum

Selbstreflexion
Meine Interessen, Talente und Fähigkeiten:

(Interessen) Technik, Mechanik, Physik
Fahrzeuge
Lesen, Bücher
in der Werkstatt mit Opa arbeiten
Sport

(Talente) handwerklich begabt
technisches Verständnis
musikalisch
gut mit Kinder

(Fähigkeiten) Skifahren, Radfahren, Fußball spielen
Gitarre spielen
viel Wissen über Fahrzeuge
gutes Physik Verständnis / Wissen / Noten

Abb. 2.1 Beispiel: Selbstreflexion, die eigenen Interessen, Talente und Fähigkeiten

Interessen

* Was gefällt und interessiert mich besonders?
* Über welche Themen/Branchen/Fragestellungen denke ich gerne nach?
* Worüber lese ich besonders gerne Bücher/Zeitschriften oder schaue Filme/Serien/Dokumentationen?

Talente

* Was liegt mir besonders?
* Welche Tätigkeiten fallen mir leicht und gehen einfach von der Hand?
* In welchen Bereichen wurde mir schon von anderen ein gewisses Talent bestätigt?

Fähigkeiten

* Was kann ich besonders gut?
* Mit welchen Tätigkeiten habe ich mich lange erfolgreich befasst?
* In welchen Bereichen fragen mich andere um Rat?

Jeder Mensch ist mit seiner individuellen Mischung an Talenten und Fähigkeiten auf seine Weise einzigartig und wertvoll. Auf Basis dieser Liste lassen sich eine große Anzahl potenziell relevanter Berufswege ermitteln. Schon aufgrund der Vielzahl und Verschiedenheit der Punkte ist es sehr gut möglich, dass du keine Berufsrichtung findest, in der du alle deine Interessen, Talente und Fähigkeiten einbringen kannst. Das macht nichts, denn dafür gibt es ja auch noch die Freizeit. Allerdings kann es auch keine noch so erfüllende Freizeit wettmachen, wenn einem die Arbeit nicht entspricht.

2.2.2 Hobbys und Träume

Hobbys können wertvolle Erkenntnisse über die eigenen Stärken liefern und damit im Rahmen der Berufsorientierung sehr nützlich sein. Demnach kann zum Beispiel das regelmäßige Ausüben einer Mannschaftssportart auf Teamfähigkeit und Ausdauer hinweisen. Wer eine Gruppenleiterfunktion innehat, könnte zudem über besonderes Verantwortungsbewusstsein verfügen und außerdem die Fähigkeit besitzen, andere zu begeistern, zu motivieren und zu leiten. Ein leidenschaftlicher

Modellbauer besitzt wahrscheinlich die Fähigkeit, gewissenhaft und sorgfältig zu arbeiten, sowie eine gute Feinmotorik, Geduld und Geschick. Wer gerne in seiner Freizeit in Opas Werkstatt arbeitet, verfügt wahrscheinlich über handwerkliche Fähigkeiten, Kreativität und räumliches Vorstellungsvermögen. Auf diese Weise solltest du dir einmal deine eigenen Hobbys ansehen, vielleicht helfen sie dir dabei, noch weitere Interessen, Talente und Fähigkeiten für deine Liste zu identifizieren.

Ich habe zum Beispiel in meiner frühen Jugend über viele Jahre hinweg ehrenamtlich in der Gemeindebücherei meines Heimatorts gearbeitet. Dieses Engagement wurde auch bei meinen ersten Bewerbungen wohlwollend angerechnet, bestätigt es doch ein gewisses Talent im Umgang mit anderen Menschen, Engagement, Verantwortungsbewusstsein und die Fähigkeit im Team zu arbeiten.

In einigen Karriereratgebern kann man lesen, dass man für den beruflichen Erfolg lediglich sein liebstes Hobby zum Beruf machen muss. Je nach Hobby und Persönlichkeit kann das durchaus zu einem erfüllenden Job führen, der ein selbstbestimmtes Leben finanziert. Gerade angesichts sportlicher oder kreativer Hobbys ist jedoch Vorsicht geboten. Allzu leicht ist man versucht, dem (geringen Anteil) der sehr erfolgreichen Fußballspieler, Schauspieler und Musiker nachzueifern und übersieht die Masse an Menschen, die es dabei nicht geschafft haben, von dieser Arbeit leben zu können. Zudem kann eine Tätigkeit, die man hin und wieder gerne freiwillig ausübt, durchaus auch an Reiz verlieren, wenn man plötzlich gezwungen ist, dieser jeden Tag stundenlang nachzugehen.

Ich möchte niemanden davon abraten, seine Träume zu verwirklichen, sondern lediglich nahelegen, sich zuvor vernünftig mit den Chancen und Risiken einer solchen Berufswahl auseinanderzusetzen und einen Plan B für den Notfall zu haben. Mehr als in allen anderen Berufsfeldern gilt in den sportlichen und kreativen Branchen, dass großes Talent und gute Fähigkeiten allein leider noch kein Erfolgsgarant sind.

2.2.3 Schulnoten und „Schwächen"

Die Aussagekraft von Schulnoten
Weitere Hinweise auf das eigene Potenzial kann ein Blick auf die
Lieblingsfächer in der Schule geben. So können gute Leistungen im
Mathematikunterricht zum Beispiel auf ausgeprägte analytische Fähigkeiten, logisches Denken sowie gutes räumliches Vorstellungsvermögen
hindeuten. Schlechte Noten dagegen sollte man nicht pauschal gegen-
teilig bewerten. Meist wird in einem Schulfach alleine schon aus zeitlichen Gründen nur ein Teil eines Fachgebiets abgedeckt. Aus eigener
Erfahrung kann ich sagen, dass Naturwissenschaften in der Schule nicht
zwingend das widerspiegeln, was in einer technischen Ausbildung und
einem technischen Studium verlangt und gelehrt wird. Wichtiger als
die Schulnote ist ein grundsätzliches Interesse sowie Spaß an der Auseinandersetzung mit relevanten Themen und Fragestellungen. Natürlich
solltest du kein Mathematikstudium anstreben, wenn du dich jahrelang durch diesen Unterricht quälen musstest und dir der Umgang
mit Zahlen grundsätzlich widerstrebt. Wer trotz wechselnder Themen-
schwerpunkte und Lehrer starke Probleme in einem Fach hatte, sollte
nicht ausgerechnet dieses als Schwerpunkt für seine berufliche Laufbahn
wählen, auch dann nicht, wenn es einen relativ sicheren Job und gutes
Gehalt bedeuten würde.

Andererseits solltest du dich auch nicht von einem Berufswunsch
abbringen lassen, nur weil dieser Elemente deiner schwachen Schul-
fächer beinhaltet. Für eine kaufmännische Ausbildung oder ein BWL-
Studium spielt zum Beispiel Mathematik, besonders Stochastik,
durchaus eine Rolle. Nur weil du dieses Fach in der Schule vielleicht
nicht besonders mochtest, musst du diese Berufsrichtung nicht pauschal
für dich ausschließen. In einem solchen Fall können Tutorien oder
Nachhilfe hilfreich sein. Dafür braucht man sich nicht zu schämen. Im
Gegenteil, es gehört Mut und Größe dazu, seine Ziele auch angesichts
von Schwierigkeiten zu verfolgen. Ich habe selbst eine Zeit lang Nachhilfe in Latein genommen und rückblickend war dies für mich deutlich
sinnvoller, als Gefahr zu laufen, allein deshalb ein Schuljahr wiederholen zu müssen. Auch habe ich über viele Jahre hinweg Nachhilfe in

Mathematik und Deutsch für die unterschiedlichsten Schulformen gegeben. Einer meiner ehemaligen Nachhilfeschüler hat daraufhin nicht nur die Berufsoberschule (BOS), sondern auch sein Elektrotechnik-studium mit Bestnoten abgeschlossen. Ich bin sehr stolz auf ihn.

Der Umgang mit den eigenen Schwächen

„Jeder ist ein Genie! Aber wenn Du einen Fisch danach beurteilst, ob er auf einen Baum klettern kann, wird er sein ganzes Leben glauben, dass er dumm ist."
(vermutlich Albert Einstein, geb. 14.März 1879, gest. 18. April 1955)

Es ist wichtig, dass du dir deiner Schwächen bewusst bist, denn nur so kannst du mit diesen richtig umgehen und verhindern, dass sie dein Leben nachteilig beeinflussen. Dein Fokus sollte jedoch stets auf deinen Stärken und nicht auf deinen Schwächen liegen. Ansonsten läufst du Gefahr, diese aus den Augen zu verlieren. In der Fabel von der *„Schule der Tiere"* wird dieses Szenario sehr schön veranschaulicht, hier ein Auszug:

„Die Ente war gut im Schwimmen, besser sogar als der Lehrer. Im Fliegen war sie durchschnittlich. Aber im Rennen war sie ein besonders hoffnungsloser Fall. Da sie in diesem Fach so schlechte Bewertungen hatte, musste sie nachsitzen. All ihre Energie wurde auf das Rennen fokussiert. Sie musste sogar den Schwimmunterricht ausfallen lassen, um das Rennen zu üben. Das tat sie so lange, bis sie im Schwimmen nur noch durchschnittlich war." [13]

Anstatt das Rennen als Schwäche der Ente zu akzeptieren, und nur so lange zu trainieren, dass diese dadurch keine Probleme im Leben hat, wird um jeden Preis versucht, diesen vermeintlichen Fehler zu *„korrigieren"*. Es wird dafür so viel Zeit und Energie aufgewendet, dass dabei die wunderbaren Talente und Fähigkeiten der Ente im Schwimmen immer mehr verkümmern. Was will uns diese Fabel lehren? Es ist nicht gut alle Aufmerksamkeit auf die Beseitigung der

Schwächen zu richten und dabei die eigenen besonderen Stärken aus den Augen zu verlieren.

Bezogen auf die Berufswelt wäre es sogar noch besser, wenn du einen Weg findest, deine vermeintlichen Schwächen sogar in Stärken umzuwandeln. Wie wäre es, wenn die eigenen Schwächen nicht nur *„nicht schaden"*, sondern sogar nützen werden? Nehmen wir zum Beispiel das Kind, dass in jungen Jahren kaum je eine Antwort einfach so hingenommen hat. Früher hat es in endlosen Diskussionen seine Eltern verzweifeln lassen, heute ist es beruflich erfolgreich und lässt sich auch in den hartnäckigsten Diskussionen nicht so schnell unterkriegen. Auf diese Weise lassen sich so manch vermeintliche Schwächen in Stärken umwandeln. So kann auch eine allzeit kritische Sicht auf die Welt und große Kritikfreudigkeit im Allgemeinen von vielen als unangenehmes Nörgeln empfunden werden. Für einen Restaurant- oder Literaturkritiker jedoch kann diese Fähigkeit sehr wertvoll sein und sogar Voraussetzung für den Erfolg werden. Ein anderes Beispiel: Der Junge, der in seiner Kindheit dafür kritisiert wurde, nur äußerst schlecht verlieren zu können, und dem eine Niederlage fast schon körperlich weh tat, kann als Erwachsener durch eben diesen Kampfgeist auch kritische Ziele erreichen, an denen andere schon lange vorher verzweifeln. Und sollte jemand nur zu gerne ohne Punkt und Komma reden, wäre er womöglich auf einer Bühne oder hinter einem Rednerpult richtig aufgehoben.

Überleg dir also in Ruhe, was deine persönlichen Schwächen sind, und ob es nicht eine Berufsrichtung gibt, in der dir diese zum Vorteil werden können.

2.3 Anleitung zur Berufsfindung

„Sich für einen Beruf zu entscheiden, ohne seine Alternativen zu kennen, wäre so, als würde man nach seiner Lieblingsfarbe gefragt werden, wenn man sein bisheriges Leben in Schwarz-Weiß verbracht hat."

Neben den persönlichen Interessen, Talenten und Fähigkeiten gibt es noch andere Entscheidungsfaktoren bei der Berufsfindung, wie beispielsweise den Wunsch sich selbst zu verwirklichen. Auch das Bestreben mit der Arbeit etwas Sinnvolles zu tun oder anderen zu helfen, kann ein entscheidender Aspekt bei der Berufswahl sein.

Es kann vorkommen, dass junge Menschen einen Beruf wählen, weil dieser häufig im Bekanntenkreis ausgeübt wird. Oft wird auch ganz automatisch und schicksalsergeben das gemacht, was der derzeitig angestrebte Schulabschluss ermöglicht. Nur weil du beispielsweise das Abitur gemacht hast, heißt das nicht, dass du studieren musst. Ich kenne viele, die anschließend eine Ausbildung gemacht haben und damit sehr glücklich sind. Wie die Betrachtung des Bildungsmarkts gezeigt hat, gibt es viele Möglichkeiten, auch nachträglich einen Schulabschluss zu erwerben. Wer momentan die Realschule oder Hauptschule besucht oder bereits abgeschlossen hat, kann später genauso studieren, wie ein Gymnasiast später eine Berufsausbildung beginnen kann. Nachfolgend eine Schritt für Schritt Anleitung, die dich bei der Berufsfindung unterstützen soll:

2.3.1   Schritt 1: Auseinandersetzung mit den unterschiedlichen Ausbildungsformen

Um die Gefahr eines Studien- oder Ausbildungsabbruchs möglichst gering zu halten, solltest du dir vorab überlegen, welche Ausbildungsform zu dir passen könnte. Hierzu gehören unter anderem die schulische und betriebliche Berufsausbildung, das Studium an der Universität oder Fachhochschule sowie das Duale Studium mit oder ohne Berufsausbildung. Da sich Ausbildung und Studium in der Art der Informations- und Wissensvermittlung stark unterscheiden, kann es sein, dass für den einen eine Ausbildung genau das Richtige ist, während ein anderer mit einem Studium glücklicher wird. Aus diesem Grund ist es sinnvoll, sich in einem ersten Schritt mit den verschiedenen Ausbildungsformen auseinander zu setzen und für sich zu überlegen, was einem mehr liegt.

Berufsausbildung

Man unterscheidet die schulische und die betriebliche beziehungsweise duale Berufsausbildung. Die schulische Berufsausbildung findet an der Berufsfachschule statt, während die betriebliche oder duale Berufsausbildung sowohl Aufenthalte im Betrieb als auch an der Berufsschule vorsieht. Die Frage schulische oder betriebliche Ausbildung stellt sich bei manchen Berufswünschen erst gar nicht. Wer beispielsweise Erzieher oder Krankenpfleger werden möchte, der muss eine schulische Berufsausbildung machen.

Studium

Ein Studium ist unter anderem an einer Universität oder Fachhochschule möglich. Die Fachhochschule legt ihren Fokus auf die praktische Umsetzung des gelernten Wissens während sich die Universität mehr auf die theoretische Wissensvermittlung sowie die Forschung konzentriert. Pauschale Aussagen, wonach ein Studium an der Fachhochschule grundsätzlich besser oder schlechter in der Wirtschaft angesehen ist beziehungsweise weniger Prüfungen enthielte oder gar leichter sei, kann ich nicht bestätigen. Man sollte allerdings beachten, dass nicht mit allen Schulabschlüssen das Studium an der Universität möglich ist. Zudem gibt es Berufe wie beispielsweise Arzt oder Anwalt, die nicht an der Fachhochschule studiert werden können.

Duales Studium

Ein Duales Studium kombiniert ein Studium an der Fachhochschule, Universität, oder Berufsakademie (Duale Hochschule) mit einer Anstellung in einem Betrieb. Das Dualen Studium kann dabei entweder ausbildungsintegrierend sein, dann wird parallel zum Studium eine Berufsausbildung absolviert, oder praxisorientiert, dann hat man statt einer Ausbildung zahlreiche Praxiseinsätze im jeweiligen Unternehmen. Für detailliertere Informationen zu den konkreten Ausbildungsabläufen, den jeweiligen Vor- und Nachteilen einschließlich rechtlicher Hinweise siehe Abschn. 7.1.

2.3.2 Schritt 2: Identifikation konkreter Branchen und Berufe

Wer sich in den vorangegangenen Kapiteln ernsthaft Gedanken über seine Fähigkeiten, Talente und Interessen gemacht hat und darüber hinaus noch über eine für sich geeignete Ausbildungsform nachgedacht hat, verfügt über eine sehr gute Basis für den nächsten Schritt: Der Identifikation konkreter Branchen und Berufe.

Innerhalb einer Branche gibt es verschiedene Berufe und Ausbildungsformen, wie beispielsweise die Ausbildung zum Krankenpfleger und das Medizinstudium, oder die Ausbildung zum Erzieher und das Studium der Pädagogik oder Sozialen Arbeit. Die entscheidende Frage sollte dabei lauten: *„Womit beschäftige ich mich gerne?"* Und nicht: *„Was wäre ich gerne?"* Anstatt zum Beispiel zu sagen: *„Ich möchte Musiker werden"*, sollte man besser sagen: *„Ich möchte etwas mit Musik machen."* Dieser kleine Unterschied in der Formulierung kann eine große Tragweite haben. Es geht um die Unterscheidung zwischen einem konkreten Beruf und einer Berufsbranche, die zahlreiche spannende und potenziell relevante Berufe beinhalten kann. So gibt es in der Musikbranche sowohl interessante Berufsausbildungen, wie etwa Veranstaltungstechniker, Musicaldarsteller oder Tanzlehrer als auch relevante Studiengänge wie etwa Audio Production oder Bewegungspädagogik und Tanz, um nur ein paar Beispiele zu nennen.

An dieser Stelle jedoch gleich eine Warnung: Es ist sehr gut möglich, dass sich das Tätigkeitsfeld und der Arbeitsalltag des angestrebten Berufs vom jeweiligen Ausbildungs- oder Studieninhalt unterscheiden. Das, was man in der Ausbildung oder dem Studium lernt, spiegelt nicht immer wieder, was man tatsächlich im späteren Berufsleben machen wird. Ein Studium der absoluten Wunschrichtung nützt leider wenig, wenn der spätere Beruf nicht mehr viel mit den interessanten Studieninhalten gemeinsam hat oder die Chance auf einen Job im studierten Fachbereich verschwindend gering ist. Aus diesem Grund solltest du dich bei der Wahl einer für dich interessanten Branche und

Berufsrichtung in erster Linie an den Tätigkeiten des späteren Berufs orientieren und erst im zweiten Schritt die entsprechenden Ausbildungen und Studiengänge näher betrachten. Auf diese Weise lassen sich spätere Enttäuschungen vermeiden.

Unterstützung aus dem Internet
Leider sprengt es den Rahmen dieses Ratgebers der Fülle an möglichen Berufsbranchen, interessanten Berufsgruppen und konkreten Berufsausbildungen und Studiengängen gerecht zu werden. Aus diesem Grund kann ich dir an dieser Stelle nur raten, die Möglichkeiten des Internets gezielt für dich zu nutzen. Die Überlegungen, Gedanken und Erkenntnisse aus den vorangegangenen Abschnitten stellen dafür eine sehr gute Grundlage dar.

Nach eingehender Recherche kann ich dir folgende Webseiten empfehlen und möchte dich nun dazu ermuntern, dieses Buch eine Weile beiseitezulegen und die folgenden Links auszuprobieren:

* Die Webseite www.arbeitsagentur.de/bildung bietet eine sehr umfassende Datenbank und ein breites Informationsangebot. Es gibt Selbsterkundungstools zur Identifikation passender Ausbildungsberufe oder Studiengänge ebenso wie entsprechende Leitfäden mit allgemeinen und konkreten Informationen rund um Ausbildung und Studium sowie den anschließenden Berufsmöglichkeiten [14].
* Auf der Webseite www.planet-beruf.de/schuelerinnen findest du Informationen zu Wunschberufen und möglichen Ausbildungsbereichen. Der Zugriff ist sowohl am Computer als auch über die kostenlose Handy-App *„AzubiWelt"* möglich. Hier werden dir hintereinander Fotos von typischen Arbeitsbereichen verschiedener Berufe gezeigt, die du intuitiv bewerten musst, ob sie dir gefallen oder nicht. Entsprechend deiner Auswahl werden dir anschließend relevante Branchen aufgelistet, wie etwa *„Flugzeuge und Luftfahrt"* oder *„Mathematik und Statistik"*. Du kannst dich anschließend über

jede dieser Tätigkeitsbereiche informieren und Bilder typischer Aufgaben bewerten. Das Ergebnis der Datenauswertung besteht aus Vorschlägen geeigneter Berufe mit jeweiliger Berufsbeschreibung, den wichtigsten Aufgaben, gegebenenfalls auch mit Videos oder Fotos. Die intuitive Handhabung dieser App ermöglicht es sich sehr schnell und unkompliziert über relevante Berufsbranchen und Ausbildungen zu informieren. Obwohl der Fokus auf den Berufsausbildungen liegt, können auch Studieninteressierte hiervon profitieren [15].

* www.berufenet.arbeitsagentur.de bietet eine umfassende Übersicht an ausführlichen Berufsinformationen sowie einen Test, der eine Auflistung relevanter Berufe und Ausbildungen mit entsprechenden Details und nützlichen Zusatzinformationen anzeigt [16].

* Das Berufsorientierungsprogramm des Bundesministeriums für Bildung und Forschung bietet auf der Webseite www.berufsorientierungsprogramm.de eine Reihe nützlicher Informationen und Links für Jugendliche an, wie zum Beispiel Unterstützung bei der Berufsorientierung, oder interessante Videos zu den unterschiedlichsten Berufsfeldern und vieles mehr [17].

Unterstützung im realen Leben
Das Internet dir ohne Frage bei der Berufsorientierung eine sehr große Hilfe sein. Allerdings musst du die entsprechenden Ergebnisse schon in die Praxis mitnehmen, um ein ganzheitliches Bild zu erhalten. Im Optimalfall kombinierst du Erkenntnisse aus dem Netz mit konkreten Gesprächen, Erfahrungen und Eindrücken auf entsprechenden Veranstaltungen und Messen. Hierzu gibt es verschiedene Möglichkeiten:

* **Persönliche Berufsberatung**
   Eine wunderbare Möglichkeit mit einem kompetenten Experten über die eigene individuelle Situation zu sprechen und dabei auf die persönlichen Überlegungen, Wünsche und Zweifel einzugehen, ist die persönliche Berufsberatung. Einige Schulen sind in dieser Hinsicht sehr engagiert und bieten teilweise sogar während der Unterrichtszeit Berufsberatungssitzungen an. Wenn du schlau bist, nutzt du diese

Chance, wenn du sie bekommst. Es existieren auch private Anbieter, die gegen ein Honorar eine individuelle Berufsberatung durchführen. Eine kostenlose Alternative dazu ist die Berufsberatung der Bundesagentur für Arbeit. Diese bietet persönliche Betreuung, sowohl bei der Berufsorientierung als auch bei der Berufswahl – wahlweise telefonisch oder vor Ort. Jeder kann grundsätzlich von diesem Service Gebrauch machen, egal ob als Schüler, Absolvent, Auszubildender, Student oder Berufstätiger. Diese Serviceleistung kann außerdem noch Informationen zu den unterschiedlichen Ausbildungen und Studiengängen sowie Tipps zur konkreten Stellensuche beinhalten [18].

- **Berufsinformationsveranstaltungen**
  Womöglich ist es dir bisher noch nicht aufgefallen, aber es gibt auch regional häufig ein breites Angebot an Berufsinformationsveranstaltungen. Fachhochschulen und Universitäten bieten beispielsweise regelmäßig am *„Tag der offenen Tür"* Einblicke in ihr jeweiliges Studienangebot und die Studienräume. Auch Unternehmen bieten immer wieder solche Veranstaltungen an. Zudem gibt es Ausbildungs- und Karrieremessen, auf denen die unterschiedlichsten Firmen aus der Umgebung sich und ihr jeweiliges Ausbildungsangebot vorstellen. Manchmal bekommt man so die Möglichkeit, sich direkt mit Führungskräften und derzeitigen Azubis oder Duale Studenten auszutauschen und aus erster Hand wertvolle Informationen und Tipps zu bekommen. Zu sehen, dass es sich bei den erfolgreichen Bewerbern der Vorjahre auch nur um normale Menschen handelt, kann Mut für die eigene Bewerbung machen. Denn wenn die es geschafft haben, warum sollte man es selbst nicht auch schaffen, einen Ausbildungsplatz oder Dualen Studienplatz zu bekommen? Veranstaltungstermine in deiner Region kannst du den lokalen Medien entnehmen oder online nachschauen. Gute Quellen können hierfür die Webseite der Stadt, der Region oder des nächstgelegenen Messegeländes sein (zum Beispiel für Ausbildungsmessen, Studien- und Berufsorientierungsmessen, Karrieremessen etc.). Auch eine allgemeine Suchmaschinenanfrage kann dich durchaus weiterbringen.

- **Rat aus dem persönlichen Umfeld einholen**
  Wenn du erst einmal einen oder mehrere für dich passende Berufe
  identifiziert hast, lohnt sich ein Blick in den eigenen Bekanntenkreis.
  Womöglich kennst du jemanden, der bereits diesen Beruf ausübt und
  wertvolle Erfahrungen teilen kann. Informationen bezüglich Arbeitsalltag, Einstiegsmöglichkeiten und Anforderungsprofil können sehr
  wertvoll sein. Oft fällt es deutlich einfacher, Bedenken und Fragen
  zu äußern, wenn man den Gesprächspartner persönlich kennt und
  diesem vertraut. An dieser Stelle kannst du auch die Meinung deiner
  Erziehungsberechtigten, Bekannten und eventuell auch Lehrern
  bezüglich der für dich infrage kommenden Berufe einholen. Da
  sie dich naturgemäß schon lange kennen, kann ihre Einschätzung
  durchaus hilfreich sein und Anregungen bringen, auf die du von
  alleine womöglich nie gekommen wärst.

Zur Erinnerung, es geht in erster Linie darum, eine berufliche Richtung
zu finden, mit der du selbst glücklich wirst. Dabei sind alle gut
gemeinten Ratschläge willkommen. Ob du diese jedoch annimmst und
umsetzt, kannst nur du entscheiden.

> **Empfehlungen für Zusatzinformationen zu den unterschiedlichen Berufsbranchen sowie Ausbildungs- und Studiengänge**
> - http://planet-beruf.de/schuelerinnen/mein-beruf/berufe-von-a-z/ („ABC der Ausbildungsberufe" mit Bildern und Videos, sowie Jobbörse)
> - https://planet-beruf.de/schuelerinnen/welche-ausbildungen-gibt-es/welche-berufe-gibt-es/tagesablaeufe (Typische Tagesabläufe der unterschiedlichen Ausbildungsberufe, erzählt von Fachkräften und Azubis)
> - https://www.hochschulkompass.de/studium-interessentest.html (Studium-Interessenstest zur Studienorientierung)

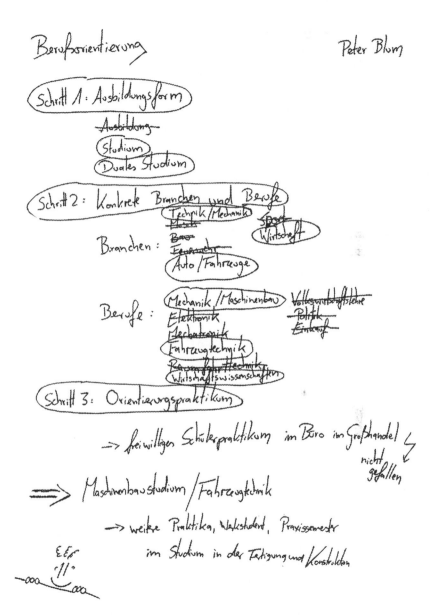

Abb. 2.2 Beispiel: Berufsorientierung

2.3.3 Schritt 3: Berufsalltag durch ein Orientierungspraktikum kennenlernen

Um die Berufsorientierung ideal abzurunden, fehlt noch das tatsächliche Hineinschnuppern in die angedachten Bereiche, etwa durch Praktika, Ferienarbeit oder Ähnlichem. Dieser Schritt ist für die Berufsfindung sehr wichtig, da du auf diese Weise deine Vorstellung mit dem tatsächlichen Arbeitsalltag abgleichen kannst. Ein zuvor angedachtes Berufsfeld kann so entweder endgültig als geeignete Option identifiziert werden oder komplett ausscheiden. Es ist unendlich viel besser, während eines Praktikums zu merken, dass ein Beruf nicht zu einem passt, als dies später während einer entsprechenden Ausbildung oder einem Studium entsetzt festzustellen und dann womöglich abzubrechen.

Wenn du die vorangegangenen Schritte besten Wissens und Gewissens durchgeführt hast, musst du dich nicht vor einer eventuellen beruflichen Fehlentscheidung fürchten. Die allerletzte und finale Entscheidung für eine ganz konkrete Stelle findet erst nach den durchlaufenen Bewerbungsprozessen statt. Nämlich dann, wenn du idealerweise aus mehr als einer Zusage wählen kannst. Erst dann triffst du letztlich deine endgültige Wahl. Diese Entscheidung kann durchaus auch ein Kompromiss aus Wunschuni/Wunschunternehmen und Wunschstudium beziehungsweise Ausbildung sein. Manchmal hat man Glück und bekommt alles genauso, wie man es sich vorstellt. Ein anderes Mal muss man vielleicht Kompromisse eingehen.

Ablauf eines Praktikums

Vonseiten des Unternehmens bekommt man als Praktikant manchmal einen Mitarbeiter als zuständigen Betreuer und Ansprechpartner für die Dauer des Praktikums zugeteilt. Häufig werden auch Auszubildende, etwa aus dem zweiten oder dritten Lehrjahr, eingesetzt, um dem Praktikanten ihre Aufgaben und Tätigkeiten zu zeigen und sich auch in den Pausen um diesen zu kümmern. In einem guten Praktikum wird vorab ein Praktikumsplan erstellt, welcher die Aufgaben des Praktikanten festlegt und beschreibt. Idealerweise wird der Praktikant während seines Praktikums in regelmäßigen Gesprächen begleitet, um Fortschritte, Erkenntnisse, Probleme, Stärken und Schwächen zu besprechen. Am Ende des Praktikums wird in der Regel ein Abschlussgespräch mit dem Unternehmensbetreuer geführt. Das Feedback hinsichtlich der eigenen Fähigkeiten und die Eignung für das angestrebte Berufsfeld von Seiten eines Experten kann von großem Wert für deine Berufsorientierung werden. Verlief das Praktikum erfolgreich und können sich beide Seiten vorstellen, dass der Praktikant nach der Schule in diesem Betrieb eine Ausbildung oder ein Duales Studium beginnt, ist das ein toller Erfolg.

Mehr Informationen zum Orientierungspraktikum während der Schule siehe Abschn. 5.1.

Literatur

1. Looks K (2021) Weiterführende Schulformen in Deutschland: Ein Blick auf die Bundesländer. Scoyo: Einfach leichter lernen. https://www.scoyo.de/magazin/schule/schulwahl/schulformen-in-deutschland-bundeslaender/. Zugegriffen: 06. Juni 2022
2. o. V. (kein Datum) Weiterführende Schulen im Überblick. Bundesagentur für Arbeit. https://www.arbeitsagentur.de/bildung/schule/auf-bestehenden-abschluss-aufbauen. Zugegriffen: 06. Juni 2022
3. o. V. (kein Datum) Wege nach dem Schulabschluss. Bundesagentur für Arbeit. https://www.arbeitsagentur.de/bildung/schule/wege-nach-schulab-schluss. Zugegriffen: 06. Juni 2022
4. o. V. (kein Datum) Zugang und Zulassung zum Studium. Bundesagentur für Arbeit. https://www.arbeitsagentur.de/bildung/studium/zugang-zulassung-studium. Zugegriffen: 06. Juni 2022
5. Wolking S (2022) Zweiter Bildungsweg: Abitur, Bafög, Tipps. Karriere-bibel. https://karrierebibel.de/zweiter-bildungsweg/. Zugegriffen: 06. Juni 2022
6. o. V. (kein Datum) Schulabschluss nachholen – zweiter Bildungsweg. Bundesagentur für Arbeit. https://www.arbeitsagentur.de/bildung/schule/zweiter-bildungsweg. Zugegriffen: 06. Juni 2022

7. o. V. (kein Datum) Schulabsolventinnen/- absolventen und Schul-abgänger/-innen nach Art des Abschlusses. Bundesministerium für Bildung und Forschung http://www.datenportal.bmbf.de/portal/de/K233.html. Zugegriffen: 06. Juni 2022

8. o. V. (2022) Berufsbildungsbericht 2022. BMBF Bundesministerium für Bildung und Forschung. https://www.bmbf.de/bmbf/de/bildung/beruf-liche-bildung/strategie-und-zusammenarbeit-in-der-berufsbildung/der-berufsbildungsbericht/der-berufsbildungsbericht. Zugegriffen: 06. Juni 2022

9. o. V. (2022) Gemeinsame Stellungnahme des Hauptausschusses des Bundes-instituts für Berufsbildung (BIBB) zum Entwurf des Berufsbildungs-berichts 2022. Bundesinstitut für Berufsbildung BIBB. https://www.bibb.de/dokumente/pdf/stellungnahmezumbbb2022.pdf. Zugegriffen: 07. Juni 2022

10. o. V. (kein Datum) Statistisches Jahrbuch 2019. Statistisches Bundesamt. https://www.destatis.de/DE/Publikationen/StatistischesJahrbuch/Bildung.pdf?__blob=publicationFile. Zugegriffen: 07. Juni 2022

11. o. V. (kein Datum) Tab 2.5.88: Weibliche Studierende und Studien-anfängerinnen im 1. Hochschulsemester in den 20 im Wintersemester 2020/2021 von weiblichen Studierenden am stärksten besetzten Studien-fächern und Tab 2.5.87: Männliche Studierende und Studienanfänger im 1. Hochschulsemester in den 20 im Wintersemester 2020/2021 von männlichen Studierenden am stärksten besetzten Studienfächern. Bundes-ministerium für Bildung und Forschung. http://www.datenportal.bmbf.de/portal/de/K254.html. Zugegriffen: 08. Juni 2022

12. Dudenredaktion (kein Datum) „Interesse", "Fähigkeit", „Talent" auf Duden online. https://www.duden.de/rechtschreibung/Interesse, https://www.duden.de/rechtschreibung/Talent, https://www.duden.de/recht-schreibung/Faehigkeit. Zugegriffen: 06. Juni 2022

13. Eberts E, Ruhl S (2017) Stärken fördern: Die Schule der Tiere. Ruhl-Consulting AG Strategy & Realisation. https://www.krankenhausberater.de/impuls/news/staerken-foerdern-die-schule-der-tiere/. Zugegriffen: 06. Juni 2022

14. o. V. (kein Datum) Schule, Ausbildung, Studium. Bundesagentur für Arbeit. www.arbeitsagentur.de/bildung. Zugegriffen: 06. Juni 2022

15. o. V. (kein Datum) Schüler/innen: Meine Zukunft. Meine Ausbildung. Bundesagentur für Arbeit, planet-beruf.de. www.planet-beruf.de/schuelerinnen. Zugegriffen: 06. Juni 2022

16. o. V. (kein Datum) BERUFENET-Finden Sie ausführliche Berufs-
    informationen. Bundesagentur für Arbeit. https://berufenet.arbeitsagentur.
    de/berufenet/faces/index?path=null. Zugegriffen: 06. Juni 2022
17. o. V. (kein Datum) Informationen für Jugendliche. Bundesministerium
    für Bildung und Forschung. Berufsorientierung – Entdecke dein Talent.
    https://www.berufsorientierungsprogramm.de/de/informationen-fuer-
    jugendliche-1699.html. Zugegriffen: 06. Juni 2022
18. o. V. (kein Datum) Persönliche Berufsberatung. Bundesagentur für Arbeit.
    https://www.arbeitsagentur.de/bildung/berufsberatung. Zugegriffen: 06.
    Juni 2022

3

Allgemeines zu den Bewerbungsunterlagen

Die eigene Schokoladenseite zu Papier bringen.

Zusammenfassung In diesem Kapitel geht es um die allgemeingültigen Grundlagen zur Erstellung guter Bewerbungsunterlagen, welche sich auf den Großteil aller Bewerbungssituationen anwenden lassen. Es werden die wichtigsten Bewerbungsunterlagen, wie Lebenslauf und Anschreiben detailliert besprochen, ebenso wie die unterschiedlichen Wege, diese beim potenziellen neuen Arbeitgeber einzureichen. Ziel ist es, eine allgemeine Wissensgrundlage zu schaffen und es so dem Leser zu ermöglichen in den nachfolgenden Kapiteln detailliert auf die verschiedenen Bewerbungssituationen einzugehen und querzulesen.

Zunächst ein kleiner Hinweis zur Struktur und der optimalen Nutzung dieses Ratgebers: Es empfiehlt sich, Kap. 3 und 4 mit den allgemeinen Grundlagen zu den Bewerbungsunterlagen und dem Bewerbungsprozess chronologisch zu lesen. Die anschließenden Kap. 5, 6, 7, 8 und 9 mit detaillierten Informationen zu den spezifischen Bewerbungen während und nach der Schule sowie während und nach dem Studium können

© Springer Fachmedien Wiesbaden GmbH, ein Teil von Springer Nature 2023
T. Schrammel, *Die ersten Bewerbungen für Schüler und Studierende,*
https://doi.org/10.1007/978-3-658-37932-2_3

dann problemlos je nach Interesse oder persönlicher Lebenslage quergelesen werden. Auf diese Weise werden einerseits ständige Wiederholungen vermieden, andererseits wird gewährleistet, dass der Leser alle wichtigen Informationen erhält, sollte er sich entschließen, innerhalb der Kapitel zu springen.

„*Sich be-werben*" bedeutet wörtlich: Werbung für sich selbst machen. Dabei gefällt mir der Vergleich der Bewerbungsunterlagen mit einem Supermarktprospekt. Ähnlich wie ein Werbeprospekt, das die Vorzüge seiner Produkte anpreist, neugierig machen und zum Kauf verleiten möchte, sollen auch die Bewerbungsunterlagen die Fähigkeiten des Bewerbers anpreisen, neugierig machen und im Idealfall eine Einladung zum persönlichen Gespräch zur Folge haben. Unternehmen bekommen eine Vielzahl an Bewerbungen, und nur wer bereits hier positiv auffällt, kommt seiner Wunschposition einen entscheidenden Schritt näher. Dabei ist es sehr wichtig, dass du keine Standardbewerbungen versendest, sondern jedes Mal auf das individuelle Stellenanforderungsprofil eingehst.

3.1 Inhalt und Aufbau der Bewerbungsmappe

3.1.1 Allgemeines

In einer guten Bewerbungsmappe, egal ob ausgedruckt, auf Papier oder in elektronischer Form, sollten sich folgende Unterlagen befinden:

* Tabellarischer **Lebenslauf.**
* Individuelles **Anschreiben.**
* Optionales Deckblatt.
* Relevante **Anlagen** (Zeugnisse, Zertifikate und andere Nachweise).

Die Bewerbungsmappe ist wie deine persönliche Visitenkarte und du tust gut daran, diese ordentlich und gewissenhaft zu erstellen. Dabei solltest du inhaltliche Fehler ebenso vermeiden wie Fehler in Rechtschreibung, Zeichensetzung und Grammatik. Neben der Rechtschreib- und Grammatikprüfung am Computer kann es helfen, den fertigen

Text auszudrucken und mit etwas zeitlichen Abstand nochmals durchzulesen. Sehr zu empfehlen ist es auch, eine außenstehende Person zu bitten, die fertigen Bewerbungsunterlagen Korrektur zu lesen.

Es kann vorkommen, dass man bei der Erstellung des Lebenslaufs in Versuchung gerät, die eine oder andere Tatsache etwas zu beschönigen, wegzulassen oder hinzuzudichten, um die eigenen Chancen vermeintlich zu erhöhen. Bitte gib dieser Versuchung niemals nach! Es kommt sowieso heraus, entweder direkt im Vorstellungsgespräch, wenn man gezielt danach gefragt wird, oder Jahre später. Selbst kleine Schwindeleien können die fristlose Kündigung bedeuten. Wenn man zudem Zeugnisse fälscht, oder Abschlüsse und Titel erfindet, die man nie erlangt hat, kann man sogar wegen Urkundenfälschung vor Gericht landen. Halte dich deshalb im Lebenslauf und Anschreiben stets an die Wahrheit.

3.1.2 Formatierung

Lebenslauf und Anschreiben sollten in einem einheitlichen Format gehalten sein, da sie so einen professionelleren Eindruck vermitteln und einen Wiedererkennungswert haben. Dies gilt besonders hinsichtlich der verwendeten Schriftart, der Schriftgröße, den Seitenrändern und einer individuellen Kopfzeile, falls verwendet [1].

Allgemein empfiehlt es sich, eine nicht zu schnörkelige und leicht leserliche Schriftart zu wählen und diese konsequent in allen Dokumenten einheitlich zu verwenden. Die Schriftgröße sollte für eine gute Lesbarkeit mindestens 11 pt haben. Bei den Seitenrändern gehen die Meinungen auseinander. Es ist möglich, die Standardeinstellung des Schreibprogramms zu übernehmen, jedoch kann es sich auch anbieten, diese etwas zu vergrößern. Aufgrund der womöglich vorhandenen Befestigungsklemmschiene der Bewerbungsmappe sollte der linke Rand immer etwas breiter sein [1].

Das Deutsche Institut für Normung, kurz DIN, hat die wichtigsten Standards für die Formatierung von Geschäftsbriefen festgelegt, zum Zwecke der Vereinheitlichung und Übersichtlichkeit. Da die Bewerbungsunterlagen auch eine Art Geschäftsbrief darstellen, finden die Inhalte dieser Norm hier häufig Anwendung und sorgen für ein angenehmes und ordentliches Gesamtbild. Es handelt sich dabei um freiwillige Vorgaben, die du befolgen kannst, aber nicht musst. Nachfolgend findet sich eine Zusammenfassung über die wichtigsten Formatierungsaspekte der DIN 5008, die eine gute Orientierung für die Erstellung von Bewerbungsunterlagen darstellt [1]:

* **Seitenränder:** links: 2,5 cm, rechts, oben und unten: 2,0 cm (mindestens jedoch links: 2,41, rechts: 1,0 cm, oben und unten 0,5 cm) – einheitlich für Lebenslauf und Anschreiben.
* **Schriftart:** Arial oder Calibri – einheitlich in allen Bewerbungsdokumenten.
* **Schriftgröße:** 12 pt, jedoch mindestens 11 pt.
* **Hervorhebungen:** Fett- oder Kursivschrift (Unterstreichungen, variierende Schriftarten und Schriftgrößen sind nicht ideal) – im Lebenslauf kann auch sparsam Farbe verwendet werden. Hervorhebungen sollten allgemein sparsam verwendet werden.
* **Zeilenabstand:** einfach, ohne Leerraum.
* **Länge:** Lebenslauf maximal 2 DIN-A4-Seiten, Anschreiben maximal 1 DIN-A4-Seite [1].

3.1.3 Lebenslauf

Der Lebenslauf bildet das Herzstück der Bewerbung und ist das wichtigste Dokument in der Bewerbungsmappe. Er listet in tabellarischer Form übersichtlich die bisherigen Erfahrungen und Qualifikationen des Bewerbers auf und vermittelt idealerweise schnell und übersichtlich ein ganzheitliches Bild. Der zukünftige Arbeitgeber sollte anhand des Lebenslaufs, die wichtigsten Stationen im Leben des Bewerbers nachvollziehen können und eine erste Einschätzung über dessen Eignung für die jeweilige Stelle machen können.

Wer schon einmal „*Lebenslauf*" in eine Suchmaschine eingegeben hat, erkennt schon anhand der Fülle der unterschiedlichen Vorschläge, dass es nicht den einen universell perfekten Lebenslauf für alle

Lebenssituationen und jeden Bewerber gibt. Vielmehr muss er – wie bereits erwähnt – individuell auf den Bewerber und seine jeweilige Bewerbungssituation zugeschnitten werden.

Zu beachten gilt es auch, dass sich dessen Inhalt im Gegensatz zu früher verändert hat. Nicht nur wird er heute ausnahmslos mit dem Computer und nicht mehr handschriftlich erstellt, Eltern und Großeltern haben auch noch Informationen in den Lebenslauf geschrieben, die man heute weglässt. So spielt etwa der Beruf der Eltern keine Rolle mehr und wird auch nicht mehr angegeben. Manchmal kann es sich jedoch anbieten, freiwillig derartige Informationen zu ergänzen. Selbiges gilt für Angaben zur Religion. Diese werden im Lebenslauf nicht mehr gemacht, es sei denn, man bewirbt sich um eine konfessionsgebundene Stelle, zum Beispiel als Pfarrer, Religionslehrer oder in einem katholischen Kindergarten.

Aufbau und Struktur

Der Lebenslauf sollte in übersichtlicher, tabellarischer Form die jeweiligen Stationen stichpunktartig und mit entsprechender Zeitangabe darstellen. Dabei gibt es zwei Möglichkeiten die Daten aufzulisten, chronologisch und umgekehrt chronologisch, auch antichronologisch genannt (siehe Abb. 3.1). Ein chronologischer Lebenslauf zeigt die Stationen in der tatsächlichen zeitlichen Abfolge, beginnend mit der frühesten Erfahrung und der derzeitigen Position am Ende. Dagegen stehen beim antichronologischen Lebenslauf die neusten Erfahrungen an erster Stelle. Für die in diesem Buch behandelten Bewerbungen würde ich die chronologische Reihenfolge empfehlen, da im Rahmen der ersten Bewerbungen in der Regel noch nicht so viel Berufserfahrung und Stationen vorliegen und diese Darstellung natürlicher wirkt. Die Beispiele in diesem Buch sind deshalb alle chronologisch gehalten. Eine antichronologische Darstellung wäre jedoch genauso möglich. Wichtig ist nur, dass eine einmal gewählte Darstellungsform konsequent im ganzen Dokument beibehalten wird und nicht zwischenzeitlich wechselt.

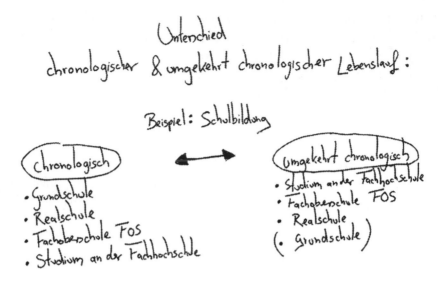

Abb. 3.1 Skizze mit chronologischer und antichronologischer Reihenfolge

Um den Inhalt des Lebenslaufs möglichst übersichtlich darzustellen, empfiehlt es sich, zusammenhängende Themen auch optisch
unter entsprechenden Überschriften zusammenzufassen. Die Anzahl
der Überschriften hängt maßgeblich davon ab, wie viele Informationen
untergebracht werden sollen. Schließlich sollte die Länge des Lebenslaufs keinesfalls zwei DIN A4-Seiten überschreiten. Diese Regel bleibt
bestehen, unabhängig vom Karrierelevel.

Die folgenden Bereiche bieten sich für eine sinnvolle Struktur und
Gliederung im Lebenslauf an und werden in den folgenden Abschnitten
jeweils genauer betrachtet.

* **Persönliche Daten**
* **Schulbildung**
* **Optional Berufsausbildung/Studium**
* **Berufserfahrung**
* **Zusatzqualifikationen**
* **Sonstige Aktivitäten**

Gegebenenfalls noch: Auslandsaufenthalte, soziales Engagement, Sprachkenntnisse. Hat man für einen Punkt keinen Inhalt, kann man diesen auch getrost weglassen.

Inhalt

Im Folgenden möchte ich zu jedem dieser Punkte ein Beispiel nennen, gefolgt von einer ausführlichen Erklärung.

Persönliche Daten

Der Lebenslauf beginnt mit den Kontaktdaten und enthält neben dem Vor- und Nachnamen des Bewerbers auch dessen aktuelle, vollständige Adresse (Straße, Hausnummer, Postleitzahl und Ort), Telefonnummer und seriöse E-Mail-Adresse sowie Geburtsdatum und Geburtsort. Alternativ kann der Name auch in etwas größerer Schrift direkt unter dem Wort *„Lebenslauf"* stehen. Als Telefonnummer kann entweder eine Festnetz- oder Handynummer angegeben werden. Unter dieser Nummer musst du im Bewerbungszeitraum damit rechnen, jederzeit für eventuelle Rückfragen oder eine Einladung zum Vorstellungsgespräch angerufen zu werden. Es ist Geschmackssache, ob man die Festnetz- oder Handynummer im Lebenslauf angibt, beide haben ihre Vor- und Nachteile. Bei einer Festnetznummer läuft man weniger schnell Gefahr, in einem ungünstigen Moment ans Telefon gehen zu müssen. Dafür ist man am Handy immer und überall erreichbar. Achte darauf deine Mailbox vernünftig zu besprechen und dich im Bewerbungszeitraum bei Anruf einer unbekannten oder privaten Nummer stets mit vollständigem Namen zu melden.

Zu den Kontaktdaten gehört neben einer Telefonnummer auch eine vernünftige E-Mail-Adresse. Idealerweise besteht die E-Mail-Adresse aus einer Kombination von Vor- und Nachnamen, falls nötig mit einer Zahl ergänzt, oder gegebenenfalls dem ersten Buchstaben des Mittelnamens. Bitte keinesfalls den Spitznamen oder dergleichen in der E-Mail-Adresse verwenden. Solltest du noch keine seriöse E-Mail-Adresse haben, lässt sich in wenigen Minuten kostenlos eine solche erstellen. Anbieter wie Google, gmx oder web.de bieten sehr gute kostenlosen E-Mail-Dienste.

Idealerweise verwendest du eine Kombination deines Vor- und Nach-
namens. Sind bereits alle vernünftigen Kombinationen vergeben, kannst
du auch auf einen anderen E-Mail-Anbieter zurückgreifen.

Beispiel

Persönliche Daten

Name	Klaus Blum
Anschrift	Musterweg 1, 12.345 Musterstadt
Telefon	0111/11.111
E-Mail	Klaus.Blum@musteremail.de
Geburtsdatum	09.03.1998
Geburtsort	Musterstadt

Schulbildung

Unter der Überschrift *„Schulbildung"* oder *„Schulischer Werdegang"*
werden alle besuchten Schulen mit vollständigem Namen, Ort und
jeweils mit Eintritts- und Austrittsdatum aufgelistet. Ein Wahlzweig
oder eine eingeschlagene Fachrichtung sollte ebenfalls aufgenommen
werden. Es können auch die persönlichen Lieblingsfächer angegeben
werden, gerne auch mit der derzeitigen oder voraussichtlichen Note
beziehungsweise der Note auf dem Abschlusszeugnis oder Zwischenzeugnis. Vorteilhaft wäre natürlich, wenn die Lieblingsfächer einen
Bezug zur angestrebten Stelle haben. Auch die Abschlussnote kann
in Klammern angegeben werden, wenn diese bereits feststeht. Dies
empfiehlt sich jedoch nur, wenn es sich um eine gute Note handelt.
Alles ab 3,0 würde ich im Lebenslauf weglassen. Man kann die Note
dann der Kopie des Abschlusszeugnisses im Anhang entnehmen. Wenn
du derzeit eine weiterführende Schule, wie zum Beispiel die Fachoberschule oder nach der Ausbildung die Berufsoberschule besuchst,
kannst du diese in gleicher Weise unter Schulbildung auflisten. Je nach
vorhandenem Platz kann auch die Grundschule aus der Auflistung

gestrichen werden. Allein schon aufgrund der Optik, solltest du jedoch mindestens zwei Schulen angeben.

Beispiel

Schulbildung

09/04 – 07/08	Grundschule Musterstadt
09/08 – 06/14	Friedrich Schiller Realschule, Musterstadt
	Technischer Zweig
Abschluss	Mittlere Reife (Note 2,0)
Lieblingsfächer	Physik (sehr gut), Mathematik (gut)

Wenn der Abschluss noch nicht erworben wurde, gibst du im Lebenslauf den angestrebten Schulabschluss mit geplantem Datum des Erreichens an:

Beispiel

Schulbildung

09/04 – 07/08	Grundschule Musterstadt
09/08 – heute	Friedrich Schiller Realschule, Musterstadt
	Technischer Zweig
Angestrebter Abschluss	Mittlere Reife im Juni 2014
Lieblingsfächer	Physik (sehr gut), Mathematik (gut)

Berufsausbildung und Studium

Je nachdem, ob du nach der Schule eine Ausbildung oder ein Studium angestrebt hast, kannst du dies mit der Überschrift *„Berufsausbildung"* oder *„Studium"* darstellen. Diese können gegebenenfalls auch unter *„Ausbildung und Studium"* zusammengefasst werden.

Bei einer Berufsausbildung sollte immer der vollständige Firmenname angegeben werden, inklusive Rechtsform und Ort, ebenso wie die offizielle Bezeichnung der Ausbildung sowie die Abschlussnote, falls bereits vorhanden. Eventuell bietet sich auch eine knappe Beschreibung der Ausbildungsinhalte und Schwerpunkte an.

Beispiel

Berufsausbildung

09/14 – 07/17	Stahl AG, Musterstadt
	Betriebliche Ausbildung
Abschluss	Industriemechaniker (Note 2,0)
Vertiefung	Fertigung

Wird der Abschluss erst noch erworben, wird dies ebenfalls als angestrebter Abschluss mit geplantem Datum angegeben:

Beispiel

Berufsausbildung

09/14 – heute	Stahl AG, Musterstadt
	Betriebliche Ausbildung
Angestrebter Abschluss	Industriemechaniker im Juli 2017
Vertiefung	Fertigung

Analog dazu geht man bei einem Studium vor. Auch hier wird der Name der Universität oder Hochschule vollständig angegeben sowie der Ort. Zudem sollte der Studienschwerpunkt und nach Möglichkeit das Thema der Abschlussarbeit angegeben werden. Auch hier empfiehlt es sich, die entsprechenden Noten nur dann anzugeben, wenn sie nicht schlechter als 3,0 sind.

Beispiel

Studium

09/16 – 07/19	Technische Fachhochschule Musterstadt
Abschluss	Bachelor of Engineering in Maschinenbau (2,0)
Studienschwerpunkt	Fahrzeugtechnik
Bachelorarbeit	Konstruktion einer LKW Antriebswelle (1,0)

Berufserfahrung

Für Bewerbungen während oder kurz nach der Schule können unter *„Berufserfahrung"* alle relevanten praktischen Tätigkeiten inklusive Dauer und Tätigkeitsbereich aufgelistet werden. Dazu gehören Praktika, Aushilfsjobs, Ferien- oder Nebenjobs. Alles, was dir neben der Schule erste Einblicke in die Berufswelt gegeben hat. Neben dem vollständigen Firmennamen inklusive Rechtsform und Ort sowie dem Datum und der Dauer empfiehlt es sich, eine kurze Beschreibung des Tätigkeitsfelds und der Abteilung anzugeben. Besonders in großen Firmen gibt es eine Vielzahl möglicher Abteilungen, in denen man arbeiten kann, deshalb ist es hilfreich, möglichst konkret zu werden. Für den zukünftigen Arbeitgeber sind vor allem Betriebspraktika und Ferienjobs in einer für die Bewerbung relevanten Branche interessant.

Beispiel

Berufserfahrung

10/12	Einwöchiges Schülerpraktikum bei der 123 GmbH, Musterstadt
Tätigkeiten	Unterstützung im Büro der Angebotsabteilung
08/13	Vierwöchige Ferienarbeit in der Stahl AG, Musterstadt
Tätigkeiten	Komponentenmontage Fließband

Zusatzqualifikationen

Durch die *„Zusatzqualifikationen"* und *„Sonstige Aktivitäten"* kannst du etwas Individualität und Persönlichkeit in deinen Lebenslauf bringen und dadurch positiv aus der Menge an Bewerbern hervorstechen. Dazu gehören Computerkenntnisse, Sprachkenntnisse, aber auch Zertifikate für den Besuch besonderer Lehrgänge, etwa im Erste-Hilfe-Bereich oder im Rahmen der Freiwilligen Feuerwehr. Du kannst an dieser Stelle alles auflisten, was dir direkt oder indirekt einen Vorteil für die angestrebte Stelle bringen kann. Dabei sollten diejenigen Fähigkeiten an erster Stelle stehen, die in der Stellenbeschreibung explizit verlangt werden, wie zum Beispiel der Besitz des Führerscheins bei einer Stelle im Vertrieb oder als Lieferant. Vorsicht jedoch vor einer Überfrachtung an Nachweisen und Qualifikationen. Ich würde mich auf das relevanteste und aussagekräftigste konzentrieren, um zu vermeiden, dass die wichtigen Informationen in der Masse untergehen.

Beispiel

Zusatzqualifikationen

Führerschein	Klasse B
Computerkenntnisse	Maschinenschreiben, MS Office, C++, CAD
Sprachkenntnisse	Deutsch (Muttersprache), Englisch (fließend)

Werden im Anforderungsprofil einer konkreten Stelle bestimmte Sprachkenntnisse gefordert, sollten sie unbedingt angegeben werden. Zuvor solltest du dir aber überlegen, wie gut deine jeweiligen Sprachkenntnisse wirklich sind. Eine realistische Einschätzung ist dabei besser, als allzu bescheiden aufzutreten oder zu übertreiben. Grundsätzlich werden fünf Level bei den Sprachkenntnissen unterschieden: Muttersprache, verhandlungssicher, fließend, gute Kenntnisse und Grundkenntnisse. Um es leichter zu machen, habe ich diese im Folgenden kurz beschrieben. Wird eine Sprache nur wenige Jahre in der Schule oder durch den Besuch eines Sprachkurses erlernt, sodass man sehr einfache, kurze Unterhaltungen führen kann, sollte man im Lebenslauf **Grundkenntnisse** angeben. Das bietet sich zum Beispiel bei einer zweiten Fremdsprachen, die man nur wenige Jahre in der Schule gelernt hat. Wer eine Sprache dagegen über mehrere Jahre hinweg intensiv in der Schule gelernt hat und problemlos kürzere Unterhaltungen und leichtere Konversation führen kann, sollte **gute Kenntnisse** für die entsprechende Sprache angeben. Da ich im Englischunterricht in der Schule nie herausragend war, keinen Leistungskurs belegt habe und auch privat keine englischen Bücher gelesen habe, habe ich in meinen Bewerbungen während der Schulzeit immer gute Englischkenntnisse im Lebenslauf angegeben. Fließende Sprachkenntnisse empfiehlt es sich dagegen anzugeben, wenn man eine Sprache sicher beherrscht und problemlos fließend sprechen kann. Man ist fähig, Diskussionen und fachbezogene Unterhaltungen zu führen. Wer auch in seiner Freizeit durchaus mal englische Texte liest und vielleicht schon einige Zeit im Ausland gelebt hat, kann problemlos **fließend** als Kenntnisstand angeben. Ich habe beispielsweise erst nach meinem einjährigen Aufenthalt in den USA fließende Englischkenntnisse im Lebenslauf angegeben. Wer sich selbst fließende Sprachkenntnisse im Lebenslauf zuschreibt, muss damit rechnen, dass im Bewerbungsgespräch einige Fragen in dieser Sprache gestellt werden und auch eine entsprechende Antwort in derselben erwartet wird. Ich habe schon erlebt, dass meine zukünftige Führungskraft im Bewerbungsgespräch plötzlich auf Englisch gewechselt hat und ein großer Teil des Gesprächs ganz normal weiterlief, nur eben auf Englisch. Es ist allerdings kein Problem, wenn Fachbegriffe nicht auf Englisch gewusst werden. Wenn man eine Sprache ohne nachzudenken verwenden kann, um den ganz normalen Arbeitsalltag in dieser zu bewältigen und auch komplexe Diskussionen und Verhandlungen führen kann, dann würde ich **verhandlungssichere** Sprachkenntnisse angeben. Bei den verhandlungssicheren Sprachkenntnissen wird durchaus vorausgesetzt, dass man über fachliches Vokabular verfügt und komplexe fachbezogene Unterhaltungen in dieser Sprache führen kann. Erst seitdem ich einige Monate im Ausland gearbeitet habe (nicht als Au-pair, sondern in einer Firma), habe ich meine Englischkenntnisse als verhandlungssicher eingestuft. Natürlich gibt es innerhalb dieses Begriffs auch Unterschiede, trotzdem bin ich mir sicher, dass ich auch, wenn ich ab sofort mein ganzes Leben im Ausland arbeiten und leben würde, niemals über dieses Level hinauskommen werde. Die höchste und perfekte Form der Sprachkenntnisse ist die **Muttersprache.** Mit dieser Sprache ist man aufgewachsen. Es ist möglich, zwei Sprachen als Muttersprache anzugeben, nämlich dann, wenn man zweisprachig aufgewachsen ist, beispielsweise weil beide Elternteile verschiedene Sprachen sprechen. Da ich in Deutschland aufgewachsen bin und meine beiden Eltern mit mir immer nur Deutsch gesprochen haben, gebe ich als Muttersprache im Lebenslauf Deutsch an. Es mag banal erscheinen, aber auch das solltest du hinzufügen.

Es gibt im Internet Einstufungstests für verschiedene Fremdsprachen. Dabei unterscheiden sich folgende Kategorien, angefangen bei dem *„Anfängerlevel"* A1 über A2, B1, B2, C1 und dem *„Profilevel"* C2. Ich würde dir jedoch nur zu dieser Form der Einstufung raten, wenn du erfolgreich einen Sprachkurs absolviert hast, beziehungsweise eine entsprechende Prüfung abgelegt hast. Ansonsten empfiehlt sich die oben dargestellte Einteilung.

Sonstige Aktivitäten

Unter *„Sonstige Aktivitäten"* kannst du zum Beispiel Vereinsmitgliedschaften und andere bezahlte oder ehrenamtliche Tätigkeiten mit der genauen Bezeichnung, Anfangs- und gegebenenfalls Enddatum sowie dem Ort und einer kurzen Tätigkeitsbeschreibung angegeben. Anstatt jedoch *„Mitglied im Sportverein"* solltest du besser konkreter werden und sagen: *„aktiver Mittelfeldspieler im Sportverein Nürnberg und Trainer der Jugendfußballmannschaft".* Darunter kann sich der Leser gleich viel mehr vorstellen. Womöglich spielt der zukünftige Chef selbst aktiv Fußball und schon hat man eine Gemeinsamkeit und vielleicht ein Einstiegsthema beim Vorstellungsgespräch. Besonders positiv sticht ehrenamtliches Engagement hervor und sollte deshalb unbedingt aufgelistet werden. Gegebenenfalls können diese auch unter der Überschrift *„Soziales Engagement"* zusammengefasst werden. Zum Beispiel für das Leiten der Jugendfreizeit, die durchaus bezahlt werden kann. Dies wäre also soziales, aber kein ehrenamtliches Engagement.

Abschließend kannst du noch einige deiner persönlichen Hobbys angeben, da sie dem Leser etwas mehr über den Menschen hinter der Bewerbung verraten. Das ist besonders dann sinnvoll, wenn die Hobbys positive Rückschlüsse auf deine Talente, Interessen und Fähigkeiten zulassen und deine Eignung für die angestrebte Position unterstreichen. Sie können beispielsweise Hinweise auf eventuelle Führungsfähigkeiten, Verantwortungsgefühl oder Organisationstalent geben. Vorsicht jedoch bei zu extremen Hobbys. Eine Führungskraft hat mir einmal von einem Bewerber erzählt, der im Lebenslauf Extrembergsteigen als Hobby angegeben hat. Dies hat bei ihm den Eindruck erweckt, dass dieser Bewerber über sehr große Disziplin, Kampfeswillen und Planungsgeschick verfügt. Als der Bewerber zum Bewerbungsgespräch allerdings mit einem gebrochenen Fuß erschien, der von einem Kletterunfall herrührte, wurde der positive Eindruck doch etwas getrübt. Kein Chef findet es gut, wenn er Angst haben muss, dass der zukünftige Mitarbeiter durch besonders gefährliche Hobbys öfter und womöglich auch länger ausfallen könnte. Dies sollte man bei der Angabe seiner Hobbys im Hinterkopf behalten. Du musst auch nicht alle deine Hobbys angeben.

Beispiel

Sonstige Aktivitäten

01/10 – heute	Ehrenamtliche Mitarbeit in der Bücherei, Musterstadt
03/08 – heute	Sportverein Musterstadt, Fußball, aktiver Mittelfeldspieler
01/11 – heute	Aktives Mitglied der Freiwilligen Feuerwehr Musterstadt: regelmäßige Übungen, Unterstützung bei Festen
	Lesen, Skifahren, Radsport, Gitarre spielen

Ort, Datum und Unterschrift

Ganz zuletzt kommen auf den Lebenslauf linksbündig der Ort mit Datum und daneben oder darunter eine handschriftliche vollständige Unterschrift, bevorzugt mit Vor- und Nachnamen. Du bist zwar nicht dazu verpflichtet, den Lebenslauf zu unterschreiben, trotzdem würde ich es dir empfehlen. Zum einen verleiht deine Unterschrift dem Dokument eine persönliche, menschliche Note und zum anderen bestätigst du dadurch zugleich die Richtigkeit deiner Angaben. Übrigens solltest du auch das Anschreiben unterschreiben. Am besten mit einem hochwertigen Stift, wobei Füllfederhalter und Fineliner immer dem Kugelschreiber vorzuziehen sind. Es wirkt einfach eleganter. Bevorzugt würde ich einen blauen oder schwarzen Stift verwenden. Bei einer Onlinebewerbung habe ich bisher den Lebenslauf ausgedruckt, unterschrieben und wieder eingescannt, beziehungsweise ein leeres Blatt unterschrieben, eingescannt und die Unterschrift als Bild in Lebenslauf und Anschreiben eingefügt.

> **Beispiel**
> Musterstadt, 01.01.2019
> (Unterschrift)

Bewerbungsfoto

Du musst heutzutage kein Bewerbungsfoto beilegen, trotzdem würde ich es dir empfehlen. Das Foto wird klassisch im rechten oberen Bereich der ersten Seite des Lebenslaufs angebracht. Im Idealfall lässt du dich von einem professionellen Fotografen ablichten und verwendest hierzu keinen Fotoautomaten oder die eigene Kamera. Anders als bei einem Passbild, dass in erster Linie zur Identifikation dient und das Aussehen zeigen soll, geht es beim Bewerbungsbild um viel mehr. Ein gutes Bewerbungsfoto soll dem zukünftigen Arbeitgeber einen kompetenten und sympathischen ersten Eindruck vermitteln. Trotzdem ist ein gewisser Grad an Wiedererkennung auch beim Bewerbungsfoto wünschenswert. So sollte die Kleidung auf dem Foto ähnlich wie am Tag des Vorstellungsgesprächs sein, klassisch elegant, gepflegt und farblich eher schlicht. Es hängt natürlich sehr von der jeweiligen Bewerbungssituation ab, aber mit einem Hemd beziehungsweise einer Bluse, wahlweise noch mit einem Sakko beziehungsweise einem Blazer, kann man nichts falsch machen. Bei Make-up und Schmuck gilt grundsätzlich: Weniger ist mehr und im Zweifelsfall immer natürlicher. Man sollte sich selbst auf dem Bewerbungsfoto mögen und gefallen, es kann aber durchaus ratsam sein, jemanden zum Shooting mitzunehmen, um bei der Auswahl des besten Fotos eine zweite Meinung zu bekommen.

Abb. 3.2, 3.3 zeigen zwei klassische Lebensläufe. Ich persönlich benutze auch heute noch gerne diese schlichte Darstellung. Du kannst aber natürlich auch einen etwas kreativeren Lebenslauf (siehe Abb. 3.4) verwenden, wenn dir das besser gefällt. Das Foto wird bei dieser Variante links über den Namen aufgeklebt).

3.1.4 Anschreiben

Im Gegensatz zum Lebenslauf, der alle deine bisherigen Erfahrungen tabellarisch auflistet, ist das Anschreiben in Briefform gehalten und konzentriert sich auf diejenigen Aspekte deines Lebens, welche deine Eignung und Motivation für die angestrebte Stelle am stärksten verdeutlichen und belegen. Und während der Lebenslauf durchaus für mehrere Stellenbewerbungen in gleicher oder ähnlicher Form verwendet werden kann, sollte ein gutes Anschreiben für jede Stelle individuell und extra angefertigt werden. Ein aussagekräftiges Anschreiben erfordert dementsprechend viel Zeit und Mühe. Dies beginnt schon bei der Vorbereitung. Du musst die entsprechende Stellenanzeige genau lesen, Tätigkeits- und Anforderungsprofil verstehen, um sie mit deinen eigenen Fähigkeiten abzugleichen. Wenn du dich mit deiner Berufsorientierung (siehe Kap. 2) beschäftigt hast, bist du bereits gut vorbereitet für die Erstellung des Anschreibens, ebenso für spätere Fragen im Bewerbungsprozess. Falls du Kap. 2 überblättert hast, wäre jetzt eine gute Gelegenheit, noch einmal zu diesem zurückzukehren und dich ernsthaft damit zu befassen. Das hilft erfahrungsgemäß sehr beim Anschreiben.

Im Anschreiben hast du nur wenig Platz und Worte, dich selbst vorzustellen. Es ist deine Chance zu sagen: *„Das bin ich und das kann ich. Erinnert euch an meinen Namen, denn ich bin gut geeignet für die zu besetzende Position."* Die Kunst liegt darin, selbstbewusst zu sein,

Lebenslauf

Persönliche Daten
Name: **Klaus Blum**
Anschrift: Musterweg 1, 12345 Musterstadt
Telefon: 0111/ 11111
E-Mail: Klaus.Blum@musteremail.de
Geburtsdatum: 09.03.1998
Geburtsort: Musterstadt

Schulbildung
09/04 - 07/08   Grundschule Musterstadt
09/08 - 06/14   Friedrich Schiller Realschule, Musterstadt
                         Technischer Zweig
Abschluss: Mittlere Reife (Note 2,0)
Lieblingsfächer: Physik (sehr gut), Mathematik (gut)

Berufsausbildung
09/14 – 07/17   Stahl AG, Musterstadt
                         Betriebliche Ausbildung
Abschluss: Industriemechaniker (Note 2,0)
Vertiefung: Fertigung

Berufserfahrung
10/12   Einwöchiges Schülerpraktikum bei der
                         123 GmbH, Musterstadt
Tätigkeiten: Unterstützung im Büro der Angebotsabteilung

08/13   Vierwöchige Ferienarbeit in der Stahl AG, Musterstadt
Tätigkeiten: Fertigung von kleineren Stahlkomponenten

Zusatzqualifikationen
Führerschein: Klasse B
Computerkenntnisse: Maschinenschreiben, MS Office
Sprachkenntnisse: Deutsch (Muttersprache), Englisch (fließend)

Sonstige Aktivitäten
01/10 - heute   Ehrenamtliche Mitarbeit in der Bücherei, Musterstadt
03/08 - heute   Sportverein Musterstadt, Fußball, aktiver Mittelfeldspieler
01/11 - heute   Aktives Mitglied der Freiwilligen Feuerwehr Musterstadt
                         regelmäßige Übungen, Unterstützung bei Festen

Lesen, Skifahren, Radsport, Gitarre spielen

Musterstadt, 01.01.2019

Klaus Blum

Abb. 3.2   Allgemeiner Beispiellebenslauf 1 – Klaus Blum

Lebenslauf

Persönliche Daten

Name:	**Peter Blum**
Anschrift:	Musterweg 1, 12345 Musterstadt
Telefon:	0111/ 11111
E-Mail:	Peter.Blum@musteremail.de
Geburtsdatum:	09.03.1998
Geburtsort:	Musterstadt

Schulbildung

09/04 - 07/08	Grundschule Musterstadt
09/08 - 06/16	Goethe Gymnasium, Musterstadt
	Mathematischer Zweig
Abschluss:	Allgemeine Hochschulreife (Note 2,0)

Studium

09/16 - 07/19	Technische Hochschule Musterstadt
Abschluss:	Bachelor of Engineering in Maschinenbau (2,0)
Studienschwerpunkt:	Fahrzeugtechnik
Bachelorarbeit:	Konstruktion einer Antriebswelle für den LKW Antrieb (1,0)

Berufserfahrung

08/14	Dreiwöchiges freiwilliges Schülerpraktikum
	123 GmbH, Musterstadt
Tätigkeiten:	Unterstützung im Büro der Angebotsabteilung
08/17 - 09/17	Vierwöchiges freiwilliges Studentenpraktikum
	in der ABC Firma GmbH, Musterstadt
Tätigkeiten:	Mitarbeit in der Fertigung und Materialverarbeitung
10/17 - 04/18	Werkstudent, ABC Firma GmbH, Musterstadt
Tätigkeiten:	Mitarbeit in der Fertigung und Materialverarbeitung
09/18 - 03/19	Praxissemester in der ABC Firma GmbH, Musterstadt
Tätigkeiten:	Mitarbeit in der Konstruktionsabteilung

Zusatzqualifikationen

Führerschein:	Klasse B
Computerkenntnisse:	Maschinenschreiben, MS Office, C++, CAD
Sprachkenntnisse:	Deutsch (Muttersprache), Englisch (fließend)

Sonstige Aktivitäten

01/10 - heute	Ehrenamtliche Mitarbeit in der Bücherei, Musterstadt
03/08 - heute	Sportverein Musterstadt, Fußball, aktiver Mittelfeldspieler
01/11 - heute	Aktives Mitglied der Freiwilligen Feuerwehr Musterstadt
	regelmäßige Übungen, Unterstützung bei Festen

Lesen, Skifahren, Radsport, Gitarre spielen

Musterstadt, 01.01.2019

Peter Blum

Abb. 3.3 Allgemeiner Beispiellebenslauf 2 – Peter Blum

ARBEITSERFAHRUNG

KONSTRUKTIONSABTEILUNG @ ABC FIRMA GMBH, MUSTERSTADT
September 2018 – März 2019
Praxissemester
- Konstruktionsarbeiten in CAD
- Erstellung von technischen Zeichnungen und Stücklisten

MATERIALVERARBEITUNG @ 123 GMBH, MUSTERSTADT
Oktober 2017 – April 2018
Werkstudententätigkeit
- Mitarbeit in der Fertigung
- Verarbeitung von Stahl und Eisen

MATERIALVERARBEITUNG @ ABC FIRMA, MUSTERSTADT
August 2017 – September 2017
Vierwöchiges freiwilliges Studentenpraktikum

ANGEBOTSABTEILUNG @ 123 GMBH, MUSTERSTADT
August 2014
Dreiwöchiges freiwilliges Schülerpraktikum

BILDUNG
TECHNISCHE HOCHSCHULE MUSTERSTADT
September 2016 – Juli 2019
Bachelor of Engineering in Maschinenbau (2,0)
Schwerpunkt: Fahrzeugtechnik
Abschlussarbeit: Konstruktion einer Antriebswelle für den LKW Antrieb (1,0)

GOETHE GYMNASIUM, MUSTERSTADT
September 2008 – Juni 2016
Allgemeine Hochschulreife (2,0)
Mathematischer Zweig

GRUNDSCHULE MUSTERSTADT
September 2004 – Juli 2008

QUALIFIKATIONEN
FÜHRERSCHEIN
Klasse B
IT KENNTNISSE
Maschinenschreiben, MS Office, C++, CAD
SPRACHEN
Deutsch (Muttersprache), Englisch (fließend)

AKTIVITÄTEN
Ehrenamtliche Mitarbeit in der Bücherei, Musterstadt
Januar 2010 – heute
Sportverein Musterstadt, Fußball, aktiver Mittelfeldspieler
März 2008 – heute
Aktives Mitglied der Freiwilligen Feuerwehr Musterstadt
Januar 2011 – heute

Lesen, Skifahren, Radsport, Gitarre spielen

Abb. 3.4   Allgemeiner kreativer Beispiellebenslauf 1 – Peter Blum

ohne dabei arrogant zu wirken. Bitte sei auch nicht zu bescheiden oder schüchtern, wenn es um deine Fähigkeiten geht. Ziel des Anschreibens ist es auf sich aufmerksam zu machen und aus der Masse an Bewerbern positiv herausstechen. So, als würdest du in einem Raum voller Menschen stehen und dem Personalverantwortlichen zurufen: *„Schauen Sie hierher, ich bin eine gute Option für Sie. Ich kann das gut, was Sie suchen."* Dabei sollte der Fokus allzeit nur auf den eigenen Fähigkeiten und Stärken liegen und nicht auf den Schwächen der anderen. Man steht niemals selbst besser da, wenn man andere schlecht macht.

Aufbau und Struktur

An dieser Stelle kommen wir wieder zurück zur Deutschen Industrienorm DIN 5008, welche die Standards zur Erstellung von Geschäftsbriefen regelt. Im Grunde ist das Anschreiben ein Geschäftsbrief an den potenziellen Arbeitgeber mit dem Ziel bei diesem Interesse zu wecken und eine Einladung zu einem persönlichen Gespräch zu erwirken [1].

Um ein übersichtlich strukturiertes Anschreiben zu erstellen, empfiehlt es sich, die Standards von DIN 5008 anzuwenden, auch wenn dies nicht verpflichtend ist.

Absender mit Kontaktdaten
Der Briefkopf enthält rechtsbündig die Kontaktdaten des Bewerbers. Diese sollten unbedingt identisch mit jenen sein, die im Lebenslauf angegeben werden. Alternativ dazu können die Kontaktdaten auch in die Kopfzeile gesetzt werden. Entscheidest du dich jedoch dazu, eine solche zu verwenden, sollte diese unbedingt sowohl für den Lebenslauf als auch für das Anschreiben einheitlich aussehen. Bitte keinesfalls nur in einem der beiden Dokumente eine Kopfzeile verwenden und im anderen nicht. Durch eine Kopfzeile lässt sich Platz in den Bewerbungsunterlagen einsparen. Allerdings ist erfahrungsgemäß Platzmangel gerade zu Beginn der beruflichen Karriere noch kein Problem, da der Bewerber noch nicht so viele berufliche Stationen aufweist, die aufgelistet und beschrieben werden könnten. Im Gegenteil, viele stehen bei ihren ersten Bewerbungen eher vor der Herausforderung, den

vorhandenen Platz sinnvoll und optisch ansprechend zu füllen. Weshalb ich eine Kopfzeile, die noch mehr Raum schafft, nicht empfehlen würde [1].

Beispiel

Vor- und Nachname
Straße und Hausnummer
Postleitzahl und Ort
E-Mail
Telefonnummer

Anschrift des Empfängers

Es folgen 3 Leerzeilen und 6 Zeilen für die Firmenanschrift, die, falls nicht benötigt, ebenfalls zu Leerzeilen werden. Werden, wie im Beispiel gezeigt, 4 Zeilen für die Firmenanschrift verwendet, so werden die restlichen 2 Zeilen ($6-4=2$) zu Leerzeilen. Wenn man den Ansprechpartner nicht kennt, werden nur 3 Zeilen für die Anschrift benötigt, dann folgen 3 Leerzeilen ($6-3=3$) [1].

Beispiel

(3 Leerzeilen)
Unternehmensname mit Rechtsform
z.Hd. Herrn/Frau Ansprechpartner
Straße Hausnummer
Postleitzahl Ort
(2 Leerzeilen)

Ort, Datum, Betreffzeile und persönliche Anrede

Nach weiteren 2 Leerzeilen stehen rechtsbündig der Ort und das Datum, gefolgt von 2 Leerzeilen und dem Betreff. Im Betreff sollte die offizielle Stellenbezeichnung mit dem gleichen Wortlaut aus der Stellenausschreibung verwendet werden. Diese kann auch **fett** dargestellt werden. Dann folgen nochmals 2 Leerzeilen bis zur Anrede. Die Standardanrede *„Sehr geehrte Damen und Herren"* solltest du nur verwenden, wenn dir kein direkter Ansprechpartner bekannt ist. Besser ist es, das Anschreiben konkret an die richtige Person zu richten. Manchmal wird diese in der Stellenausschreibung genannt. Bei kleineren Firmen kann man auch den Inhaber des Betriebs direkt anschreiben. Nach der Anrede folgen ein Komma, eine Leerzeile und anschließend der eigentliche Bewerbungstext (klein geschrieben) [1].

Beispiel

Ort, Datum
(2 Leerzeilen)
Bewerbung um eine Stelle als/zum ...
(2 Leerzeilen)
Sehr geehrte Damen und Herren/Sehr geehrte/r Herr/Frau Ansprechpartner
(1 Leerzeile)

Bewerbungstext
Der Text des Anschreibens besteht im groben aus einer Einleitung, einem Hauptteil und dem Briefschluss. Diese werden jeweils mit einer Leerzeile getrennt. Auf den Inhalt des Anschreibens wird in nachfolgend noch detaillierter eingegangen [1].

Beispiel

(Einleitung)
(1 Leerzeile)
(Hauptteil)
(1 Leerzeile)
(Schluss)

Grußformel und Unterschrift
Nach dem Hauptext folgt eine Leerzeile, dann die Grußformel. Die Unterschrift wird über den getippten Namen gesetzt, hierzu werden in der Regel 3 Leerzeilen eingeplant. Es ist auch möglich das Wort „Anhang" einzufügen, um darauf hinzuweisen, dass der Bewerbung

Anlagen beigefügt wurden. Ich persönlich mache davon meistens keinen Gebrauch [1].

Beispiel

(1 Leerzeile)
Mit freundlichen Grüßen
(3 Leerzeilen Platz für die handschriftliche Unterschrift)

Schreibstil

Nochmal zur Erinnerung: Ziel des Anschreibens ist es, den zukünftigen Chef zu überzeugen, dass du eine passende Besetzung für seine offene Stelle bist. Wenn sich dein Anschreiben gut und flüssig lesen lässt und verständlich und interessant ist, ist das nur förderlich für den Erfolg deiner Bewerbung. Deshalb solltest du beim Schreiben immer auch auf den Lesefluss achten, damit der Text nicht abgehackt wirkt. Dabei kann es helfen, den Text laut vorzulesen. Eventuelle Unregelmäßigkeiten fallen so schnell auf. Wir haben meist ein natürliches Gespür dafür, was richtig klingt und was nicht. Um ein angenehmes Lesegefühl zu erzeugen, sollte der Ton des Anschreibens stets positiv und optimistisch sein. Zur besseren Verständlichkeit solltest du zudem kurze, klare Sätze in natürlicher Sprache – ohne Dialekt oder Umgangssprache – verwenden. Auch sind aktive Sätze besser als passive. *„Ich habe etwas gemacht"* klingt besser als: *„Etwas wurde von mir gemacht"*. Es ist ein Irrtum zu glauben, durch die Verwendung unnatürlich komplizierter, hochtrabender und verschachtelter Formulierungen wirke man intelligenter oder professioneller.

Während meiner Arbeit an diesem Buch habe ich Schreibseminare an der Universität Oxford in England besucht und parallel zum Thema *„Gutes Schreiben"* recherchiert. Einige der Tipps, die man Autoren immer wieder gibt, lassen sich auch sehr gut auf das Anschreiben anwenden:

1. Der Leser nimmt unbewusst die Stimmung des Autors beim Verfassen eines Textes war. Dies kannst du beim Erstellen deiner Bewerbungsunterlagen nutzen, indem du dir vor dem Schreiben noch einmal deine Motivation für eine bestimmte Branche und Berufsrichtung bewusst machst. Wenn dein potenzieller Chef beim Lesen deines Anschreibens deine Begeisterung für seine Stelle spüren kann, ist dies ein großer Schritt in Richtung Vorstellungsgespräch.

2. Wie ein guter Journalist oder Schriftsteller solltest du dir vorab überlegen, welche Informationen du in den Text deines Anschreibens nehmen möchtest und welche nicht. Dabei hilft folgende Aufteilung: Was muss der Chef unbedingt wissen? Was sollte er wissen und was wäre noch nett zu wissen? Es kann sinnvoll sein, sich vorab entsprechend Notizen zu machen.

3. Wenn du einmal darauf achtest, wirst du feststellen, dass in den unterschiedlichen Textarten und Genres immer wieder ähnliche Wörter und Ausdrücke verwendet werden. Dies liegt daran, dass sie in den Köpfen der Leser besonders starke, ansprechende Bilder erzeugen. Es macht also Sinn, solche starken Wörter auch im Bewerbungsschreiben zu verwenden. Schöne Beispiele hierfür sind: *„motiviert, begeisterungsfähig, wissbegierig, flexibel, verantwortungsbewusst, sozial, kreativ, Durchhaltevermögen, Teamfähigkeit, eigenverantwortlich und dynamisch".* Natürlich reicht es nicht, diese einfach nur aneinanderzureihen und aufzuzählen. Wenn du dir selbst eine Fähigkeit zuschreibst, musst du diese auch belegen können und zeigen, wo und wie du diese im Alltag unter Beweis stellst. Dabei kann dir die Selbstreflexion aus Abschn. 2.2 sehr helfen.

4. Ein weiterer guter Ratschlag, den Autoren oft bekommen, ist der, vor dem eigentlichen Schreiben einen Textabschnitt griffbereit zu haben, der in der Qualität, Wortwahl und dem Sprachniveau bereits dem entspricht, was man selbst schreiben möchte. Es geht dabei nicht darum, den Text abzuschreiben, sondern durch das Durchlesen dieser Passagen beim Schreiben schneller den gewünschten Stil zu erlangen. In diesem Ratgeber wird für jede konkrete Bewerbungssituation ein Beispiel aufgelistet, das dir hierzu als Inspiration dienen kann.

Damit verfügst du nun über das notwendige Wissen, um ein gutes Anschreiben für dich selbst zu erstellen. Ich weiß, man neigt manchmal dazu unliebsame Aufgaben aufzuschieben. Zeitdruck, Schuldgefühle und Verdrängung sowie Druck von außen machen dann alles nur noch schlimmer. Soweit muss es jedoch gar nicht erst kommen. Wir machen das gemeinsam, Schritt für Schritt. Ich bin sicher, dass es mit der nachfolgenden Anleitung jeder schaffen kann, ein gutes und erfolgreiches Anschreiben zu erstellen.

Inhalt

Das Anschreiben kann, wie gesagt, in eine Einleitung, einen Hauptteil und einen Schluss unterteilt werden. Nachfolgend wird detailliert auf jeden dieser Abschnitte eingegangen und mit Beispielen unterlegt. Später in den Kap. 5, 6, 7, 8 und 9 gibt es noch weitere Beispielanschreiben, jeweils zugeschnitten auf die konkrete Bewerbungssituation.

Einleitung

In der Einleitung des Anschreibens solltest du kurz Bezug auf die Stellenausschreibung nehmen und erklären, wie du auf diese aufmerksam geworden bist. Typische Quellen hierfür sind die Firmenwebseite, Jobportale, die lokale Zeitung oder auch ein Aushang direkt im Laden. Auch Gespräche auf der Messe bieten sich an. Besonders schön ist es, wenn du deine Bewerbung nach einem solchen Gespräch zeitnah an deinen Gesprächspartner verschickst. So ist es am wahrscheinlichsten, dass er sich noch an dich erinnern kann.

Beispiel

Sehr geehrter Herr Rot,
(Leerzeile)
auf Ihrer Firmenwebseite habe ich mit Interesse gelesen, dass Sie mehrwöchige Schülerarbeit in den Ferien in Ihrer Fertigung in Musterstadt anbieten. Die beschriebenen Tätigkeiten und Aufgabenbereiche entsprechen mir sehr und die Position hat mich sehr angesprochen, weshalb ich mich hiermit um eine vierwöchige Ferienarbeitsanstellung bei Ihnen bewerbe.

oder
in der „Musterstädter Zeitung" bin ich auf Ihre Stellenanzeige für einen Ausbildungsplatz zum Industriemechaniker gestoßen. Die beschriebenen Aufgabenbereiche und Tätigkeiten entsprechen meinen Fähigkeiten und ich würde gerne Teil Ihres Teams werden.
oder
vielen Dank, dass Sie sich auf der *„12. Ausbildungsmesse Musterstadt"* die Zeit genommen haben, mit mir die unterschiedlichen Möglichkeiten, bei Ihnen nach der Schule Fuß zu fassen, zu besprechen. Sie haben mich in meinem Wunsch noch gestärkt, bei Ihnen ein Duales Studium des Maschinenbaus einschließlich Ausbildung zum Industriemechaniker zu beginnen. Deshalb reiche ich hiermit, wie besprochen, meine Bewerbung ein.

Anschließend solltest du dich kurz vorstellen und zeigen, aus welcher schulischen oder beruflichen Situation heraus du dich bewirbst. Egal, ob du noch zur Schule gehst, kurz vor deinem Abschluss stehst oder diesen bereits in der Tasche hast, solltest du die in einem Satz zusammenfassen.

Beispiel

Zu meiner Person: Ich heiße Klaus Blum, besuche derzeit die 10te Klasse der Friedrich Schiller Realschule in Musterstadt und werde im Sommer mit der mittleren Reife abschließen.
oder
Mein Name ist Peter Blum, ich bin 17 Jahre alt und besuche derzeit den mathematischen Zweig des Goethe Gymnasiums in Musterstadt.

Dann solltest du erklären, warum es ausgerechnet diese Ausbildung, Branche oder Position sein soll. Was begeistert und interessiert dich daran? Achte darauf, dich kurz zu fassen und in wenigen Sätzen auf den Punkt zu kommen.

Beispiel

Ich möchte ein Duales Studium im Maschinenbau inkl. Ausbildung zum Industriemechaniker bei Ihnen absolvieren, weil es meinen Fähigkeiten und Interessen entspricht. Bereits bei Ihrem Tag der offenen Tür im letzten

Jahr hat mich die Ausbildungswerkstatt sowie die Freundlichkeit und Professionalität der Ausbilder fasziniert. Die Gespräche mit diesen und den derzeitigen dualen Studenten und Azubis haben mir ermöglicht, alle meine Fragen zu stellen und einen sehr guten Einblick über Ablauf und Inhalt des dualen Studiums zu gewinnen.

oder

Die Arbeit im Büro interessiert mich schon sehr lange und ich möchte dieses Praktikum gerne nutzen, um aus erster Hand mehr über die dortigen typischen Tätigkeiten zu erfahren und den Arbeitsalltag aus erster Hand zu erleben. Durch das Schnuppern in die Einzelhandelsbranche erhoffe ich mir Klarheit und Orientierung, um diesen Berufswunsch für mich zu validieren.

Hauptteil

Im Hauptteil des Anschreibens solltest du ausführlich auf die, für die jeweilige Stelle erforderlichen Fähigkeiten eingehen und erklären, wo du dir diese aneignen beziehungsweise bereits unter Beweis stellen konntest. Schau dir hierzu nochmal das Anforderungsprofil der Stelle, auf die du dich bewirbst, genau an und überlege dir, welche Anforderungen du ganz besonders gut erfüllst. Auf diese solltest du detailliert eingehen.

Du kannst deine Motivation besonders authentisch vermitteln, wenn du glaubhaft zeigen kannst, dass sich dein Interesse an einem Fachbereich bereits früh abgezeichnet hat und im Laufe der Jahre mit wachsendem Wissen immer mehr konkretisiert hat. Dabei solltest du jedoch darauf achten, dass du nicht übertreibst und Gefahr läufst, unglaubwürdig zu werden. Es muss plausibel bleiben. Ein zweiwöchiges Praktikum kann zum Beispiel nicht stärker gewichtet werden als eine dreijährige Ausbildung.

Beispiel

Seit meiner frühen Kindheit fasziniert und begeistert mich Mechanik und Technik, weshalb ich schon immer leidenschaftlich gerne mit meinem Opa in dessen Werkstatt geschraubt und getüftelt habe. Bohren, drehen und schweißen habe ich bereits sehr früh gelernt. Mit zunehmendem Verständnis der theoretischen Hintergründe in der Schule, besonders in meinem Lieblingsfach Physik, wurde mir immer mehr klar, dass ich auch beruflich in diesem Bereich arbeiten möchte. Auch die Berufseignungs-tests, die ich im Rahmen meiner Berufsorientierung gemacht habe, haben mir immer wieder technische Berufe als passende Option für mich bescheinigt. Um meine Entscheidung zu Konkretisierung habe ich bereits vier Wochen in Ihrem Unternehmen als Ferienarbeiter gearbeitet. Die Arbeit im Team, das kreative Schaffen und die Struktur haben mir sehr gefallen. Ich habe durch mein Praktikum bei Ihnen in einigen technischen Bereichen wertvolle Einblicke bekommen, doch nichts hat mich so fasziniert wie der Beruf des Industriemechanikers. Besonders WIG-Schweißen und CNC Programmieren haben es mir angetan. Neben meiner Begeisterung bringe ich auch Teamfähigkeit und Verantwortungs-bewusstsein mit, die ich seit zwei Jahren regelmäßig als Fußballtrainer der Kinderfußballmannschaft meines Sportvereins unter Beweis stellen kann.

Schluss

Der Schlusssatz sollte freundlich und optimistisch formuliert werden. Die Meinungen über die Verwendung des Konjunktivs *("würde")* gehen auseinander. Ich persönlich verwende ihn gerne, da er etwas Bescheidenheit ausdrückt, ohne dabei zu übertreiben. Es bleibt aber Geschmackssache.

Beispiel

(leere Zeile)
  Über die Einladung zu einem persönlichen Gespräch würde ich mich sehr freuen.
  oder
  Wenn ich Ihr Interesse geweckt haben sollte, freue ich mich darauf, Sie in einem persönlichen Gespräch kennenzulernen.
  oder
  Über eine positive Rückmeldung und eine Einladung zum persönlichen Gespräch würde ich mich sehr freuen.

Abschließend solltest du dein Anschreiben noch handschriftlich unter-schreiben. Wobei zu beachten ist, dass sich die Unterschriften in Lebenslauf und Anschreiben hinsichtlich Schrift, verwendetem Stift und Länge gleichen. Anders als beim Lebenslauf wird im Anschreiben zudem der Name unterhalb des Unterschriftsbereichs getippt.

> **Beispiel**
>
> *(leere Zeile)*
> Mit freundlichen Grüßen
> *oder*
> Beste Grüße aus Musterstadt
> *(3 Leerzeilen mit Unterschrift)*
> Klaus Blum

Abb. 3.5 zeigt ein allgemeines Beispielanschreiben.

3.1.5 Optionales Deckblatt

Ein Deckblatt ist eine zusätzliche Seite in der Bewerbungsmappe und wird auch dritte Seite genannt. Sie enthält die Kontaktdaten des Bewerbers, den Titel der angestrebten Stelle sowie das Bewerbungsfoto und optional die aufgelisteten Anlagen.

Die Verwendung eines Deckblatts ist freiwillig und wird nicht vorausgesetzt oder erwartet. Es kann je nach Bewerbung Vor- und Nachteile haben. So kann ein Deckblatt die Papierbewerbung durchaus individueller und professioneller wirken lassen, zudem das Bewerbungsfoto betonten und Platz im Lebenslauf schaffen. Auf diese Weise ist es weit mehr als eine dekorative Extraseite. Da es jedoch keine wirklichen zusätzlichen Informationen enthält, lässt sich über den konkreten Mehrwert durchaus unterschiedlicher Meinung sein. Nicht wenige halten das Deckblatt für überflüssig oder sogar störend, da es ohne wirklichen Mehrwert zu liefern, die Bewerbung unnötig aufbläht. Auch das Argument der Platzersparnis ist – wie bereits erwähnt – besonders bei den Bewerbungen am Anfang der Karriere nicht wirklich aussagekräftig. In der Regel steht man in dieser Phase ohnehin vor der Herausforderung den vorhandenen Platz zu füllen.

Es bleibt Geschmackssache. Lediglich bei der Onlinebewerbungen würde ich dir von der Verwendung eines Deckblatts abraten. Der Personalverantwortliche braucht dadurch nur länger, um an die für ihn wirklich relevanten Informationen zu kommen. Um ehrlich zu sein,

Vor- und Nachname
Straße und Hausnummer
Postleitzahl und Ort
E-Mail
Telefonnummer

(3 Leerzeilen)

Unternehmensname mit Rechtsform
z.Hd. Herrn/Frau Ansprechpartner
Straße Hausnummer
Postleitzahl Ort
(insgesamt 6 Zeilen für die Firmenanschrift daher 2 Leerzeilen)

Ort, Datum
(2 Leerzeilen)

Bewerbung um eine Stelle als/zum ...
(2 Leerzeilen)

Grußformel
(1 Leerzeile)
Einleitung
-   Bezug zur Stelleanzeige nehmen
-   Sich selbst und die derzeitige schulische/berufliche Situation kurz vorstellen
-   Begründen, warum es diese Position sein soll
(1 Leerzeile)
Hauptteil
-   Motivation, Fähigkeiten und Stärken gemäß des Anforderungsprofils
    beschreiben
(1 Leerzeile)
Schluss
(1 Leerzeile)
Mit freundlichen Grüßen
(3 Leerzeilen Platz für die handschriftliche Unterschrift)

Vorname Nachname *(wird häufig wegen Platzmangel weggelassen)*

Abb. 3.5   Allgemeines Beispielanschreiben

habe ich persönlich noch nie ein Deckblatt bei meinen Bewerbungen verwendet, auch nicht bei den Papierbewerbungen.

Aufbau und Inhalt

Inhaltlich beschränkt sich das Deckblatt auf die wesentlichen Informationen und geht sparsam mit Text um. Neben den persönlichen

Kontaktdaten (vollständige Anschrift, Telefonnummer und E-Mail-Adresse), der angestrebten Position und einem Foto kann noch die Anschrift der Firma ergänzt werden. Dabei kannst du entweder das normale Bewerbungsfoto vom Lebenslauf verwenden (etwas größer als ein normales Passbild) oder ein noch größeres Bild wählen (zum Beispiel: 6,5 cm Breite und 10 cm Höhe). Bei einem professionellen Fotografen kannst du dich diesbezüglich beraten lassen und dir in der Regel die unterschiedlichen Formate anschauen.

Bei der optischen Gestaltung des Deckblatts gibt es keine festen Regeln, wie Text und Foto darauf angeordnet werden sollen. Wichtig ist nur, dass dein Deckblatt ein harmonisches und professionelles Gesamtbild ergibt. Du kannst also kreativ werden und sowohl die Größe als auch die Anordnung des Textes so variieren, wie es dir gefällt, zum Beispiel linksbündig, rechtsbündig oder zentriert. Allerdings solltest du dabei maximal drei unterschiedliche Schriftgrößen verwenden und auf die Lesbarkeit achten.

Beispiel

Bewerbung *(in etwas größerer Schrift)*
(einige Leere Zeilen)
Angestrebte Position:
Praktikant im Rechnungswesen
(leere Zeilen und Bewerbungsfoto)
Vor- und Nachname des Bewerbers
Straße Hausnummer
Postleitzahl Ort
Telefonnummer
E-Mail-Adresse
oder
Bewerbung um einen Ausbildungsplatz zum Industriemechaniker
(leere Zeilen)
Herrn Ansprechpartner
Vollständige Firmenbezeichnung
Straße Hausnummer
Postleitzahl Ort
(leere Zeilen und Bewerbungsfoto)
Vor- und Nachname des Bewerbers
Straße Hausnummer
Postleitzahl Ort

Telefonnummer
E-Mail-Adresse
(leere Zeilen)
Inhalt
Lebenslauf
Anschreiben
Anlagen

3.1.6 Anlagen

Im Anhang beziehungsweise der Anlage kannst du deiner Bewerbung Dokumente beifügen, die deine Angaben bekräftigen und belegen. Gegebenenfalls liefern diese auch zusätzliche Informationen und Details. Besonders wertvoll sind Unterlagen, die deine Eignung für die angestrebte Stelle unterstreichen, wie Praktikumsbescheinigungen oder Empfehlungsschreiben ehemaliger oder aktueller Chefs, Lehrer, aber auch Vereinsvorsitzender und dergleichen. Dabei solltest du auf eine sinnvolle Reihenfolge der Unterlagen achten, wie etwa die ältesten ganz unten in die Mappe zu legen und die aktuellsten oder relevantesten ganz oben zu platzieren.

Beispiel für Inhalt und Reihenfolge einer guten Anlage:

* Aktuellstes Schulzeugnis (kann auch ein Zwischenzeugnis sein)
* Praktikumsnachweise/Zeugnisse
* Empfehlungsschreiben
* Ausbildungszeugnis (falls vorhanden)
* Bescheinigung von ehrenamtlichen und sozialen Tätigkeiten
* Sprachkurse
* Arbeitsproben (falls verlangt, besonders in kreativen Berufen üblich)
* Zertifikate und Bescheinigungen für Weiterbildungen und andere Kurse

In kreativen Bereichen wird zudem häufig eine Arbeitsprobe angefordert. Dies steht dann in der entsprechenden Stellenbeschreibung.

Werden Unterlagen nicht beigefügt, auf die der Personaler jedoch besonderen Wert legt, kann es sein, dass diese nachträglich angefordert werden oder beim Bewerbungsgespräch mitgebracht werden sollen. Besser ist es aber, gleich alle erforderlichen Unterlagen einzureichen.

Es ist möglich, bei Bedarf ein Anlagenverzeichnis zu erstellen, also ein zusätzliches Blatt mit einer Auflistung aller beigelegten Dokumente beizulegen. Dies kann auch Teil des Deckblattes sein. Ein Anlagenverzeichnis wird vor den Anlagen platziert und bietet einen schnellen Überblick über die nachfolgenden Dokumente und die Reihenfolge, in der diese angeordnet sind. Dies kann sinnvoll sein, wenn man besonders viele Anlagen beifügt. Allerdings ist es nicht verpflichtend, ein solches zu erstellen und wird auch nicht erwartet. Ich persönlich habe noch nie ein Anlagenverzeichnis verwendet.

3.2   Papier- und Onlinebewerbung

Es gibt verschiedene Möglichkeiten, die Bewerbungsunterlagen beim Wunscharbeitgeber einzureichen. Entweder in einer klassischen Bewerbungsmappe auf postalischem Weg oder online durch die Eingabemaske auf der Firmenwebseite oder als E-Mail-Anhang. Die Frage, Papier oder Onlinebewerbung stellt sich in der Regel nur selten, da Unternehmen im Allgemeinen ihre Präferenzen diesbezüglich haben. Kleinere, lokale Firmen wollen oftmals eine Bewerbungsmappe in Papierform, während größere Unternehmen häufig eher den elektronischen Weg vorziehen. Im Zweifelsfall kann ein Blick auf die firmeneigene Webseite (falls vorhanden) oder ein kurzer Anruf schnell Klarheit über den bevorzugten Bewerbungsweg geben.

3.2.1 Klassische Bewerbungsmappe

Die klassische Bewerbungsmappe enthält alle vorgestellten Unterlagen in Papierform, also Lebenslauf, Anschreiben, optional ein Deckblatt und die Anlagen. Die Bewerbungsunterlagen sollten einseitig und auf hochwertigem, weißem Papier gedruckt werden. Wenn du farbige Überschriften verwendest, solltest du darauf achten, auch farbig zu drucken.

Beim verwendeten Papier finde ich 100 g/m^2 ideal. Du kannst aber auch etwas dickeres Druckerpapier verwenden.

Auf dem ausgedruckten Lebenslauf beziehungsweise Deckblatt wird das Bewerbungsbild im Original angebracht. Am besten eignen sich dafür doppelseitig, selbstklebende Fototapes oder ein normaler Klebestift, keine Heftklammern. Bitte verwende für jede Bewerbung ein eigenes Foto. Es macht keinen guten Eindruck, wenn man nur um Kosten zu sparen, dieses einscannt und mit dem Lebenslauf ausgedruckt absendet. Was soll das Unternehmen von einem denken, wenn einem die Bewerbung nicht einmal ein Foto wert ist? Da würde man wirklich an der falschen Stelle sparen.

Bewerbungsmappen unterscheiden sich hinsichtlich Design, Material, Farbe und Aufbau. Ich bevorzuge blaue, zweiteilige Papiermappen. Egal, für welche Mappe du dich letztlich entscheidest, sie sollte ordentlich aussehen und keine Knicke, Risse oder Flecken haben. Eine schlichte klassische Mappe in Blau, Schwarz oder Grau passt eigentlich immer. Wenn du dich für eine kreative Stelle bewirbst, kannst du auch auf eine andere Farbe zurückgreifen. Wichtig ist nur, dass die Mappe zur angestrebten Stelle passt. Man unterscheidet bei den Bewerbungsmappen: zwei-, drei- und sogar vierteilig aufklappbare Mappen sowie Klemmmappen. Der Aufbau der Mappen, also die Anordnung der Unterlagen darin, kann je nach verwendeter Mappe variieren (siehe Abb. 3.6).

Zweiteilige Bewerbungsmappe

Persönlich verwende ich bevorzugt schlichte, zweiteilige Bewerbungsmappen, die man einmal aufklappt. Im geöffneten Zustand kann links das Anschreiben in den vorhandenen Dreieckstaschen befestigt werden sowie rechts oben der Lebenslauf (darüber optional das Deckblatt) und dahinter die Anlagen. Alternativ kann das Anschreiben auch auf die Mappe gelegt werden. Dann ist innen links das Deckblatt und rechts der Lebenslauf, sowie darunter die Anlagen.

Dreiteilige Bewerbungsmappe

Bei der dreiteiligen Bewerbungsmappe findet man links das Anschreiben, in der Mitte den Lebenslauf und rechts die Anlagen. Diese

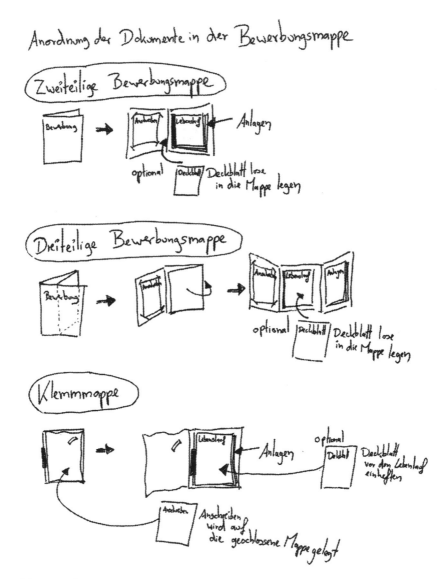

Abb. 3.6 Skizze Anordnung der Dokumente in der Bewerbungsmappe

Dokumente werden in den vorhandenen Dreieckstaschen fixiert. Verwendet man zusätzlich ein optionales Deckblatt, wird dieses lose über den Lebenslauf gelegt.

Vierteilige Bewerbungsmappe
Vom Gebrauch vierteiliger Bewerbungsmappen würde ich dir abraten, da sie sehr unhandlich und verschachtelt wirken und im ausgeklappten Zustand sehr viel Platz einnehmen.

Klemmmappe
Alternativ zu den mehrteiligen Bewerbungsmappen kannst du auch eine Klemmmappe verwenden. Bei dieser liegt das Anschreiben auf der Mappe und darin kommen vorne das optionale Deckblatt, dahinter Lebenslauf und die Anlagen.

Wenn du deine Bewerbungsmappe fertig hast, kannst du sie entweder direkt in der Filiale, Praxis, dem Geschäft oder Firmensitz abgegeben, oder per Post verschicken. Achte beim Versenden unbedingt auf einen ausreichend großen Briefumschlag, der idealerweise noch mit einer Papprückwand verstärkt ist. Ein weißer Umschlag wird von vielen als eleganter gesehen, doch viel wichtiger als die Farbe ist bei der Versandtasche, dass sie unbenutzt und ohne Knicke und Flecken ist. Der Umschlag sollte leserlich und fehlerfrei, analog zum Anschreiben, beschriftet werden. Standardversand ist meist völlig ausreichend. Achte dabei auf ausreichend Porto. Wird das Anschreiben auf die Mappe gelegt, wie bei der Klemmmappe oder der zweiteiligen Bewerbung, kann auch ein Briefumschlag mit transparentem Fenster verwendet werden, welcher den Adressaten auf dem Anschreiben direkt anzeigt. Es gibt Leute, die grundsätzlich Absender und Adressat auf ein Etikett drucken und aufkleben, ich muss jedoch sagen, dass ich das selbst noch nie gemacht habe. Bei Papierbewerbungen schreibe ich die Adressen immer handschriftlich auf einen ganz normalen weißen DIN A4-Umschlag.

3.2.2 Onlinebewerbung

Eine Onlinebewerbung kann entweder das Versenden der Bewerbungsunterlagen per E-Mail-Anhang bedeuten oder aber die manuelle Eingabe derselbigen in eine entsprechende Eingabemaske auf der Firmenwebseite. Auch hier haben die Unternehmen in der Regel ihre Präferenzen.

Im Gegensatz zu einer Papierbewerbung spart man sich bei der Onlinebewerbung die Kosten für die Bewerbungsmappe und den Versand. Auch kann man hier tatsächlich das Foto einscannen und dem Lebenslauf anfügen und braucht nicht für jede Bewerbung ein eigenes Foto. Ansonsten gibt es jedoch keine Unterschiede zur Papierbewerbung. Es ist ein Fehler zu denken, die Erstellung einer Onlinebewerbung erfordere weniger Zeit und Mühe. Tatsächlich sind Lebenslauf, Anschreiben und die Anlagen im Grunde die gleichen. Es ändert sich lediglich der Weg, wie diese beim Unternehmen eingereicht werden. Flüchtigkeitsfehler jeder Art sind genauso sorgsam zu vermeiden wie bei der Papierbewerbung. Ein schöner Effekt der Onlinebewerbung ist es, dass man in der Regel sehr schnell eine Eingangsbestätigung erhält. Da die weitere Kommunikation meist über E-Mail erfolgt, ist es zudem sinnvoll, Posteingang, aber auch Spamordner, regelmäßig auf potenzielle Antworten zu überprüfen.

E-Mail-Bewerbung
Bei der E-Mail-Bewerbung werden Lebenslauf, Anschreiben und Anlagen als Datei im Anhang einer E-Mail direkt an den potenziellen Arbeitgeber geschickt. Das Deckblatt, welches bei der Papierbewerbung noch optional war, würde ich bei der Onlinebewerbung ganz weglassen. Bei der Erstellung dieser Dateien sollte man nicht vergessen, Lebenslauf und Anschreiben zu unterschreiben. Die Bewerbungsunterlagen sollten dabei stets als PDF versendet werden und niemals als bearbeitbare Datei (wie beispielsweise „.txt", „.dox"). Die entsprechenden Dokumente sollten ordentlich und einheitlich beschriftet werden, etwa mit *„Hans Meier_Lebenslauf.pdf"*. Aus Gründen der Übersichtlichkeit sollte man nicht mehr als drei Dokumente anhängen. Im Anhang einer guten und übersichtlichen E-Mail-Bewerbung könnten sich beispielsweise folgende Dokumente befinden: *„Hans Meier_Lebenslauf.pdf"*, *„Hans Meier_Anschreiben.pdf"* und *„Hans Meier_Anlagen.pdf"*.

Die Gesamtgröße des Anhangs ist aufgrund des E-Mail-Programms begrenzt. Erfahrungsgemäß sind 3 MB eine sinnvolle Maximalgröße. Eventuell erforderliche Größenanpassungen lassen sich auch durch das Programm vornehmen, mit welchem das PDF erzeugt wurde. Häufig ist es so möglich, die Qualität (dpi) oder den Kompressionsgrad einzustellen. Auch kann es helfen, das Bewerbungsbild vorab in geringerer Auflösung in das Dokument einzufügen. Die E-Mail-Adresse, von der man die Bewerbung abschickt, sollte übrigens der entsprechen, die man auch im Lebenslauf angegeben hat. Der E-Mail-Betreff kann identisch zu dem Betreff auf dem Anschreiben sein.

> **Beispiel**
>
> Betreff: Bewerbung um eine Stelle als/zum ...

Die E-Mail beginnt am besten mit der gleichen Begrüßung wie auch das Anschreiben. Wenn du einen Ansprechpartner ausfindig machen konntest, solltest du die Begrüßung direkt an diesen richten, selbst wenn du die E-Mail an die allgemeine Firmen E-Mail schickst. Ansonsten kannst du auch hier die allgemeine Grußformel verwenden. Letztlich wird die E-Mail sowieso an den richtigen internen Ansprechpartner weitergeleitet.

> **Beispiel**
>
> Sehr geehrter Herr Müller,
> *oder*
> Sehr geehrte Damen und Herren,

Nach der Begrüßung folgt – wiederum analog zum Anschreiben – ein kurzer Satz dazu, wie du auf die Stelle aufmerksam geworden bist. Es ist möglich, dabei exakt den gleichen Text zu verwenden wie beim Anschreiben (siehe Abschn. 3.1).

> **Beispiel**
>
> auf Ihrer Firmenwebseite habe ich mit Interesse gelesen, dass Sie derzeit eine freie Praktikantenstelle in Ihrem Büro in Musterstadt haben. Die beschriebenen Tätigkeiten und Aufgabenbereiche haben mich gleich angesprochen, weshalb ich mich hiermit auf diese bewerbe.

> *oder*
> in der „Musterstädter Zeitung" bin ich auf Ihre Stellenanzeige gestoßen.
> Die beschriebenen Aufgabenbereiche und Tätigkeiten entsprechen meinen
> Fähigkeiten und ich würde gerne Teil Ihres Teams werden.

Es folgt ein kurzer Satz, in dem du mitteilst, welche Dokumente du mit dieser E-Mail versendest.

Beispiel

Anbei sende ich Ihnen meine Bewerbungsunterlagen zu.
oder
Im Anhang dieser E-Mail befinden sich mein Lebenslauf, Anschreiben sowie die Anlagen.

Abschließend solltest du noch signalisieren, dass du für Rückfragen jederzeit zur Verfügung stehst. Dann folgt die Verabschiedung.

Beispiel

Falls Sie noch weitere Unterlagen benötigen, können Sie mich jederzeit
    gerne kontaktieren.
oder
Bei Rückfragen stehe ich Ihnen jederzeit gerne zur Verfügung.
(Leerzeile)
Mit freundlichen Grüßen
Hans Meier

Bevor du die E-Mail dann absendest, solltest du unbedingt noch einmal überprüfen, ob du auch wirklich die richtigen Dateien angehängt hast.

Bewerbung durch eine online Eingabemaske
Besonders größere Unternehmen haben oft auf ihrer Firmenwebseite eine eigene Seite mit Eingabefeldern für Lebenslaufdaten, wie Schulbildung,

Berufserfahrung und so weiter. Diese online Oberfläche nennt man auch Eingabemaske oder Eingabeformular. Ich habe schon viele dieser Masken gesehen für unterschiedliche Unternehmen, im Grunde sind sich alle sehr ähnlich in ihrem Aufbau und den Daten, die abgefragt werden. Bevor du dich an das Ausfüllen der Bewerbungsmaske machen kannst, wird in der Regel die Registrierung mit E-Mail-Adresse und selbst erstelltem Passwort erforderlich. Beim Ausfüllen der Bewerbungsmaske frägt das Unternehmen dann alle relevanten Daten aus dem Lebenslauf ab. Häufig gibt es hierzu eine Liste an Optionen, aus denen man auswählen kann, etwa verschiedene Schultypen bei Schulbildung etc. Es gibt aber auch immer wieder die Möglichkeit, Freitext einzugeben, besonders wenn es um die Beschreibung der einzelnen Tätigkeiten und Stationen geht. In der Regel kannst du beim Ausfüllen der Online-Bewerbungsmaske, den Text aus deinem Lebenslauf eins zu eins in die entsprechenden Felder kopieren. Eine Eingabemaske ist nichts Beunruhigendes. Es dauert zwar etwas länger, als einfach einen Lebenslauf zu versenden, aber wenn es den Firmen hilft, schneller die richtigen Kandidaten herauszufiltern und man schneller eine Rückmeldung bekommt, ist es das wert. Außerdem bleibt dir sowieso keine andere Wahl, da es durchaus der einzige Weg sein kann, sich bei einer Firma zu bewerben. Meist gibt es zusätzlich zur Eingabemaske noch die Möglichkeit, Anschreiben, Anlagen und den Lebenslauf hochzuladen. Das solltest du auch tun. Wiederum als PDF wie bei der E-Mail-Bewerbung. Das dient zum einen der Vollständigkeit, zum anderen, da dein Lebenslauf womöglich zusätzliche Informationen enthält, die du nicht in der Maske eingegeben konntest, wie Hobbies oder Soziales Engagement. Außerdem enthält der Lebenslauf dein Bewerbungsbild und sollte schon allein deshalb nicht fehlen. Achte dabei unbedingt darauf, dass die Daten in Lebenslauf und Eingabemaske übereinstimmen.

Nach dem Ausfüllen der Bewerbungsmaske wird dir in der Regel nochmal eine Übersicht deiner angegebenen Daten zur Kontrolle angezeigt. Du solltest diese sorgsam prüfen, bevor du sie bestätigst und deine Bewerbung abschickst.

Literatur

1. Stejskal J Bewerben nach DIN 5008. Bewerbung.net. https://bewerbung.net/bewerben-nach-din-5008/. Zugegriffen: 6. Juni 2022

4

Allgemeines zum Bewerbungsprozess

Drum prüfe, wer sich (ewig) bindet.

Zusammenfassung In diesem Kapitel werden die häufigsten Schritte im Bewerbungsprozess detailliert betrachtet. Ziel ist es, ein allgemeines Verständnis für die verschiedenen Elemente zu gewinnen und eine Basis für die konkreten Bewerbungssituationen in den nachfolgenden Kapiteln zu schaffen.

Zunächst ein kleiner Hinweis zur Struktur und optimalen Nutzung dieses Ratgebers:

Analog zu Kap. 3 mit den allgemeinen Grundlagen zu den Bewerbungsunterlagen verfolgt auch dieses Kapitel das Ziel, ein solides Basiswissen über die verschiedenen Bewerbungsschritte zu vermitteln und ein anschließendes Querlesen der Kap. 5, 6, 7, 8 und 9 zu ermöglichen, ohne Wichtiges zu verpassen oder immer wieder die gleichen Informationen zu bekommen.

Es ist eher unwahrscheinlich, dass alle in diesem Kapitel beschriebenen Bewerbungsschritte in einem Bewerbungsverfahren Anwendung finden.

© Springer Fachmedien Wiesbaden GmbH, ein Teil von Springer Nature 2023
T. Schrammel, *Die ersten Bewerbungen für Schüler und Studierende*,
https://doi.org/10.1007/978-3-658-37932-2_4

Trotzdem ist es eine solide Vorbereitung, die zudem Sicherheit gibt, für den nachfolgenden Bewerbungsprozess.

Bewerbungsprozess

Der Bewerbungsprozess beginnt im Grunde damit, dass ein Unternehmen beschließt, eine Stelle zu schaffen und der Personalverantwortliche eine entsprechende Stellenausschreibung inklusive Aufgabenbereich und Anforderungsprofil erstellt und veröffentlicht. Die Bewerber, die nach der erfolgreichen Berufsorientierung eine passende Berufsrichtung und konkrete Stelle für sich identifiziert haben, erstellen gemäß der Stellenausschreibung eine individuelle Bewerbungsmappe und senden diese an das Unternehmen. Dieses schaut sich die Unterlagen aller Bewerber an und lädt diejenigen ein, die am passendsten für die jeweilige Stelle erscheinen. Zugleich werden Absagen an die aussortierten Bewerber verschickt. Während des Bewerbungsprozesses filtert das Unternehmen dann wie bei einer Castingshow im Fernsehen systematisch (Bewerbungs-)Schritt für (Bewerbungs-)Schritt die Kandidaten immer weiter aus, bis am Ende einer übrig bleibt, der dann das Vertragsangebot bekommt. Lehnt dieser ab, zum Beispiel, weil er aus mehreren Zusagen eine andere Option gewählt hat, wird dem zweitbesten Kandidaten der Vertrag angeboten und so weiter. Manchmal gibt es aber auch mehr als eine zu besetzende Stelle, beispielsweise der Besetzung von Ausbildungs- oder dualen Studienplätzen.

Grundsätzlich geht es im Bewerbungsverfahren immer um ein gegenseitiges Kennenlernen. Auch der Bewerber kann nach dem Gespräch feststellen, dass die Stelle, das Unternehmen oder das Team nicht das Richtige für ihn ist.

4.1   Mögliche Bewerbungsschritte

Nach dem Absenden deiner Bewerbungsunterlagen musst du dich in der Regel gedulden, bis du vom Unternehmen Rückmeldung bekommst. Eventuell erhältst du noch zeitnah eine Eingangsbestätigung – besonders bei Onlinebewerbungen – aber dann heißt es erst einmal abwarten, bis du entweder eine Absage oder eine Einladung zum nächsten Bewerbungsschritt erhältst. Meist erfolgt die Rückmeldung postalisch, via E-Mail oder telefonisch. Solltest du nach mehreren Wochen (circa ab 6 Wochen) noch keine Rückmeldung erhalten haben, kannst du dich auch freundlich telefonisch oder via E-Mail über den aktuellen Stand deiner Bewerbung erkundigen. Es muss nicht unbedingt ein schlechtes Zeichen sein. Manchmal kann es auch aufgrund von Krankheit, Feiertagen oder Messen zu Verzögerungen im Prozess kommen. Womöglich ist die Bewerbung auch verloren gegangen. Dies ist jedoch eher unwahrscheinlich. Wenn du nach 6 Wochen ohne Rückmeldung freundlich nachfrägst und wiederum keine Antwort erhältst, würde ich an deiner Stelle von einer erneuten Nachfrage absehen und mich anderweitig umsehen. Erfahrungsgemäß heißt das, dass das Unternehmen kein besonders großes Interesse hat. Ich habe jedoch auch schon erlebt, dass man nach dem Absenden der Bewerbungsunterlagen darüber informiert wurde, dass die Stelle doch nicht besetzt wird. Das ist aber wirklich selten, ebenso wie eine unfreundliche Antwort bei Rückfragen. Manche Firmen wie etwa Google sind dafür bekannt, dass sie grundsätzlich keine Absagen versenden, aufgrund der Masse an Bewerbern. Das ist jedoch nicht die Regel. Im Normalfall erhält man innerhalb einiger Wochen eine Rückmeldung.

Wenn du eine Einladung zum nächsten Bewerbungsschritt bekommst, ist das ein toller Erfolg. Es bedeutet, dass deine Bewerbungsunterlagen und dein Profil überzeugt haben. Herzlichen Glückwunsch! Dein potenzieller Vorgesetzter möchte dich näher kennenlernen. Die erste Hürde ist geschafft. (Im Falle einer Absage bitte Abschn. 4.5 lesen) Wenn dir der vorgeschlagene Termin zum nächsten Bewerbungsschritt zeitlich nicht passen sollte, kann ich dir nur empfehlen, alles in deiner Macht Stehende zu tun, es doch möglich zu machen. Du kannst dich zum Beispiel von der Schule oder einer Pflichtveranstaltung im Studium für ein Bewerbungsgespräch freistellen lassen und sogar Arztbesuche lassen sich in der Regel verschieben. Anders sieht es bei wirklich wichtigen Terminen aus, wie einer Operation, einem bereits gebuchten Urlaub oder einer Beerdigung. In einem solchen Fall solltest du das Unternehmen umgehend kontaktieren und um einen Ersatztermin bitten. Mach dir dabei unbedingt klar, dass dir die Bewerbung wichtig ist und du nicht wegen Kleinigkeiten um eine Verschiebung bitten würdest. In jeder Firma sitzen auch nur Menschen, die mit Sicherheit in einem solchen Fall Verständnis haben werden.

Anzahl und Umfang der Bewerbungsschritte kann sich ganz erheblich, je nach Stelle und Unternehmen unterscheiden. Nachfolgend die häufigsten Bewerbungsschritte mit kurzer Beschreibung:

1. Einstellungstest online oder vor Ort
2. Telefonische Rückfragen und Telefoninterview
3. Assessment Center
4. Vorstellungsgespräch

Für die in diesem Buch besprochenen Bewerbungen ist es eher selten, dass alle aufgelisteten Bewerbungsschritte zum Einsatz kommen. Für eine Bewerbung um eine Praktikumsstelle kann es womöglich bereits ausreichen, nach dem Einsenden der Bewerbungsunterlagen ein Telefoninterview oder Vorstellungsgespräch zu absolvieren, wohingegen für eine Ausbildung oder ein Duales Studium durchaus noch einen Eignungstest und ein Assessment Center beinhalten können. In Zeiten von Corona sind viele Unternehmen dazu übergegangen das komplette Bewerbungsverfahren, inklusive Vorstellungsgespräch und sogar Assessment Center online durchzuführen. Künftig kann es durchaus möglich sein, dass einige Firmen auch weiterhin Teile ihres Bewerbungsprozesses digital stattfinden lassen. Aus diesem Grund wird nachfolgend auch auf den Aspekt des virtuellen Bewerbungsverfahrens eingegangen.

4.1.1 Einstellungstest

Definition

Sowohl Unternehmen als auch Hochschulen können Tests verwenden, um die Bewerber gezielt auf die für das entsprechende Berufsfeld relevanten Fähigkeiten zu prüfen. Ein Eignungs- oder Einstellungstest ist eine meist schriftliche oder computerbasierte Prüfung. Geprüft wird entweder online zu Hause am eigenen Computer oder vor Ort. Es gibt verschiedene Arten von Tests mit unterschiedlichen Themenbereichen und Schwierigkeitslevel, abhängig von der angestrebten Position. Mögliche Themen sind: Allgemeinwissen, Logik, räumliches Vorstellungsvermögen, Sprachen und Fremdsprachen, technisches Verständnis und Konzentrationsfähigkeit sowie fachbezogene Kenntnisse. Es ist auch möglich, dass gezielte Fragen zum Unternehmen gestellt werden. Je nach Job können verschiedene Themen abgefragt beziehungsweise unterschiedlich stark gewichtet werden. So ist für einen technischen Beruf beispielsweise räumliches Vorstellungsvermögen und analytisches Denken wichtiger als für einen sozialen Beruf. Ein weiterer wichtiger Aspekt ist der Zeitdruck. Ich habe schon Tests gesehen, die absichtlich weitaus mehr abgefragt haben, als in der vorgegebenen Zeit überhaupt machbar ist. In diesem Fall geht es darum festzustellen, wie viel Leistung ein Bewerber unter Stress abliefern kann. Bei praxisorientierten Berufen kann es sein, dass man in einem Praxistest verschiedene berufsbezogene Tätigkeiten demonstrieren muss. Gut möglich, dass ein Bewerber für die Ausbildung zum Koch, in der Küche eine Kleinigkeit vorbereiten muss. Bei Polizisten, Soldaten oder bei einem Sportstudium wird entsprechend ein körperlicher Belastungstest gefordert, um die Fitness der Bewerber zu prüfen.

Häufig kann ein gutes Testergebnis vergleichsweise schlechtere Noten ausgleichen. Noten sagen nicht alles über die tatsächliche Eignung eines Bewerbers für eine Stelle aus und können je nach Schule, Schulart und Lehrer stark variieren. Wenn du zu einem Eignungstest eingeladen wirst, kannst du das durchaus als Chance sehen, deinem potenziellen zukünftigen Arbeitgeber bzw. Hochschule dein volles Potenzial zu zeigen und von deiner Eignung zu überzeugen.

Ablauf und Inhalt

Onlinetest
Die Einladung zu einem Onlinetest kann via E-Mail oder postalisch erfolgen. Du erhältst hierzu einen Link und Zugangsdaten und wirst aufgefordert, innerhalb eines gewissen Zeitraums (z. B. 7 Tage) einen

Eignungstest online zu absolvieren. Am besten sorgst du vorab für eine ruhige, ungestörte Umgebung und stellst eine stabile Internetverbindung sicher. Der Test wird dir in der Regel vorab anhand einiger Beispiele die Benutzeroberfläche und die Art der Fragestellung erklären und zeigen. In der vorgegebenen Zeit kannst du dann nacheinander alle Fragen beantworten. Meist wird übersichtlich angezeigt, wie viele Fragen du schon beantwortet hast und wie viele es noch zu beantworten gilt, ebenso die verbleibende Zeit. Bei manchen Tests kann man Fragen überspringen und später zu diesen zurückkehren, andere erlauben dies nicht. Einmal gestartet, kannst du den Eignungstest in der Regel nicht pausieren oder wiederholen. Auch wenn es gerade bei längeren Tests durchaus verschiedene in sich geschlossene Themenbereiche geben kann, die nacheinander bearbeitet werden müssen und dazwischen jeweils einen Moment zum Durchatmen ermöglichen.

Es ist keine Seltenheit, dass zusätzlich zu einem Onlinetest auch ein Vor-Ort-Eignungstest durchgeführt wird. In diesem Fall solltest du wissen, dass Firmen die Ergebnisse durchaus abgleichen. Ist ein Bewerber sehr viel besser im Onlinetest als im relativ ähnlichen Vor-Ort-Eignungstest, liegt die Vermutung nahe, dass dieser beim Onlinetest unerlaubte Hilfe hatte. Es kann passieren, dass dieser aus dem Bewerbungsprozess fliegt, obwohl die Leistungen des Vor-Ort-Tests gut genug gewesen wären, um weiterzukommen. Bitte mach den Onlinetest unbedingt allein und ohne fremde Hilfe! Noch ein Hinweis: Gerade in letzter Zeit hört man immer wieder von Unternehmen, die statt eines Onlinetests, eine Art Onlinespiel für ihre Bewerber entwickelt haben, in dem Fähigkeiten wie logisches Denken und Kreativität auf spielerische Weise geprüft werden. Du brauchst hierzu keine Vorkenntnisse mit Computerspielen, da diese Spiele in der Regel leicht verständlich aufgebaut sind und die Spieleoberfläche und Aufgabenstellung vorab detailliert in Tutorien vermittelt wird. Im Grunde verhält es sich bei diesen Assessment Games nicht anders als bei Onlinetests. Und auch wenn es Spaß machen kann und soll, solltest du es unbedingt ernst nehmen und dein Bestes geben.

Vor-Ort-Eignungstest

Die Einladung zu einem Vor-Ort-Eignungstest kann via E-Mail oder postalisch erfolgen. Neben Zeit- und Ortsangabe erhältst du in der Regel auch Informationen darüber, was in dem Test abgefragt wird, wie lange dieser dauert und was du gegebenenfalls mitbringen solltest. Oftmals wird ein Ausweis oder Pass zur Identifikation verlangt, aber auch ein Taschenrechner darf manchmal mitgebracht werden. Das solltest du dann auch unbedingt tun.

Findet am Testtag nur der Einstellungstest statt und kein zusätzliches persönliches Gespräch, gibt es in der Regel keinen Dresscode und es wird kein Anzug oder dergleichen erwartet. Deine Kleidung ist dann Geschmackssache und hat keine Auswirkung auf dein Weiterkommen. Erfahrungsgemäß gibt es aber auch dann immer jemanden, der mit Anzug und Krawatte zum Test erscheint. Ich bin schon mit schwarzer Stoffhose und weißem Poloshirt oder weißer Bluse zu Eignungstests gegangen. Wenn dieser allerdings Teil eines Bewerbungstages mit mehreren Vorstellungsgesprächen beziehungsweise einem Assessment Center ist, dann solltest du dich so kleiden, wie du es auch beim Bewerbungsgespräch tun würdest. In diesem Fall trage ich persönlich gerne Stoffhose, Bluse und Blazer.

Wenn du also angemessen gekleidet am Testtag zur richtigen Zeit am richtigen Ort erscheinst, triffst du dort unter Umständen auf sehr viele andere Bewerber. Gerade bei einem größeren Unternehmen, welches zahlreiche Ausbildungs- und Duale Studienplätze besetzen möchte, können dies durchaus 20–40 oder sogar noch mehr sein. Lass dich davon jedoch nicht abschrecken oder einschüchtern. Es werden sich nicht alle für die gleiche Stelle bewerben, wie du, zudem gibt es wahrscheinlich mehrere freie Stellen. Nach der Begrüßung und einer Identitätsprüfung kommt man in einen Raum, ähnlich einem Klassenzimmer und macht den Test dort unter Aufsicht auf Papier, einem Tablet, oder Computer. Die ganze Situation hat mich immer etwas an eine Prüfung in der Schule erinnert. Du solltest auf keinen Fall versuchen abzuschauen oder sonst irgendwie zu betrügen, da du sonst sofort aus dem Bewerbungsprozess ausscheidest. Analog zum Onlinetest werden auch beim Eignungstest vor Ort zunächst Beispielfragen durchgegangen und du bekommst ausreichend Zeit, um Fragen zu stellen. Wenn du etwas nicht verstanden hast, solltest du das auch unbedingt tun. Es ist wirklich wichtig, dass du vorab genau verstanden hast, was du tun sollst. Bitte an dieser Stelle auf keinen Fall schüchtern sein. Nach Ende des Tests kann man meist direkt nach Hause gehen. In der Regel erfährt man innerhalb einiger Tage oder Wochen, ob man bestanden hat und in der nächsten Bewerbungsrunde ist, oder aus dem Bewerbungsprozess ausgeschieden ist.

Vorbereitung

Eignungstests beinhalten sehr oft Multiple-Choice-Fragen. Dabei kann man die richtige Antwort (oder Antworten) aus einer Reihe von Antwortmöglichkeiten auswählen. In diesem Fall solltest du unbedingt nachfragen, ob eine Falschantwort Punktabzug gibt. Je nachdem ob und wie viele Minuspunkte es gibt, kann es im Zweifel schlauer sein die Antwort zu raten, oder die Frage unbeantwortet zu lassen.

Abhängig von der Art und dem Schwerpunkt des Tests kannst du dich mehr oder weniger gut darauf vorbereiten. Allgemeinwissen, ebenso wie Informationen über die Branche, Firma und den konkreten Beruf kannst du dir vorab aneignen. Man hört immer wieder, dass man sich auf Eignungstests nicht vorbereiten kann, wenn diese das eigene Potenzial prüfen. Es ist jedoch sehr gut möglich solche Tests zu üben und sich mit der Art der Fragestellungen vertraut zu machen. Im Internet findet sich eine Fülle von kostenlosen Eignungs- und Intelligenztests, die sich sehr gut zur Vorbereitung eignen können. Manche Unternehmen informieren ihre Bewerber vorab darüber, um welche Art von Test es sich konkret handelt. Falls nicht, ist es kein Problem, proaktiv nachzufragen.

4.1.2 Telefonisches und virtuelles Interview

Die telefonische Interaktion mit dem potenziellen Arbeitgeber kann ein wichtiger Bestandteil im Bewerbungsprozess werden. Du solltest deshalb darauf achten, dich im Bewerbungszeitraum beim Anruf einer unbekannten oder unterdrückten Nummer immer mit vollem Namen, vernünftig und klar verständlich zu melden.

Im Gegensatz zum *„richtigen"* Telefoninterview handelt es sich bei der **telefonischen Rückfrage,** lediglich um einen spontanen, kurzen Anruf des potenziellen Arbeitgebers, mit dem Ziel eventuelle Ungereimtheiten und offene Punkte aus dem Lebenslauf zu klären. Womöglich wird auch telefonisch die Einladung zum Bewerbungsgespräch ausgesprochen oder die Verfügbarkeit für ein Praktikum abgefragt. Ein solcher Anruf ist grundsätzlich unkompliziert und erfordert keine Vorbereitung. Er ist theoretisch jederzeit möglich, besonders, wenn du im Lebenslauf angegeben hast, dass du jederzeit für Rückfragen zur Verfügung stehst. Achte darauf am Telefon stets freundlich und sachlich zu bleiben, dann kann dir nichts passieren.

Definition

Im Gegensatz zu spontanen telefonischen Rückfragen ist ein Telefoninterview ein zuvor terminlich vereinbartes und fest geplantes *„richtiges"* Vorstellungsgespräch am Telefon und sollte entsprechend ernst genommen werden. Die offizielle Einladung für ein Telefoninterview inklusive aller Details erhältst du meist vorab via E-Mail oder postalisch.

Alternativ, sozusagen als Mischform zwischen Telefoninterview und vor Ort Vorstellungsgespräch, kann dieses Gespräch auch virtuell stattfinden. In diesem Fall erhältst du eine Einladung mit einem entsprechenden Einwahllink zu einem Online-Interview. Du kannst dich dann von daheim aus an deinem eigenen Computer zu dem virtuellen Meeting einwählen. Hierbei werden häufig Tools wie beispielsweise MS Teams oder Zoom verwendet. Es ist jedoch nicht nötig, dass du dir extra Software kaufst, da sich der Einwahllink in der Regel in jedem Internetbrowser problemlos öffnen lässt oder bei Bedarf einen kostenlosen Download veranlasst.

Sowohl ein Interview am Telefon als auch virtuell am Computer sind jeweils ein offizieller Teil des Bewerbungsprozesses und du solltest diese entsprechend ernst nehmen. Es handelt sich dabei um ein ganz normales, vollwertiges und richtiges Bewerbungsgespräch. Der einzige Unterschied besteht darin, dass es eben nicht persönlich, sondern telefonisch oder virtuell stattfindet.

Ablauf und Inhalt

Sowohl ein telefonisches als auch ein virtuelles Interview kann ganz massiv in Inhalt und Umfang variieren. Ich habe bisher Gespräche zwischen 15 min und 90 min erlebt, am wahrscheinlichsten sind jedoch 30 min bis 60 min. Du erhältst vorab eine offizielle Einladung, meist via E-Mail oder postalisch, welche über Gesprächspartner, Dauer und Inhalt informiert.

Vor Corona Zeiten war das Telefoninterview eine vernünftige Alternative zum Bewerbungsgespräch vor Ort, etwa wenn eine große räumliche Distanz zwischen Bewerber und Stelle bestand. Dies habe ich bei meiner Bewerbung für eine Studienabschlussarbeit in Thailand erlebt. Aufgrund der großen Distanz fand das Bewerbungsgespräch „nur" telefonisch statt und die Zusage kam direkt im Anschluss. Heute können sowohl das telefonische als auch das virtuelle Gespräch ergänzend zum Vorstellungsgespräch vor Ort stattfinden, oder aber alternativ dazu. Für die in diesem Ratgeber besprochenen ersten Bewerbungen ist es jedoch eher unwahrscheinlich, dass mehr als eine Form des Gesprächs zum Einsatz kommt. Um jedoch bestens gerüstet zu sein, werden wir uns alle anschauen.

Telefoninterview

Sehr oft kann es passieren, dass ein Telefoninterview deutlich legerer und entspannter ist als ein offizielles Gespräch. Es ist aber erfahrungsgemäß immer besser, sich für den Härtefall vorzubereiten. Wird es lockerer als erwartet, ist das kein Problem. Andersrum wäre es nicht gut. Inhaltlich ist ein Telefoninterview meist wie ein Vorstellungsgespräch aufgebaut. Da dieses in Abschn. 4.1.4 ausführlich betrachtet wird, möchte ich an dieser Stelle lediglich die wichtigsten standardmäßigen Inhalte aufzeigen. Dabei kann es durchaus zu individuellen Unterschieden kommen. Du musst keine Angst vor einem

Telefoninterview haben. Es sind immer Menschen am anderen Ende der Leitung, die meistens sehr freundlich sind. Standardmäßig stellt sich der Gesprächspartner zunächst vor und erklärt seine Position im Unternehmen, ebenso wie die angestrebte Position mit Umfang, Aufgabenbereich und Anforderungsprofil. Im Gespräch wirst du dann nach deiner Motivation und Eignung für genau diese Stelle und dieses Unternehmen befragt, ebenso wie nach deiner derzeitigen schulischen bzw. beruflichen Situation. Ferner gibt es meist konkrete Fragen zu bestimmten Aspekten des Lebenslaufs, etwa einem besonders relevanten Praktikum. Es ist völlig okay nachzufragen, wenn du etwas nicht verstanden haben solltest und in jedem Fall besser, als deshalb eine schlechte oder falsche Antwort zu riskieren. Abschließend bekommst du zudem noch die Möglichkeit deine eigenen Fragen rund um den weiteren Bewerbungsprozess oder die konkrete Position zu stellen.

Gerade weil dich dein Gesprächspartner am Telefon nicht sehen kann, ist es wichtig, dass du mit deiner Stimme überzeugst. Achte darauf, dass du immer klar und deutlich sprichst und nicht nuschelst. Du solltest auch nicht zu schnell oder hektisch sprechen, auch nicht, wenn du aufgeregt bist. Lächle ruhig auch am Telefon, denn dein Gesprächspartner kann dies unbewusst wahrnehmen. Es ist wichtig, dass du am Telefon genauso begeistert und motiviert von deinem Interesse an dem jeweiligen Job sprechen kannst, wie du es auch bei einem persönlichen Gespräch tun würdest. Zudem solltest du dich für das Telefoninterview so kleiden, wie du es auch beim persönlichen Gespräch tun würdest, wenn dein Gesprächspartner dich sehen kann. Grund dafür ist, deine eigene Wahrnehmung von dir selbst. Es ist sehr wahrscheinlich, dass du so ganz automatisch mehr Professionalität und Selbstsicherheit ausstrahlst, als wenn du beispielsweise im Jogginganzug auf dem Sofa liegend telefonierst. Ich persönlich stehe bei wichtigen Telefonaten am liebsten oder laufe dabei herum. Dabei gilt es nur zu beachten, dass du überall gleichermaßen Empfang hast. Übrigens kann es angenehmer sein beim Telefongespräch ein Headset oder Kopfhörer mit Mikrofon zu verwenden, damit du das Telefon nicht die ganze Zeit über ans Ohr halten musst. Das ist aber Geschmackssache. Wenn du Kopfhörer oder Lautsprecher verwendest, solltest du vorab testen, ob man dich damit auch gut verstehen kann.

Online-Interview

Inhaltlich läuft ein virtuelles Bewerbungsgespräch analog zum Telefongespräch beziehungsweise dem Vorstellungsgespräch vor Ort ab. Der entscheidende Unterschied ist, dass man dabei vor dem Computer sitzt. Der Gesprächspartner kann einen also nicht nur hören, sondern anders als beim Telefoninterview auch sehen. Zumindest, wenn du eine Webcam verwendest. Die meisten Laptops verfügen standardmäßig über eine solche Kamera. Falls jedoch nicht, empfehle ich dir dringend, dir für das Gespräch eine zu kaufen. Gute Webcams sind heutzutage schon sehr günstig erhältlich und lassen sich ganz einfach am Laptop oder Monitor befestigen und mit einem USB-Kabel oder über Bluetooth mit dem Rechner verbinden. Viele dieser Kameras verfügen zudem über ein eingebautes Mikrofon, oder aber man kann das im Laptop integrierte verwenden. Auch hier kann ich dir nur empfehlen in ein Headset mit Mikrofon zu investieren. Auch diese sind relativ günstig in guter Qualität erhältlich und gegebenenfalls sehr viel angenehmer als etwa über Lautsprecher zu telefonieren. Neben diesen beiden Anschaffungen musst du dir jedoch nichts weiter besorgen.

Was beim Telefoninterview noch optional war, nämlich das Tragen entsprechend professioneller Kleidung, ist beim virtuellen Bewerbungsgespräch zwingend erforderlich, da dich dein Gesprächspartner dabei sehen kann. Zieh dich am besten so an und mach dich so zurecht, wie du es auch beim Vorstellungsgespräch vor Ort tun würdest (siehe hierzu Abschn. 4.1.4).

Vorbereitung

Im Grunde bist du schon sehr gut auf das Gespräch mit deinem zukünftigen Arbeitgeber vorbereitet. Alle notwendigen Überlegungen bezüglich deiner Fähigkeiten, Interessen und Talente und der Frage, warum es genau diese Berufsrichtung, Branche und Firma sein soll, hast du dir idealerweise bereits im Laufe deiner Berufsorientierung und Erstellung der Bewerbungsunterlagen gemacht. Jetzt musst du dir diese Informationen nur noch einmal in Erinnerung rufen. Ich würde mir deshalb vor einem Telefongespräch noch einmal das Anschreiben für die entsprechende Stelle sorgsam durchlesen. Auch kann es hilfreich sein, nochmal auf der Firmenwebseite oder im Internet, über die Firmengröße, Produkte oder Dienstleistungen, gegebenenfalls auch Niederlassungen und Firmengeschichte zu recherchieren.

Unabhängig davon, ob das Gespräch telefonisch oder am Computer stattfindet, solltest du bereits vorab dafür sorgen, dass beim Gespräch keine störenden Hintergrundgeräusche oder plötzlichen Unterbrechungen auftreten. Es bietet sich erfahrungsgemäß zudem an, die Familie darüber zu informieren, dass man ein Interview mit dem potenziellen neuen Arbeitgeber hat und sich bitte alle im Haus leise und rücksichtsvoll verhalten sollen. Eine ruhige und ungestörte Umgebung ist sehr wichtig. Ebenso sollte je nach Art des Gesprächs der Telefonakku aufgeladen beziehungsweise der Computer mit Strom versorgt sein und eine stabile Internetverbindung bestehen. Zudem empfiehlt es sich ein Glas stilles Wasser bereitzustellen. Redner auf der Bühne haben auch immer eines griffbereit, nur für den Fall, ebenso wie Taschentücher.

4.1.3   Assessment Center

Definition

Das englische Verb „assess" bedeutet so viel wie „beurteilen, bewerten". Bei einem Assessment Center handelt es sich um einen ein- oder mehrtägigen strukturierten Bewerbungsauswahlprozess, zu dem ein Unternehmen meist gleich mehrere Bewerber einlädt. Auf diese Wiese können sie zeitgleich und im direkten Vergleich bei einer Reihe von Einzel- und Gruppenübungen beobachtet werden und so ihre jeweilige Eignung für die angestrebte Position ermittelt werden. Assessment Center werden besonders von größeren Unternehmen gerne durchgeführt, um die richtigen Kandidaten für Duale Studiengänge oder Ausbildungsplätze zu finden, später auch für Traineeprogramme, sowie firmeninterne Förder- und Talentprogramme.

Assessment Center finden häufig in den firmeneigenen Niederlassungen statt, können aber auch in den Tagungsräumen eines Hotels abgehalten werden. Dabei können sie organisatorisch und finanziell durchaus eine Herausforderung werden, sind jedoch effizienter und liefern weitaus mehr Informationen, als jeden Bewerber einzeln zum Vorstellungsgespräch einzuladen. Die Anzahl der eingeladenen Teilnehmer kann dabei stark variieren und größere Gruppen werden oftmals in Untergruppen aufgeteilt, sodass bei den Übungen etwa 5 bis 20 Bewerber antreten. Manchmal werden auch Anwärter für unterschiedliche Studiengänge und Ausbildungen gleichzeitig eingeladen, sodass nicht jeder der dir beim Assessment Center begegnet automatisch dein direkter Konkurrent sein muss.

Während des gesamten Assessment Centers werden die Bewerber von unauffälligen Beobachtern gemustert und bewertet. Hierbei handelt es sich in der Regel um Führungskräfte und Mitarbeiter der Personalabteilung. Häufig kommt auf 2 bis 3 Bewerber jeweils ein Beobachter. Dieser analysiert das Verhalten und die Leistungen der Kandidaten nicht nur während der Übungen, sondern durchaus auch während der Pausen und dem Essen. Du solltest dich davon jedoch nicht beeinflussen oder ablenken lassen.

Es kann vorkommen, dass das Assessment Center virtuell stattfindet. Analog zum virtuellen Bewerbungsgespräch bekommst du in diesem Fall einen oder mehrere Einwahllinks für die jeweiligen Sessions. Die einzelnen Übungen können auch in Untergruppen stattfinden, in die der Moderator die Teilnehmer schicken kann. Im Grunde verhält sich alles wie beim Assessment Center vor Ort, mit dem Unterschied, dass jeder für sich allein vor seinem eigenen Computer sitzt. Da du auch gesehen wirst, solltest du auf entsprechende Kleidung achten und nach Möglichkeit eine Kamera und ein Headset verwenden, sowie eine stabile Internetverbindung und eine unterbrechungsfreie Umgebung sicherstellen. Bei Onlineveranstaltungen wie dieser werden im Normalfall entsprechende Regeln vorab festgelegt, wie etwa das virtuelle Handheben (eine Funktion im Tool) bevor man spricht, oder dass die Kamera an zu sein hat und das Mikrofon ausgeschaltet sein soll, wenn man nicht spricht. Halte dich unbedingt an diese Regeln. Ansonsten solltest du dich so verhalten, wie du es auch beim vor Ort Auswahltag tun würdest. Das heißt auch keine Parallelaktivitäten. Schalte dein Handy aus, pass gut auf und beteilige dich aktiv bei den Übungen.

Ablauf und Inhalt

Kein Assessment Center gleicht dem anderen. So kann es durchaus passieren, dass am gleichen Tag morgens ein Einstellungstest mit allen Bewerbern durchgeführt wird. Dieser kann jedoch auch wegfallen oder vorab an einem gesonderten Tag stattfinden und dazu führen, dass nur die erfolgreichsten Kandidaten zum Assessment Center eingeladen werden. In der Regel ist ein Assessment Center nicht der finale Bewerbungsschritt. Entweder werden die besten Bewerber in einem nächsten Schritt zum Vorstellungsgespräch eingeladen oder dieses findet bereits im Rahmen des Assessment Centers statt. Es gibt hier verschiedene Kombinationsmöglichkeiten. Auch die Dauer kann stark variieren, wobei es sich in der Regel um ein bis zwei Tage handelt. Das Unternehmen stellt normalerweise während dieser Zeit Getränke und Verpflegung, sowie gegebenenfalls eine Übernachtungsmöglichkeit zur Verfügung.

Ein Assessment Center beginnt meistens mit der Begrüßung des leitenden Moderators, welcher sich selbst, die Beobachter sowie das Unternehmen und den zeitlichen Ablauf der Veranstaltung vorstellt. Es folgen verschiedene Aufgaben, die einzeln, in der Gruppe oder paarweise bewältigt werden müssen. Einige der beliebtesten Übungen sind die Selbstvorstellung, die Präsentation zu einem beliebigen oder vorgegebenen Thema, die Gruppendiskussion, das Rollenspiel und die Fallstudie. Jede Übung wird dabei vorab ausführlich vom Moderator erklärt und dann gegebenenfalls der Reihe nach von allen Kandidaten durchgeführt. Es folgt meist eine kurze Pause, dann geht es mit der nächsten Übung weiter. Diese Pausen sind wichtig, um die Konzentration zwischen den Übungen zu erleichtern. Vergiss jedoch nicht, dass die Beobachter auch während dieser Pausen anwesend sind und beobachten, beobachten, beobachten... Wie benehmen sich die Kandidaten, wenn sie sich unbeobachtet fühlen? Wie sozial und kommunikativ sind sie? Es wird nicht nur die Leistung bewertet, sondern auch das Verhalten jedes Einzelnen in der Gruppe. Deshalb tust du gut daran, allzeit freundlich, sozial und zuvorkommend gegenüber den anderen Kandidaten zu sein. Übertriebenes Konkurrenzverhalten und unkollegiales Verhalten wird zu keiner Zeit gerne gesehen.

Nachfolgend einige Details zu den jeweiligen Übungen:

1. Selbstvorstellung

Definition

Die Selbstvorstellung oder Selbstpräsentation ist eine kurze Vorstellung der eigenen Person vor der Gruppe und in der einen oder anderen Form immer Teil des Assessment Centers. Innerhalb von meist 3–10 min solltest du dich vorstellen und sagen können, welche (besonderen) Stärken, Erfahrungen und Motivation du für die angestrebte Position mitbringst. Im Grunde ist es der gleiche Inhalt (mehr oder weniger umfangreich) wie im Anschreiben. Achte darauf, diesen natürlich vorzutragen, sodass dieser nicht auswendig gelernt klingt.

Ziel der Übung

Die Bewerber lernen sich so gegenseitig besser kennen, was die spätere Zusammenarbeit in der Gruppe deutlich erleichtert. Ebenso bekommen die Beobachter und somit das Unternehmen einen sehr guten ersten Eindruck von jedem und können bereits das Auftreten, Präsentationsfähigkeiten, Persönlichkeit und Motivation jedes Einzelnen im direkten Vergleich sehen.

Vorbereitung

Dieser Vortrag lässt sich hervorragend vorab zu Hause vorbereiten und vor der Familie oder dem Spiegel üben. Es empfiehlt sich, ähnlich wie beim Lebenslauf auf die Stellenausschreibung einzugehen und analog zum Anschreiben besonders die relevantesten Erfahrungen zu betonen. Beispielsweise könntest du beim Assessment Center für eine Ausbildung oder ein Duales Studium etwas detaillierter auf das Praktikum eingehen, dass du in diesem Bereich bereits absolviert hast und betonen, wie sehr es dich motiviert hat, gerade diesen Beruf ausüben zu wollen. Auch entsprechende Hobbys und die Erkenntnisse und Gedanken aus der Berufsorientierung lassen sich je nach zeitlichem Umfang der Selbstvorstellung gut in diese integrieren. Wenn du bereits vorab weißt, wie lange die Selbstpräsentation sein soll, solltest du diese zeitliche Vorgabe auch einhalten. Nicht nur ist es respektvoll gegenüber den anderen, sondern auch Teil der Aufgabe. In diesem Fall kann es sich sogar anbieten mit der Stoppuhr zu üben.

Tipps
Es ist immer spannend, die anderen Bewerber bei ihren Selbstvorstellungen zu beobachten. Nicht nur das Gesagte mit Inhalt und Struktur kann Inspiration für den eigenen Vortrag geben, sondern auch die Art des Präsentierens. Was fällt dir bei den anderen besonders auf? Was machen sie gut oder schlecht? Wie reagiert die Gruppe? Und so weiter... Womöglich kannst du so für deine zukünftigen Vorträge etwas mitnehmen.

2. Präsentation

Definition
Alternativ oder zusätzlich zur Selbstpräsentation kann eine weitere, nicht selten ausführlichere Präsentation mit vorgegebenem oder frei wählbarem Thema und etwa 10–20 min Länge verlangt werden. Es ist möglich, dass du bereits bei der Einladung zum Assessment Center aufgefordert wirst, die Präsentation vorzubereiten, oder du erhältst eine angemessene Vorbereitungszeit im Laufe des Tages.

Ziel der Übung
Unabhängig vom gewählten oder vorgegebenen Thema ist es wichtig, dieses sachlich zu betrachten, klar zu strukturieren und gut zu präsentieren. Niemand wird rausgeworfen, weil er eine andere Meinung vertritt als die Beobachter, solange man diese begründen und erklären kann. Bemühe dich unbedingt um eine verständliche Themenaufbereitung und entsprechende Präsentation. Noch strenger als bei der Selbstvorstellung solltest du hier darauf achten, in der vorgegebenen Zeit zu bleiben. Diese wird in der Regel gemessen und notiert. Ich habe schon erlebt, dass ein Vortrag vom Moderator abgebrochen wurde, wenn die Vortragszeit abgelaufen war. Weder ein zu langer noch ein deutlich zu kurzer Vortrag vermitteln einen guten Eindruck. Es empfiehlt sich,

während des Vortrags die Zeit im Blick zu haben und bei der Vortragsgestaltung besonders gegen Ende hin so flexibel zu sein, diesen je nach verbleibender Zeit länger oder kürzer gestalten zu können.

Vorbereitung

Wenn du das Thema deiner Präsentation bereits mit der Einladung zum Assessment Center bekommst, hast du genug Zeit, ausführlich zu recherchieren. Das bedeutet aber auch, dass ein entsprechend guter Vortrag von dir erwartet wird. Ähnlich wie bei einem Referat solltest du in diesem Fall deinen Vortrag detailliert vorbereiten, dir entsprechende Notizen machen und so oft üben, bis er dir in Fleisch und Blut übergeht. Wird das Thema dagegen erst am Bewerbungstag vorgegeben, hast du in der Regel keine Zeit und Möglichkeit, im Internet zu recherchieren. Das ist jedoch auch nicht nötig, da es bei den jeweiligen Themen mehr um eine kritische Betrachtung und strukturierte Argumentation der eigenen Meinung geht, statt um die reine Wissensvermittlung.

Es kann allerdings auch vorkommen, dass du das Thema deiner Präsentation selbst festlegen darfst. In diesem Fall tust du gut daran, etwas zu wählen, dass dich von den anderen Bewerbern abhebt und zudem deine Eignung für die angestrebte Stelle unterstreicht. Besonders geeignet hierfür wären Auslandserfahrungen, ein entsprechendes Praktikum oder ein aussagekräftiges Hobby. Hintergedanke sollte immer sein: *„Was genau habe ich dadurch gelernt, dass mich für die Stelle qualifiziert?"*, oder: *„Was davon hat mich motiviert, genau diesen Beruf ausüben zu wollen?"* Die Überlegungen aus der Berufsorientierung können dir an dieser Stelle helfen, unabhängig davon, ob du bereits vorab oder erst am Bewerbungstag dein Präsentationsthema wählen darfst.

Tipps

Gilt es während des Assessment Centers die Präsentation vorzubereiten, solltest du versuchen, dabei zügig, strukturiert und übersichtlich vorzugehen, ohne jedoch in Stress oder Hektik zu verfallen. Sollte die Vorbereitungszeit sehr knapp ausfallen und stellen die Beobachter auffallend viele besonders kritische Fragen und das bei allen Vorträgen, so kann dies durchaus ein Versuch sein, die Bewerber absichtlich zu verunsichern, um zu sehen, wie diese mit Stress umgehen. Wenn du auf eine Frage keine Antwort weißt, ist es im Zweifel besser dies ehrlich zuzugeben, anstatt Gefahr zu laufen, dich in Widersprüchen zu verstricken.

3. Gruppendiskussionen

Definition

Während dieser Übung wird den Bewerbern vom Moderator ein konkretes Thema vorgegeben, welches während einer vorgegebenen Zeit, etwa 30–60 min, diskutiert werden soll. Anschließend geht es darum ein gemeinsames Ergebnis zu präsentieren. Bei dem Thema kann es sich sowohl um eine fiktive, abstrakte Fragestellung handeln als auch um ein aktuelles Thema mit Bezug zum Unternehmen.

Ziel der Übung

Die Gruppendiskussion ist ein wichtiger Bestandteil der meisten Assessment Center. Grund dafür ist, dass es sehr viel über die Persönlichkeit und Sozialkompetenz der einzelnen Bewerber aussagt. Die Beobachter achten besonders darauf, wer sich gut in das Team integrieren kann, eigene Ideen einbringen und verteidigen kann, aber zugleich auch andere Gedanken gelten lässt. Es geht eben nicht darum, im Gespräch alle anderen Bewerber auszustechen oder zu übertrumpfen. Vielmehr sollte man zeigen, dass man fähig ist, sich in ein Team aus unterschiedlichen Charakteren mit unterschiedlichen Meinungen und Persönlichkeiten zu integrieren und aktiv dabei mitzuhelfen, ein gemeinsames Ziel zu erreichen. Einzelkämpfer sollten in der Gruppendiskussion unbedingt vermeiden, wie eine Dampfwalze über ruhigere Kandidaten hinwegzufegen und nur die eigene Meinung durchzudrücken. Teamfähigkeit ist wirklich das A und O bei dieser Übung. Entweder gewinnen alle oder keiner. Oftmals müssen die Ergebnisse auf einem Whiteboard notiert und abschließend präsentiert werden. Es wird positiv gesehen, wenn man sich freiwillig meldet, die Ergebnisse und Gedanken mitzuschreiben, zu präsentieren oder während der Übung proaktiv die Zeit im Blick behält. Solange man dies mit einem gewissen Fingerspitzengefühl tut und sich nicht übertrieben selbst in den Vordergrund drängt, ist es ideal.

Vorbereitung
Es kann helfen, sich vor dem Bewerbungsgespräch über die aktuellen Geschehnisse in der Welt und ganz konkret in der angestrebten Branche zu informieren. Wird ein solches besprochen, ist es ein enormer Vorteil, schon einmal davon gehört zu haben und möglichst viel Hintergrundwissen mitzubringen.

Tipps
Die Hauptaufgabe der Gruppe ist es, in der vorgegebenen Zeit zu einem bestmöglichen Diskussionsergebnis zu kommen und jeder Einzelne sollte dabei, so gut er kann, unterstützen. Wenn du beispielsweise merkst, dass jemand sich gar nicht einbringt, kannst du auch ruhigere Personen aktiv nach ihrer Meinung fragen und entsprechend in die Diskussion mit einbinden. In erster Linie geht es um die Teamarbeit. Achte deshalb unbedingt darauf stets ein sozialer, freundlicher Teamplayer zu sein und dich auch in hitzigeren Diskussionen nicht mitreißen zu lassen.

4. Rollenspiel

Definition
Beim Assessment Center-Rollenspiel wird in vielen Fällen eine typische Alltagssituation aus der angestrebten Berufsgruppe simuliert. Hierzu werden die Bewerber in Paare unterteilt und müssen gemäß der ihnen zugedachten Rolle im Gespräch argumentieren. Es kann auch sein, dass ein Beobachter die Gegenseite, womöglich den Kunden im Verkaufsgespräch spielt.

Ziel der Übung
Diese Übung soll zeigen, wie professionell sich die einzelnen Bewerber in einer konkreten, durchaus realistischen Problemsituation aus dem Berufsalltag verhalten. Es lässt Rückschlüsse über Charakter und Persönlichkeit der Bewerber zu, ebenso wie über deren grundsätzliche Eignung und Talent für den angestrebten Beruf. Getestet wird unter anderem die Kommunikationsfähigkeit, das Feingefühl und das Verhandlungsgeschick, aber auch die Fähigkeit mit Stress umzugehen.

Es kann sein, dass die Gegenseite (wenn es sich um einen Beobachter handelt) im Gespräch absichtlich unfreundlich, aggressiv oder anderweitig provozierend agiert. Du solltest dich davon keinesfalls aus der Ruhe bringen lassen, sondern erst recht freundlich und professionell bleiben.

Vorbereitung
Zu Hause lässt sich für diese Übung vorab relativ wenig vorbereiten. Dafür solltest du die Vorbereitungszeit während der Übung unbedingt nutzen, um dich auch mental in die entsprechende Situation und Rolle hineinzuversetzen. Stell dir vor, du befindest dich gerade wirklich in der beschriebenen Situation. Wie würdest du dich dabei fühlen? Welche Ziele und Gedanken hast du? Werden die Details des Rollenspiels schriftlich ausgegeben, solltest du dir diese unbedingt genau durchlesen und eventuelle Verständnisfragen klären.

Tipps
Es ist im beruflichen Umfeld sehr wichtig, stets besonnen, ruhig, höflich und freundlich zu bleiben, ganz besonders dann, wenn die Diskussion hitziger wird. Sollte eine Kundensituation simuliert werden, kann ich nur sagen: Der Kunde hat im Zweifel immer Recht und wenn du mit ihm sprichst, repräsentierst du deine Firma. Das kann auch bedeuten, dass du dich für Fehler entschuldigen musst, die Kollegen gemacht haben. Gib dem Kunden stets zu verstehen, dass er dir wichtig ist und du ihm bei seinem Anliegen bestmöglich unterstützen möchtest.

5. Fallstudie

Definition
Eine Fallstudie ist eine meist komplexe Problemstellung, entweder abstrakt oder mit direktem Branchenbezug, die du im Einzelgespräch mit dem Moderator oder dem Beobachter durchsprechen sollst. Nicht selten ist es unmöglich, die Fragestellung mit einem Satz oder einer Zahl einfach und direkt zu beantworten. Wichtiger ist dabei die strukturierte Erarbeitung des Lösungswegs.

Ziel der Übung

Das Unternehmen möchte mithilfe der Fallstudie Einblicke darüber bekommen, wie du denkst und angesichts einer komplexen Fragestellung vorgehst. Es ist wichtig, dass du stets ruhig und konzentriert bleibst. Rede nicht überstürzt oder unkonzentriert und verfalle nicht in Panik. Schau dir stattdessen die Fragestellung und die vorhandenen Informationen genau an und überlege dir Schritt für Schritt, wie eine Lösung aussehen könnte. Bei der Fallstudie bekommst du entweder vorab Zeit zum Überlegen, um anschließend deine Ergebnisse zu präsentieren, oder es wird erwartet, dass du die Zuhörer durch deine Gedankengänge führst. In jedem Fall ist ein möglichst strukturiertes, logisches und sinnvolles Vorgehen entscheidend.

Vorbereitung

Fallstudien kommen nicht bei jedem Assessment Center vor und sind für die in diesem Buch besprochenen Bewerbungen meiner Erfahrung nach eher selten. Trotzdem kann es interessant sein, sich im Internet einmal ein paar Beispiele und mögliche Fragestellungen hierzu anzuschauen und sich einmal Schritt für Schritt damit zu befassen, wie die Herangehensweisen und Lösungsmöglichkeiten aussehen könnten.

Tipps

Das Wichtigste ist, so detailliert und ruhig wie möglich alle Überlegungen laut auszusprechen. Es ist völlig okay, einzelne Gedanken zu verwerfen, solange man erklärt, warum. Im Grunde gibt man dem Gegenüber Einblicke in den eigenen Kopf und zeigt, dass man strukturiert arbeiten kann. Folgende Logik kann sich dabei anbieten: Diese Informationen haben wir (Ausgangssituation) und das wollen wir erreichen (Ziel). Wie kommt man also dahin (Lösungsmöglichkeiten)? Zunächst könnte man a, b, c tun. Daraus folgt wiederum a1, a2, a3, b1, b2, c1, c2. Davon machen a1, b2 und c2 aus diesem und jenen Grund keinen Sinn. Und so weiter. Bei dieser Übung gibt es häufig kein Richtig oder Falsch. Der Weg ist in diesem Fall das Ziel. Das Unternehmen möchte sehen, wie der Bewerber die gegebenen Informationen aufnimmt, verarbeitet und analysiert, um ein bestimmtes Ziel zu erreichen.

Vorbereitung

Neben der Vorbereitung auf die einzelnen Übungen kann es sinn-voll sein, sich in Vorbereitung auf das Assessment Center nochmal die Stellenausschreibung, sowie das eigene Anschreiben und den Lebens-lauf durchzugehen. Ich persönlich drucke diese hierzu gerne aus und nehme sie mit. Es ist zwar nicht unbedingt nötig, gibt mir jedoch ein beruhigendes Gefühl. Alles zum Thema eigene Stärken, Gründe für die Motivation und Berufswahl wurde schon ausführlich vor und bei der Erstellung der Bewerbungsunterlagen bedacht, sodass du dir vor dem Assessment Center (oder auch Vorstellungsgespräch) im Grunde nur noch einmal alles in Erinnerung rufen musst. Selbiges gilt für Informationen über die Firma, dessen Branche, Produkte oder Dienst-leistungen.

Es kann durchaus noch Übungen geben, die nicht in diesem Rat-geber abgedeckt werden. Ein gewisses Maß an Spontanität ist in diesem Kontext empfehlenswert. Nicht vergessen, die Übungen des Assessment Centers verfolgen das Ziel, ein besseres Bild über deine fachliche und persönliche Eignung zu gewinnen. Dazu musst du auch den Mund auf-machen und dich von deiner besten Seite zeigen, gleichzeitig aber mög-lichst professionell, freundlich, teamfähig und konzentriert bleiben. Sympathie kann letztlich auch ein großer Faktor sein, einen Kandidaten einzustellen oder eben nicht. Noch ein Rat: Du solltest unbedingt die gegebenen Medien verwenden, wie beispielsweise ein Whiteboard oder Flipchart, wenn vorhanden. Zeigt es doch, dass du in der Lage bist, dich spontan an die gegebene Situation anzupassen.

4.1.4 Vorstellungsgespräch

Definition

Das Vorstellungsgespräch, auch Bewerbungsgespräch oder Auswahl-gespräch genannt, ist das klassische Mittel bei der Personalauswahl. Es findet im Grunde bei jeder Bewerbung Anwendung. In einem 30- bis

90-minütigen Einzelgespräch mit dem zukünftigen Chef oder mehreren Unternehmensvertretern möchte das Unternehmen einen persönlichen Eindruck von deinem Charakter und deiner Eignung für die jeweilige Stelle gewinnen. Oft wird noch mindestens ein weiterer Kollege, der Abteilungsleiter oder, falls vorhanden, jemand aus der Personalabteilung in das Gespräch involviert, um eine möglichst objektive Einschätzung zu gewährleisten. Dabei werden deine Fähigkeiten, Motivation und Erfahrungen mit gezielten Rückfragen genauer erkundet und mit dem Anforderungsprofil der entsprechenden Stelle abgeglichen.

Ablauf und Inhalt

Vorstellungsgespräche richten sich nicht nach einem allgemeingültigen Schema, laufen aber erfahrungsgemäß trotzdem meist ähnlich ab. Manchmal wird bei einem Bewerbungsgespräch – analog wie beim Assessment Center – eine vorbereitete Präsentation erwartet. Ist dies der Fall, wirst du vorab darüber informiert. Eine spontane Präsentation mit Vorbereitung vor Ort ist bei einem meist 60-minütigen Gespräch eher unwahrscheinlich.

Am Tag des Bewerbungsgespräches wirst du zunächst in Empfang genommen, begrüßt und zum Interviewraum geführt. Dabei ist der erste Eindruck sehr wichtig. Im Allgemeinen wird im lockeren Smalltalk nachgefragt, ob du eine gute Anreise hattest, ob du gut hergefunden hast, von wo und wie du angereist bist und so weiter. Wenn dir ein Getränk angeboten wird, kannst du dieses ruhig annehmen. Bei freier Auswahl würde ich dir zu etwas ohne Kohlensäure raten, wie stilles Wasser oder Kaffee. Nach der Begrüßung folgt das eigentliche Kennenlernen. Die anwesenden Vertreter des Unternehmens stellen sich dabei vor und gehen kurz auf ihre Position und Aufgabe ein. Es folgen meist einige Informationen zum Unternehmen, dem Aufgabenbereich und dem Anforderungsprofil der zu besetzenden Stelle. Es ist aber auch gut möglich, dass man dich danach fragt, wie du dir die Stelle vorstellst. In der Regel bekommst du anschließend die Möglichkeit dich selbst und deinen bisherigen Werdegang vorzustellen und darzulegen, warum du dich gut als mögliche Stellenbesetzung eignest. Am besten gehst du hierbei kurz auf die jeweiligen Stationen in deinem Lebenslauf ein und betonst – genau wie im Anschreiben – diejenigen Bereiche, die besonders relevant sind. In der Regel haben die Gesprächspartner deine Bewerbungsunterlagen gelesen. Trotzdem kannst du an dieser Stelle den Inhalt nochmals in eigenen Worten wiedergeben. Dabei kannst du gerne etwas mehr ins Detail gehen als beim Anschreiben. Üblicherweise fragen die Gesprächspartner sowieso ganz gezielt nach den für sie relevantesten Aspekten. Bei einer Ausbildung könnte das zum Beispiel ein entsprechendes Praktikum sein. Es kann auch sein, dass du nach einzelnen Aspekten aus dem Anforderungsprofil der Stellenausschreibung gefragt wirst und Beispiele nennen sollst, wo und wie du eine bestimmte Fähigkeit erworben hast. Je bildhafter und anschaulicher du deine Erfahrungen schildern kannst, desto besser.

Nachdem alle inhaltlichen Fragen geklärt sind, wird meist auf die organisatorischen Rahmenbedingungen und Konditionen der Stelle eingegangen, etwa Startdatum, Gehalt, Arbeitszeit, gegebenenfalls Entwicklungsmöglichkeiten und so weiter. Abschließend bekommst du in der Regel die Möglichkeit, deine Fragen zu stellen. Du solltest unbedingt selbst Fragen mitbringen. Zum einen macht dies einen guten Eindruck und zeigt, dass du interessiert bist. Zum anderen ist es die Gelegenheit, so viel wie möglich über die Stelle zu erfahren. Besonders wenn es sich um eine längerfristige Anstellung – wie etwa eine Ausbildung – handelt, solltest du versuchen ein möglichst genaues Bild vom Ausbildungsablauf, dem Ausbildungsort, der Abteilung und möglichen anschließenden Tätigkeiten zu bekommen. Da du dich letztlich auch für das Unternehmen entscheiden musst, solltest du möglichst viel über dieses wissen. Falls es noch nicht erwähnt wurde, würde ich immer auch nach dem weiteren Verlauf des Bewerbungsprozesses und den konkreten nächsten Schritten fragen.

Zu guter Letzt solltest du nicht vergessen, dich für das Gespräch zu bedanken. Es ist durchaus üblich, dass man als Bewerber am Schluss bis zum Ausgang begleitet wird und währenddessen wiederum Smalltalk über unverfängliche Themen betreibt. Beliebte Themen sind zum Beispiel die geplante Heimreise, die Hoffnung auf pünktliche Züge oder wenig Verkehr. Auch positive Bemerkungen zu den Räumlichkeiten kannst du machen, allerdings nur, wenn du diese auch wirklich so meinst.

Häufig gestellte Fragen
Es ist üblich, dass die Unternehmensvertreter dem Bewerber beim Vorstellungsgespräch Fragen stellen, um diesen besser kennenzulernen. Besonders in großen Unternehmen können auch Listen mit allgemeinen Bewerbungsfragen zum Einsatz kommen. Diese helfen das Bewerbungsgespräch zu strukturieren, zu vereinheitlichen und es zugleich fairer für alle zu machen. Wie beim Assessment Center gilt auch beim Vorstellungsgespräch, dass kritische Fragen durchaus beabsichtigt sein können, um zu sehen, wie der Bewerber auf diese reagiert. Lass dich also keinesfalls davon verunsichern, sondern bleibe stets freundlich und konzentriert. Auch solltest du bei deinen Antworten nach Möglichkeit versuchen, einen angenehmen und positiven Gesprächston zu treffen. Lief bei einem Praktikum oder Ferienjob nicht immer alles wie erwartet oder erhofft, braucht dies dein zukünftiger Arbeitgeber nicht unbedingt im Bewerbungsgespräch zu erfahren. Du solltest niemals klagen, schimpfen oder jammern, sondern dich stattdessen stets auf das Positive konzentrieren. Niemand möchte einen ewig nörgelnden, stets negativen und unzufriedenen Mitarbeiter im Team, egal wie qualifiziert er auch sein mag.

Nachfolgend einige beliebte und oft vorkommende Fragen im Bewerbungsgespräch, um ein Gefühl zu vermitteln, wie diese aussehen können und was du bei der Antwort beachten solltest:

Was wissen Sie über unser Unternehmen und warum haben Sie sich bei uns beworben?
Mit dieser Frage will ein Unternehmen in Erfahrung bringen, ob du dich vorab mit diesem befasst hast. Zeigt es doch, ob du dir Zeit genommen hast, dich zu informieren und wirklich an der konkreten Stelle und Firma interessiert bist. Du solltest einige Details aufzählen können, die gerade dieses Unternehmen in deinen Augen zu einem erstrebenswerten Arbeitgeber machen.

Warum haben Sie sich gerade für diese Position beworben?
Du hast dich beworben, weil sich das Anforderungsprofil der Stelle mit deinen eigenen Stärken, Interessen und Erfahrungen deckt. Das Unternehmen möchte mit dieser Frage herausfinden, ob du dich mit der Stelle auseinandergesetzt hast, wie deine Motivation aussieht und ob du die fachlichen Voraussetzungen erfüllst.

Wieso sollten wir uns für Sie entscheiden und Sie einstellen?
Bei der Antwort zu dieser Frage solltest du betonen, dass du die Voraussetzungen und Anforderungen erfüllst und die Stelle wirklich machen möchtest. Du solltest allerdings nicht plakativ von dir behaupten, der beste Bewerber zu sein, denn niemand kennt die Konkurrenz.

Was sind Ihre Stärken?
In Abschn. 2.2 zur Selbstreflexion hast du dich (im Idealfall) bereits vor dem Vorstellungsgespräch mit deinen Talenten und Fähigkeiten befasst, deshalb sollte dir die Antwort auf diese Frage leichtfallen. Am besten beginnst du bei deiner Aufzählung mit den für die angestrebte Stelle relevantesten Stärken. Aber Vorsicht: Wer vorgibt, sich mit allzu vielen Dingen gut auszukennen, läuft schnell Gefahr unglaubwürdig zu wirken. Am besten fokussierst du dich auf deine zwei bis vier wichtigsten Fähigkeiten.

Was sind Ihre Schwächen?
Jeder hat Schwächen. Wenn du allerdings im Bewerbungsgespräch nach deinen Schwächen gefragt wirst, solltest du die Dinge nennen, die man zwar als Schwäche sehen kann, die aber nichts Konkretes mit dem Aufgabengebiet zu tun haben und keinerlei Einschränkung für die Tätigkeiten bedeuten. Du erinnerst dich bestimmt daran, dass manche Schwächen im richtigen Umfeld auch zur Stärke werden können.

Was war Ihr bisher größter Misserfolg?
Misserfolge sind immer auch dazu da, etwas daraus zu lernen. Im jeweiligen Moment erscheinen sie übermächtig schlimm, aber rückblickend kann man sie doch meist als wertvolle Lernerfahrung sehen.

Jeder Mensch macht im Laufe seines Lebens Fehler, lernt im Idealfall daraus und entwickelt darauf basierend seinen Charakter weiter.
Es ist normal, dass nicht immer alles auf Anhieb klappt, weshalb du
diese Frage durchaus mit einem ehrlichen Beispiel beantworten kannst,
solange du dabei betonst, dass du viel daraus gelernt hast. Hinfallen ist
okay, solange man nicht vergisst, immer wieder aufzustehen und weiterzumachen.

Fragen hinsichtlich Familienplanung, Religion, sexueller
Orientierung, Parteizugehörigkeit etc. haben im Bewerbungsgespräch
nichts zu suchen und sind auch nicht zugelassen. Solltest du dich doch
mit einer derartigen Frage konfrontiert sehen, kannst du die Antwort
verweigern oder versuchen, allgemein und ausweichend zu antworten.

Vorbereitung

Die Vorbereitung zum Vorstellungsgespräch ist der zum Assessment
Center sehr ähnlich. Es kann durchaus vorkommen, dass beide sogar am
gleichen Tag stattfinden. Du solltest dir noch einmal deine Bewerbungsunterlagen und die Stellenausschreibung anschauen, sowie dir die
Erkenntnisse deiner Selbstreflexion in Erinnerung rufen. Eine weitere
sehr gute Vorbereitung ist das Probeinterview, also das Simulieren
einer richtigen Interviewsituation, beispielsweise mit den Eltern oder
Bekannten. Ehrliches konstruktives Feedback ist an dieser Stelle sehr
wertvoll. Auch kann es sehr helfen, die konkrete Situation sowie das
Beantworten der Fragen zu üben. Das kannst du auch für dich alleine
vor dem Spiegel üben. Sich selbst und die eigene Mimik und Gestik bei
der Beantwortung von fiktiven Fragen zu beobachten, kann äußerst auf-
schlussreich sein.

Übung ist die allerbeste Vorbereitung auf das Vorstellungsgespräch.
Nach jedem durchlaufenen Gespräch, egal ob erfolgreich oder nicht, bist
du um eine wertvolle Erfahrung reicher. Natürlich wäre es hervorragend,
wenn du eine Stelle bereits nach dem ersten Bewerbungsgespräch
bekommen würdest. Selbst wenn dies jedoch der Fall sein sollte, folgen
mit Sicherheit noch weitere Bewerbungen im Laufe deines beruflichen
Lebens. Einige davon werden in diesem Ratgeber besprochen.

4.2 Innere Einstellung

Beim Bewerbungsprozess solltest du dich am besten so verhalten, wie du bist und nicht, wie du denkst, sein zu müssen. Zeig dich von deiner Schokoladenseite, aber verstell dich dabei nicht. Es nützt nichts, eine Rolle zu spielen. Schließlich muss deine Persönlichkeit auch zu der Stelle und dem Unternehmen passen. Dabei kann auch eine positive und optimistische Grundeinstellung helfen. Sie wird unbewusst vom Gegenüber wahrgenommen und lässt dich freundlicher und vielleicht sogar sympathischer wirken.

Es ist nur menschlich, eine gewisse Nervosität und Unbehagen bei der Vorstellung zu empfinden, beobachtet und bewertet zu werden. Dabei ist das ganz normal und passiert täglich, ob nun bewusst oder unbewusst. Menschen bewerten einander. Im Bewerbungsprozess wirst du nicht danach bewertet, wie groß deine Nase ist oder wie gut deine Haare sitzen. Die Bewertung erfolgt normalerweise sehr viel sachlicher und professioneller, nämlich danach, ob du eine gute Stellenbesetzung wärst oder nicht.

4.2.1 Selbstbewusstsein

Es ist von fundamentaler Bedeutung für den Erfolg deiner Bewerbung, wie du dich selbst siehst und wie selbstbewusst du in das Bewerbungsgespräch gehst. Niemand ist grundsätzlich in allem und zu jeder Zeit selbstbewusst, auch wenn man das von manchen glauben könnte. Selbstbewusstsein ist immer von einem bestimmten Bereich abhängig. Nur wenn du dich in deinem Wohlfühlbereich deinen Stärken entsprechend bewegst, fühlst du dich sicher und selbstbewusst, was wiederum dein Auftreten positiv beeinflusst.

Selbstbewusstsein ist maßgeblich dafür verantwortlich, ob wir uns überhaupt für eine Stelle bewerben oder nicht. Um dein Selbstbewusstsein zu stärken und in kniffligen Situationen ruhig und optimistisch zu bleiben, kann es helfen, wenn du dich bewusst an einen Moment zurückerinnerst, in dem du schon einmal einer schwierigen Situation gegenübergestanden bist und diese gemeistert hast. Auch heute benutze ich diese Methode immer wieder, wenn ich auf den ersten Blick denke, eine anstehende Aufgabe könnte zu groß sein. Dann erinnere ich mich zurück an meine Studienzeit und das Prüfungsfach „*Turbomaschinen*", welches ich persönlich als das Schwierigste ansehe, das ich je gemacht habe. Wenn ich es geschafft habe, die komplexen Winkel und Verdrehungen von Turbinenschaufeln zu berechnen, dann kann ich auch jede scheinbar noch so knifflige Aufgabe in der Arbeit lösen. Schwerer kann es nicht mehr werden und erfahrungsgemäß wurde es das auch tatsächlich noch nie. Du hast mit Sicherheit dein persönliches Turbomaschinen-Äquivalent. Dabei kann es sich auch um etwas handeln, das Außenstehende als nicht gravierend einstufen würden, das für dich jedoch sehr bedeutsam war. Egal was du wählst, du hast schon einmal eine scheinbar unüberwindbare Situation erfolgreich gemeistert. Diesen Erfolg kannst du wie einen Glücksbringer für kommende Herausforderungen mit in den Bewerbungsprozess nehmen.

4.2.2 Umgang mit Nervosität

Es ist keine Schwäche, wenn man vor dem Assessment Center, Telefoninterview oder Vorstellungsgespräch aufgeregt ist. Nervosität ist völlig normal. Wir sind alle Menschen und keine Maschinen. Besonders, wenn dir eine Stelle viel bedeutet, ist es normal aufgeregt und nervös zu sein. Das geht jedem so, auch wenn man es von anderen vielleicht nicht so mitbekommt.

Vorsicht jedoch, wenn die Nervosität überhandnimmt, dich lähmt, womöglich schlecht schlafen lässt, dir den Appetit nimmt und im schlimmsten Fall davon abhält, im Bewerbungsgespräch dein Bestes zu geben. Wenn du Gefahr läufst, durch deine persönlichen Emotionen deine eigene Leistungsfähigkeit herabzusetzen, sabotierst du dich quasi selbst. Dies gilt es unbedingt zu vermeiden. Hierzu nachfolgend einige Tipps, die mir persönlich auch heute noch im Umgang mit Nervosität und Aufgeregtheit (nicht nur) bei Bewerbungen helfen:

Tipp 1: Gute Vorbereitung
Das Wichtigste ist und bleibt eine gute Vorbereitung. Ich weiß, dass ich mich wiederhole, aber eine wirklich gründliche Vorbereitung ist das beste Mittel, um das Gewissen zu beruhigen, die innere Nervosität zu lindern und schlechten Leistungen vorzubeugen. Das gilt ganz besonders für den Bewerbungsprozess. Zu wissen, dass man alles in der eigenen Macht Stehende getan hat, um sich vorzubereiten, kann eine wirklich große Erleichterung sein und immens beruhigen. Schließlich kannst du nicht mehr geben als dein Bestes. Alles Weitere ist – wenn man so will – Schicksal.

Tipp 2: Bewusster Umgang mit Aufregung
Vor dem Vorstellungsgespräch aufgeregt und nervös zu sein, ist völlig in Ordnung, solange du dir dieser Gefühle bewusst bist und nicht Gefahr läufst, dadurch unbewusst dein eigenes Verhalten zu verändern. Aus diesem Grund kann es helfen, wenn du dir kurz vor dem eigentlichen Bewerbungstermin bewusstmachst, wie du dich gerade fühlst. Überwiegen die positiven oder die negativen Gefühle? Wie stark sind sie? Die eigene Gefühlslage zu erkennen und zu benennen, schafft Distanz und Kontrolle. Und schon ist man nicht mehr mittendrin, sondern sieht alles mit etwas Abstand. Aufregung und Stress musst du nicht unbedingt negativ bewerten. Es gibt positiven und negativen Stress und je nachdem, wie du diesen empfindest, kann er sich auch vorteilhaft auswirken. Stress kann deine Sinne schärfen, deine Konzentration steigern und dir dabei helfen, fokussiert und präsent im Moment zu sein, um auf den Punkt genau Bestleistungen zu erbringen. Immer vorausgesetzt natürlich, du kannst deiner Aufregung auch etwas Positives abgewinnen.

Tipp 3: Alternativen
Wie bei vielem anderen im Leben, solltest du im Bewerbungsprozess niemals alles auf eine einzige Karte setzen und nur eine Bewerbung absenden. Zum einen kann es immer passieren, dass du abgelehnt wirst, sogar, wenn du eigentlich eine wirklich gute Besetzung wärst, zum anderen bringen Alternativen Gelassenheit. Mit einer Jobzusage in

der Hand, kannst du zum nächsten Bewerbungstermin gleich sehr viel gelassener auftreten, selbst wenn es sich dabei nicht um deine Traumstelle handelt. Eine Zusage schafft emotionale Sicherheit und beruhigt ungemein. Es kann sehr befreiend sein, wenn der Druck, keine Stelle zu finden, plötzlich von einem abfällt. Auf diese Weise trittst du zum nächsten Bewerbungstermin – womöglich sogar für deine bevorzugte Stelle – deutlich selbstbewusster auf und wirst womöglich gerade deshalb Erfolg haben. Wenn man dich im Bewerbungsprozess fragen sollte, ob du dich auch noch bei anderen Firmen beworben hast, kannst du durchaus ehrlich sein. Es ist vernünftig, sich mehrfach zu bewerben, ganz besonders, wenn es um einen Ausbildungs- oder Studienplatz geht. Du könntest beispielsweise sagen, dass diese Stelle dein Favorit ist, aber du dich zur Sicherheit noch anderweitig beworben hast, für den Fall, dass es nicht klappt.

Am besten probierst du diese Tipps einfach mal für dich aus und entscheidest dann, ob sie dir helfen, oder nicht. Mir persönlich haben sie nicht nur bei Bewerbungsgesprächen geholfen, sondern auch bei der Zwischen- und Abschlussprüfung in meiner Ausbildung sowie bei diversen Prüfungen im Studium. Auch heute noch finde ich sie bei Bedarf sehr nützlich, denn ich bin immer noch vor jedem Bewerbungsgespräch nervös. Ein gewisses Kribbeln gehört einfach dazu. Es gibt sogar Leute, die es beunruhigt, wenn die Aufregung ganz ausbleibt, heißt es doch, dass einem die Situation nicht wirklich am Herzen liegt. Man kann auch zu sorglos an etwas herangehen. Ein tröstlicher Gedanke.

4.3 Kleidung und Auftreten

Am Bewerbungstag sollte sich dein äußeres Erscheinungsbild nicht gravierend von deinem Bewerbungsbild unterscheiden. Dies gilt für Kleidung, Frisur, Haarfarbe, Brille etc. gleichermaßen. Du möchtest schließlich wiedererkannt werden. Zudem macht ein angemessenes, gepflegtes Auftreten einen professionelleren Eindruck. Im Anzug oder Blazer wirst du nicht nur von anderen kompetenter und professioneller wahrgenommen als in Jeans und T-Shirt. Ob bewusst oder unbewusst, steht so manch einer im Anzug plötzlich deutlich aufrechter und benimmt sich anders. Das können kleine, unbewusste Veränderungen sein, die dem Gegenüber trotzdem auffallen. Das solltest du bei der Wahl deiner Kleidung im Bewerbungsprozess beachten. Im Zweifel ist es im Bewerbungsgespräch jedoch besser, „zu gut" angezogen zu sein („overdressed") als zu leger, quasi „zu schlecht" („underdressed"), solange du dich in deiner Kleidung wohlfühlst. Einen Anzug oder ein Kostüm zu tragen, kann ungewohnt sein, aber es wird in manchen Berufen einfach erwartet und gehört dazu. Natürlich kommt es immer auch auf die konkrete Stelle, die Firmenkultur und die Branche an, in der du dich bewirbst. Wenn du zum Beispiel eine Ausbildung in einer Bank oder im Büro anstrebst, solltest du zum Anzug greifen. Möchtest du dagegen einen technischen Ausbildungsberuf erlernen, kann auch eine dunkle Jeans mit Hemd für das Vorstellungsgespräch oder Assessment Center ausreichen. Natürlich ist die Kleidung neben der Branche auch von der Art der Anstellung abhängig. So wird von einem Bewerber für ein Duales Studium oder dem Festeinstieg nach dem Studium kleidungstechnisch mehr verlangt als von einem Bewerber für ein einwöchiges Schülerpraktikum. Wenn du beim Bewerbungsgespräch eine schöne Stoffhose mit einem Hemd bzw. einer Bluse kombinierst – optional mit einem Sakko oder Blazer – liegst du immer richtig. Dazu noch geputzte Lederschuhe und das Outfit für den Bewerbungsprozess ist komplett. Farblich kannst du mit Schwarz, Grau und (Hell- oder Dunkel-)Blau nichts falsch machen. Wenn du noch keinen Anzug bzw. Kostüm besitzt, könnte es jetzt an der Zeit sein in eines zu investieren. Gut möglich, dass du dieses im Berufsleben immer wieder brauchen wirst.

Achte auch darauf, dass deine Kleidung gepflegt, sauber und knitterfrei ist und keine Flecken oder Löcher hat. Das gilt auch für die Schuhe. Im Zweifel würde ich immer Lederschuhe den Turnschuhen vorziehen und mich eher konservativ als extravagant kleiden. Selbiges gilt für Schmuck, Piercings, Make-up, Parfüm und andere Accessoires. Über Geschmack lässt sich bekanntlich streiten, aber zumindest beim Bewerbungsgespräch ist weniger häufig mehr. Junge Frauen sollten zudem tiefe Ausschnitte, kurze Röcke und dergleichen vermeiden. Letztlich möchte man im Bewerbungsprozess doch mit seiner Leistung und nicht dem Aussehen überzeugen.

Meinem Bruder habe ich damals zum Geburtstag extra noch ein schlichtes weißes Hemd geschenkt. Mit einer dunklen Jeans (er hat das Hemd nicht in die Hose gesteckt) war er gut für den Bewerbungsprozess für einen technischen Ausbildungsplatz gerüstet und auch erfolgreich. Bei meinem Bewerbungsgespräch um ein technisches Duales Studium habe ich eine schwarze Stoffhose, ein weißes Poloshirt und ein schwarzes Top getragen und vor meinem Bewerbungsgespräch bei McKinsey war ich erst nochmal einkaufen und habe mein erstes Kostüm, also Stoffhose und Blazer gekauft. Übrigens in Dunkelgrau und nicht in Schwarz.

4.4   Aus Unternehmenssicht

In diesem Kapitel geht es um die Sichtweise der Unternehmen auf den Bewerbungsprozess, welche einem Bewerber normalerweise verborgen bleibt. Ziel ist es, den Aufwand vonseiten der Firmen zu verstehen und so einen Blick hinter die Kulissen zu werfen. Dabei muss jedoch gesagt werden, dass es große Unterschiede von Firma zu Firma bezüglich Handhabung, Organisation und Grad der Standardisierung beim Bewerbungsprozess geben kann. Das liegt schon alleine daran, dass große Arbeitgeber mehr Erfahrung und Routine im Umgang mit Bewerbungen und mehr Stellen zu besetzen haben als kleinere. Ist eine Personalabteilung im Unternehmen vorhanden, macht dies ebenfalls einen Unterschied. In jedem Fall ist der Bewerbungsprozess immer mit Aufwand für ein Unternehmen verbunden und erfordert Zeit und Energie von den verschiedenen Parteien, die diese parallel zu ihrer täglichen Arbeit aufbringen müssen. Man möchte natürlich möglichst wenig Gespräche führen, um einen passenden Kandidaten für eine Stelle zu finden. Gleichzeitig ist es aber auch wichtig einen geeigneten Kandidaten zu finden, denn sollte dieser abbrechen, muss der gesamte Bewerbungsprozess wiederholt werden. Aus Firmensicht ist die optimale Besetzung jemand, der fachlich und menschlich zur Stelle und in das existierende Team passt und gleichzeitig viel Motivation und Leidenschaft für diese mitbringt. Damit verringert sich die Wahrscheinlichkeit, dass jemand frühzeitig abbricht. Dieser Aspekt wird noch wichtiger, wenn es um eine langfristige Anstellung geht.

4.4.1 Stellenausschreibung

Bevor ein Chef eine Stelle ausschreiben kann, muss er sich diese von seinem Vorgesetzten genehmigen lassen. Denn wenn es sich nicht gerade um den Eigentümer der Firma handelt, hat fast jeder Chef nochmal einen Chef über sich, dessen Zustimmung er einholen muss, wenn er ein neues Teammitglied einstellen möchte. Nicht einmal der Vorstandsvorsitzende einer Aktiengesellschaft ist gänzlich frei in seinen Entscheidungen, denn er muss wiederum seinen Aktionären und Geldgebern Rechenschaft ablegen.

Eine Position kann entweder neu geschaffen und damit zum ersten Mal ausgeschrieben oder nachbesetzt werden. Eine Stellennachbesetzung kann verschiedene Gründe haben: Meist gibt es Veränderungen im Team, etwa, wenn jemand seine Ausbildung abgeschlossen oder abgebrochen hat, ein Praktikum endet, oder ein Werkstudent noch in andere Bereiche schnuppern möchte. Wird eine Stelle zum ersten Mal besetzt und somit neu geschaffen, kann das ebenfalls unterschiedliche Gründe haben: Womöglich gibt es derzeit mehr Arbeit als Mitarbeiter in einer Abteilung und eine befristete Arbeitskraft, wie ein Praktikant, Ferienarbeiter oder Werkstudent soll das Team unterstützen und entlasten.

Bevor die Stellenausschreibung veröffentlicht werden kann, müssen zunächst Aufgabenbereich und Anforderungsprofil festgelegt werden, ebenso wie die Dauer der Anstellung (falls nicht unbefristet) und das Gehalt. Bei einer Nachbesetzung reicht oftmals die Anpassung der zuvor verwendeten Stellenausschreibung aus. Wenn es sich bei der Stelle um eine staatlich anerkannte Ausbildung handelt, gilt es zudem gesetzliche Vorgaben einzuhalten und vorgeschriebene Ausbildungsinhalte abzudecken. Grundsätzlich beinhaltet das Anforderungsprofil verpflichtende und wünschenswerte Voraussetzungen. Verpflichtende Voraussetzungen sind beispielsweise ein entsprechender Schulabschluss für einen Dualen Studienplatz, der Schülerstatus für ein Schülerpraktikum oder der Studentenstatus für eine Werkstudententätigkeit. Möchte ein Unternehmen dagegen, dass der Bewerber sehr gute Mathematikkenntnisse besitzt und zwei Fremdsprachen fließend spricht, ist das (je nach Job) vielleicht eher eine wünschenswerte

Anforderung an den Bewerber. Bewirbt sich nämlich niemand Entsprechendes, kann die Stelle entweder unbesetzt bleiben oder ein Abstrich bei den Anforderungen gemacht werden. Der Personalverantwortliche steht also bereits vor der Veröffentlichung der Stelle vor der Herausforderung, eine Balance zu finden zwischen dem Bedarf, seinen Wünschen und dem (von ihm geschätzten) realen Potenzial der Bewerber. Es kann also durchaus vorkommen, dass die Anforderungen vorsorglich in der Stellenausschreibung etwas höhergesteckt werden. Das solltest du unbedingt im Hinterkopf behalten und berücksichtigen, wenn du dir das nächste Mal unsicher bist, ob du dich überhaupt auf eine Stelle bewerben sollst oder nicht. Nur weil du das Anforderungsprofil nicht zu 100 % erfüllst, solltest du dich nicht von einer Bewerbung abschrecken lassen. Es kann durchaus sein, dass du trotzdem zu den besten Bewerbern gehörst und zum persönlichen Gespräch eingeladen wirst.

Hat das Unternehmen eine Personalabteilung (englisch: HR-Abteilung für Human Resources), wie bei großen Firmen üblich, übernimmt diese teilweise bis vollständig den operativen und organisatorischen Bewerbungsprozess. Sie ist grundsätzlich dazu da, für einen möglichst raschen, professionellen und erfolgreichen Auswahlprozess (englisch: *„Recruitment"*) zu sorgen. Dies beginnt bei der Erstellung, Finalisierung und Veröffentlichung der Bewerbungsunterlagen, der Organisation der Bewerbungsgespräche, und Unterstützung der Führungskraft bei der Entscheidungsfindung und geht bis zur Vertragserstellung und Unterschrift. Die finale Entscheidung, sowie alle fachlichen Inhalte bleiben in der Verantwortung des Chefs, auch wenn dieser dabei beraten und unterstützt wird. Gibt es keine Personalabteilung, bleibt mehr Arbeit bei der Führungskraft, die den Bewerbungsprozess dann parallel zur täglichen Arbeit leisten muss.

4.4.2 Bewerbervorauswahl und Gesprächsvorbereitung

Hinsichtlich der Bewerbervorauswahl gibt es besonders zwischen kleinen und größeren Unternehmen große Unterschiede. Während bei kleinen Firmen die Führungskraft die Bewerbungen gleich selbst sichtet und liest, ist es bei großen Firmen durchaus üblich, dass die Personal-abteilung eine Vorauswahl trifft und diese dem Chef vorstellt. In diesem Fall werden direkt Absagen an die nicht ausgewählten Bewerber geschickt. Immer abhängig natürlich von der Bewerberanzahl. Die ver-bleibenden Kandidaten werden mit der Führungskraft diskutiert, weiter ausgewählt und anschließend zum nächsten Bewerbungsschritt ein-geladen oder abgelehnt. Manchmal werden nicht alle Bewerber sofort abgelehnt oder sofort eingeladen. Es könnte zum Beispiel passieren, dass man weder so unpassend eingeschätzt wird, um rauszufallen, noch als so passend gesehen wird, dass man sofort eingeladen wird. In diesem Fall bleibt man während der ersten Interviewphase möglicherweise in Warteposition und wird vielleicht in einem zweiten Anlauf eingeladen. Verzögerungen nach dem Einsenden der Bewerbungsunterlagen können aber auch andere Gründe haben, wie etwa Urlaub, Krankheit, Personal-wechsel oder Ähnliches.

Kommt es zum Bewerbungsgespräch, muss ein Termin gefunden werden, an dem sowohl die Führungskraft, ein Kollege oder eine weitere Führungskraft und gegebenenfalls ein Vertreter der Personal-abteilung sowie der Bewerber selbst verfügbar sind. Das kann durchaus eine organisatorische Herausforderung werden. Zudem muss ein aus-reichend großer Besprechungsraum gebucht und alle Beteiligten über Zeit und Ort des Gesprächs informiert werden. Gegebenenfalls muss hierzu auch die Werkssicherheit und Pforte informiert werden und der Bewerber rechtzeitig angemeldet werden. Diese Aufgaben übernimmt die Führungskraft, dessen Sekretariat oder die Personalabteilung. Auf-grund des großen zeitlichen und organisatorischen Aufwands führen Unternehmen auch gerne ganze Bewerbertage durch, besonders, wenn sie mehrere freie Stellen zu füllen haben. Dann werden im Rahmen eines Assessment Centers gleich mehrere Teilnehmer interviewt und entsprechend ihrer Eignung für die freie Stelle geprüft. Das hat für das Unternehmen den Vorteil, dass an einem Tag gleich mehrere Gespräche geführt und idealerweise alle Stellen besetzt werden können. Die zuständigen Parteien müssen nur einen Tag von ihrer regulären Arbeit fernbleiben und können sich zudem alle Bewerber gleichzeitig und im direkten Vergleich anschauen.

Im Anschluss können eventuelle Zu- und Absagen, sowie Vertrags-
angebote verschickt werden. Gerade große Firmen verwenden hierbei
nicht selten automatische Onlinetools.

4.4.3 Während des Bewerbungsgesprächs

Wenn dir im Bewerbungsgespräch ein Vertreter der Personalabteilung
mit gegenübersitzt, handelt es sich dabei meist um einen hochquali-
fizierten und erfahrenen Experten im zwischenmenschlichen und
psychologischen Bereich. Viele sind zudem geschult in Interview- und
Fragetechniken, allerdings besitzen sie in der Regel keine Expertise,
wenn es um die fachlichen Eigenheiten der ausgeschriebenen Stelle
geht. Fachlich kennen sich die Chefs am besten aus. Sie wissen welche
Arbeitsanforderungen die jeweilige Stelle mit sich bringt und können
beurteilen, ob ein Bewerber über das nötige Wissen und die richtige
Erfahrung verfügt, oder nicht. Auch können sie am ehesten einschätzen,
ob die Persönlichkeit eines Bewerbers in das existierende Team und
Arbeitsumfeld passt.

In machen Firmen durchlaufen Führungskräfte ein spezielles Training
als Vorbereitung vor dem eigentlichen Bewerbungsprozess. Dies soll
ihnen Sicherheit und Expertise vermitteln. Auf diese Weise geht das
Unternehmen auch sicher, dass Firmenstandards eingehalten werden,
keine Klagen wegen nicht erlaubten Fragen aufkommen können und
ein einheitliches professionelles Bild nach außen dargestellt wird. Ich
habe Trainingsunterlagen für Führungskräfte gesehen, in denen diesen
geraten wird, nicht die Arme zu verschränken, da dies von einem
Bewerber als Ablehnung oder Kritik gedeutet werden kann. Trotzdem werden Führungskräfte in der Regel nicht psychologisch geschult.
Gerade langjährige Chefs haben jedoch im Laufe ihres Berufslebens
häufig schon so viele Interviews geführt, dass sie auf einen breiten
Erfahrungsschatz diesbezüglich zurückgreifen können. Manche Firmen,
Abteilungen, Personalabteilungen oder Führungskräfte verwenden bei
Bewerbungsgesprächen auch vorgefertigte Fragebögen. Auf diese Weise
ergibt sich automatisch eine gewisse Einheitlichkeit und Vergleichbarkeit bei den Gesprächen und eine gewisse Struktur. Viele Interviewer

machen sich auch während des Gesprächs Notizen, einfach um nichts Wichtiges zu vergessen. Auf diese Weise bringt man im Nachhinein nichts durcheinander und kann anschließend die einzelnen Bewerber besser diskutieren, vergleichen und bewerten. Wenn Feedback gegeben wird, ist es ebenfalls hilfreich, sich auf diese Notizen stützen zu können.

4.4.4 Nach dem Bewerbungsgespräch

Hat die Führungskraft sich für einen Kandidaten entschieden, erstellt die Personalabteilung oder womöglich auch die Rechtsabteilung den Vertrag. Bei einem sehr großen Unternehmen kann es sein, dass der Betriebsrat diesem noch zustimmen muss, bevor er an den Bewerber gesendet wird. Das kann wiederum zu Verzögerungen führen. Meist werden zunächst die erfolgreichen Kandidaten kontaktiert. Nehmen diese das Vertragsangebot an, werden die Absagen an die restlichen Bewerber versendet. Diese Reihenfolge ist sehr sinnvoll, denn sollte der favorisierte Bewerber absagen, wird der Vertrag dem zweitbesten angeboten und so weiter. Ich habe hierzu mit einigen Führungskräften gesprochen und dies scheint durchaus die gängige Praxis zu sein. Also kann es sein, dass in einem Bewerbungsdurchgang für eine ähnliche oder sogar gleiche Position jemand genommen wird, der im nächsten Jahr keine Chance gegen die (jetzt stärkere) Konkurrenz hat. Es heißt, man braucht kein Glück bei der Bewerbung, wenn man gut vorbereitet und kompetent ist. Die aktuelle Qualität der Konkurrenz würde ich aber durchaus als Glückssache bezeichnen.

Wird man abgelehnt, haben Firmen in der Regel Standardschreiben, etwa: *„Die Konkurrenz war stärker"* oder *„Andere Kandidaten haben dem Anforderungsprofil mehr entsprochen"*. Unternehmen müssen sichergehen, dass sie sich im Falle einer Absage innerhalb der gesetzlichen Vorgaben bewegen, damit kein Bewerber die Entscheidung anfechten oder sogar klagen kann. Das wäre beispielsweise möglich, wenn jemand aufgrund seines Geschlechts, seiner Nationalität oder Religion abgelehnt wird. Du kannst durchaus nach einem ausführlicheren Feedback fragen, allerdings geben viele Unternehmen aus besagten Gründen keine und du hast auch kein Recht darauf.

4.5   Umgang mit Absagen

„Wenn irgendwo eine Tür zugeht, öffnet sich woanders ein Fenster, eine noch schönere Tür oder ein Tor."

Wenn du eine Absage auf eine Bewerbung bekommst, solltest du nicht zu enttäuscht und traurig sein. Heißt es doch nur, dass es irgendwo (mindestens) eine andere Person gab, deren Fähigkeiten und Erfahrungen etwas besser auf die ausgeschriebene Stelle gepasst haben. Mal ehrlich, egal wie gut man auch immer ist, es gibt im Zweifel immer jemanden, der noch ein kleines bisschen besser ist. Dann ist es Pech, wenn sich gerade diese Person auf die gleiche Position bewirbt, wie man selbst. Gibt es nur eine zu besetzende Stelle, wird der zweitbeste Bewerber ebenso abgelehnt wie der Bewerber auf dem 138. Platz. Das bedeutet jedoch nicht, dass du persönlich zu schlecht für eine Stelle bist. Auf gar keinen Fall solltest du aufgrund einer Absage anfangen, an dir selbst zu zweifeln und dich und deine Fähigkeiten ganz grundsätzlich infrage zu stellen. Gedanken in Richtung: *„Ich bin ein Versager und wertlos"* sind einfach nur unsinnig und falsch und für dein weiteres Fortkommen nicht hilfreich.

Absagen können sich wie eine persönliche Niederlage anfühlen und einem im ersten Moment gefühlt um Jahre zurückwerfen. Sie sollten dich jedoch niemals weiter als bis zu deinem letzten großen Erfolg zurückwerfen können. Deine Erfolgserlebnisse kann dir nämlich niemand mehr nehmen, ganz im Gegenteil, mit fortschreitender Lebenserfahrung und jeder überstandenen kniffligen Situation werden es sogar immer mehr. Wirklich erfolgreich ist derjenige, der einmal öfter aufsteht als er hinfällt. Es gibt da diesen wunderbaren Postkartenspruch: *„Hinfallen, aufstehen, Krone richten und weiter."* Und beim nächsten Mal klappt es dann. Mich persönlich tröstet in einer solchen Situation auch immer der Gedanke, dass es eben nicht sein sollte. Ohne jetzt zu schicksalsergeben klingen zu wollen, aber mal ehrlich: Hatte es in der Vergangenheit nicht häufig einen Sinn, wenn etwas nicht auf Anhieb geklappt hat? Hast du es vielleicht auch schon einmal erlebt, dass sich im Nachhinein eine noch bessere Option aufgetan hat?

Wenn man es vernünftig betrachtet – was deutlich einfacher ist, wenn man nicht nur Absagen, sondern auch mindestens eine Zusage bekommen hat – geht die Welt nicht unter, nur, weil man eine Stelle nicht bekommen hat. Nehmen wir zum Beispiel an, du hast 20 Bewerbungen geschrieben und zehn Bewerbungsprozesse durchlaufen. Heraus kamen fünf Absagen, zwei Zusagen und für die restlichen drei Stellen gab es bislang noch keine Rückmeldung. Das ist ein wirklich gelungener Bewerbungsverlauf und ein großartiger Erfolg. Zwei Zusagen bedeuten zwei Wahlmöglichkeiten! Jetzt kannst du dir sogar eine Stelle aussuchen und deinerseits ein Angebot absagen. Konzentriere dich in diesem Fall unbedingt auf das Positive. Selbst wenn du nach 20 Bewerbungen nur Absagen erhalten hast, solltest du nicht aufgeben und dich weiter bewerben. Möglicherweise musst du hierzu auch einfach dein Suchfeld auf andere passende Stellen, Firmen, Branchen oder Orte erweitern, bis es klappt. Gib nicht auf! Dafür gibt es auch einfach zu viele Stellen, bei zu vielen großartigen Firmen.

5

Konkrete Bewerbungen während der Schulzeit

Zusammenfassung Dieses Kapitel befasst sich mit den häufigsten Bewerbungen während der Schulzeit, beginnend beim Pflichtpraktikum in der Schule, dem freiwilligen Ferienpraktikum und dem bezahlten Schülerjob. Neben jeweils einer kurzen Definition und einer Betrachtung der Gründe und Vorteile für die jeweilige Beschäftigung, werden auch die rechtlichen Grundlagen behandelt. Diese sind besonders für minderjährige Schüler wichtig. Zudem erhältst du konkrete Tipps, wo du entsprechende freie Stellen finden kannst, wie du die Bewerbungsunterlagen gestalten kannst und wie die entsprechenden Bewerbungsprozesse häufig ablaufen. Zu jeder Station gibt es jeweils einen Beispiellebenslauf und ein Beispielanschreiben als Vorlage.

Im Grunde kann ein Schüler zwei Arten von Tätigkeiten nachgehen: Zum einen die meist unbezahlten Praktika, bei denen es in erster Linie um das Hineinschnuppern in einen Betrieb und eine Berufsgruppe geht. Zum anderen die Ferien- oder Nebenjobs, die ihren Fokus auf das Geldverdienen und Aufstocken des Taschengelds richten. Wenn man dabei noch etwas lernt und erste Erfahrungen in der Berufswelt sammelt, umso besser.

© Springer Fachmedien Wiesbaden GmbH, ein Teil von Springer Nature 2023
T. Schrammel, *Die ersten Bewerbungen für Schüler und Studierende*,
https://doi.org/10.1007/978-3-658-37932-2_5

Persönlicher Rückblick

Viele erfolgreiche Manager, die schon lange in der Berufswelt unterwegs sind, messen der Bewerbung um ein Schülerpraktikum rückblickend keine große Bedeutung mehr zu. Was ist diese Bewerbung schon im Vergleich zu all denen, die später noch für (vermeintlich) weitaus bedeutsamere Positionen mit (wahrscheinlich) sehr viel mehr Gehalt kommen werden? Bei mir sieht es anders aus. Ich bin seit dreizehn Jahren mit der Schule fertig und damit gerade noch nah genug an dem Thema dran, um mich an meine eigenen ersten Bewerbungen während der Schulzeit erinnern zu können. Und wie habe ich mit meinem Bruder und den Schülern aus den VHS Kursen mitgefiebert.

Wie bereits erwähnt, möchte ich, dass du von diesen Erfahrungen profitieren kannst, indem ich sie so ehrlich und offen mit dir teile, wie ich es bei meinem kleinen Bruder getan habe und immer noch tue. Aus diesem Grund bekommst du zu jeder Bewerbungssituation zahlreiche Vorschläge und Tipps. Dann kannst du selbst entscheiden, was du davon für dich übernehmen möchtest und was nicht. Natürlich ist jede Situation anders, trotzdem hoffe ich sehr, dass du nützliche Gedanken und Anregungen für deine eigenen Bewerbungen findest und für dich mitnehmen kannst.

5.1 Schülerpraktikum – verpflichtend und freiwillig

5.1.1 Definition

Ein Schülerpraktikum, auch Betriebspraktikum, Schnupper- oder Orientierungspraktikum ist eine zeitlich befristete Beschäftigung eines Schülers in einem Betrieb. Der Schüler soll auf diese Weise Einblicke in die Arbeitswelt bekommen und ein konkretes Berufsfeld kennenlernen.

„Im optimalen Fall kann der Praktikant nach Ende des Praktikums beurteilen, ob er sich eine Ausbildung in dem Bereich, den er kennengelernt hat, und im Unternehmen selbst, vorstellen kann." [1]

Ein Schülerpraktikum dient in erster Linie zur Orientierung und zum Erfahrungs- und Erkenntnisgewinn und ist ein wichtiger Bestandteil der Berufsorientierung. Da nicht die Erbringung von Arbeitsleistung im Mittelpunkt steht, ist es in der Regel unbezahlt.

Verpflichtendes und freiwilliges Schülerpraktikum
Je nachdem, ob das Schülerpraktikum ein verpflichtender Teil des Lehrplans ist oder auf freiwilliger Basis in den Ferien stattfindet, unterscheidet man ein Pflichtpraktikum von einem freiwilligen Praktikum.

Beim **verpflichtenden Schülerpraktikum,** auch Pflichtpraktikum genannt handelt es sich um eine Schulveranstaltung, bei der Schüler eine oder mehrere Wochen in einem Betrieb verbringen und dort in Absprache mit der Schule einfache, unterstützende Tätigkeiten übernehmen. Das verpflichtende Schülerpraktikum findet in der Regel während der Schulzeit statt und wird im Unterricht entsprechend vor- und nachbearbeitet. In einigen Bundesländern und Schulformen ist es sogar Teil des Lehrplans.

Ein **freiwilliges Schulpraktikum** findet dagegen in den Ferien und auf freiwilliger Basis statt. Es gibt hierzu vonseiten der Schule keine Vorgaben hinsichtlich des Zeitraums, der Länge und des Inhalts des Praktikums und ist somit freier in dessen Gestaltung. Ein Praktikum in den Sommerferien kann durchaus vier oder mehr Wochen dauern.

5.1.2 Vorteile und Nutzen

Vorteile eines Schülerpraktikums
Das Schülerpraktikum ermöglicht erste Einblicke in das Berufsleben und die realen Bedingungen der Arbeitswelt. Der Schüler bekommt dadurch die Möglichkeit, Experten über die Schulter zu schauen, Fragen zu stellen und ihren Arbeitsalltag mit allen Aufgaben und Routinen live mitzuerleben. Er lernt den Tagesablauf einer Branche und Berufsgruppe kennen und kann sich selbst in kleinen branchentypischen Aufgaben und berufsbezogenen Tätigkeiten ausprobieren. Darüber hinaus macht sich ein Schülerpraktikum ganz allgemein gut

im Lebenslauf und sollte fester Bestandteil im Berufsorientierungs-
prozess sein (siehe Abschn. 2.3.3). Egal, was man über eine Berufsgruppe liest oder hört, nichts kann einen persönlichen Eindruck
ersetzen.

Als Schüler kann und solltest du in Betracht ziehen (mehrere)
Praktika zu absolvieren, um wirklich alle für dich relevanten Berufsgruppen und Branchen kennenzulernen und auf Basis dessen eine
qualifizierte Entscheidung hinsichtlich deiner Berufswahl treffen zu
können. Es ist dabei auch möglich in völlig unterschiedliche Branchen
und Bereiche hineinzuschnuppern. Allerdings sollte dies in einem vernünftigen Rahmen bleiben. Es geht nicht darum, einfach nur irgend-
ein Praktikum in irgendeiner Firma zu machen, oder darum möglichst
viele Praktika ohne Sinn und Verstand zu absolvieren. Idealerweise
gehst du mit entsprechender Vorbereitung und einem klaren Ziel an
jedes Praktikum heran. Hierzu gehören Überlegungen, welche Branche,
Firma, Abteilung und Berufsgruppe du kennenlernen möchtest.
Idealerweise bauen Praktika aufeinander auf. Wenn sich langfristig
ein roter Faden im Lebenslauf hervorhebt, dann erleichtert das die
Argumentation für spätere Bewerbungen ungemein. Deshalb bitte:
Augen auf bei der Praktikumswahl.

In einem Ratgeber für Unternehmen heißt es zum Thema Schülerpraktikum:

„Sinnvoll ist es, den Praktikanten, wenn möglich, in verschiedenen
Arbeitsbereichen einzusetzen. Der Arbeitsumfang muss realistisch sein;
d.h., die Aufgaben müssen in der gegebenen Zeit erledigt werden können.
In technischen/handwerklichen Bereichen ist die Erstellung eines kleinen
Werkstücks denkbar. Ein eigener sichtbarer Arbeitserfolg motiviert die
Jugendlichen erfahrungsgemäß ganz besonders." [1]

Die durch ein Praktikum gewonnenen Erfahrungen über die Branche,
das Unternehmen und das Berufsfeld kann auch im Bewerbungsprozess
ein entscheidender Vorteil werden. Wenn du vorab ein entsprechendes
Praktikum absolviert hast, kann das deine Chancen für eine erfolgreiche Bewerbung um einen Ausbildungs- oder dualen Studienplatz

in diesem Unternehmen enorm steigern. Auch die Kontakte, die du bei einem Schülerpraktikum innerhalb der Firma knüpfst, können dir bei einer späteren Bewerbung dort von großem Nutzen sein. Gerade nach einem besonders gut verlaufenen Praktikum kann es vorkommen, dass dich das Unternehmen sogar bezüglich eines Berufseinstiegs von selbst anspricht. Praktika werden von Firmen zudem nicht selten gezielt zur Nachwuchsgewinnung eingesetzt, da sie die Möglichkeit bieten potenzielle neue Mitarbeiter ganz unverbindlich über einen längeren Zeitraum kennenzulernen. Allein deshalb solltest du dich auch bei einem Praktikum stets von deiner besten Seite zeigen und dich anstrengen.

Spezifische Vorteile eines verpflichtenden Schülerpraktikums
Der große Vorteil eines Schulpraktikums liegt in der Unterstützung, die du vonseiten deiner Schule dabei erfährst. Zum einen findet das Praktikum während der Schulzeit statt, zum anderen steht dir für diese Zeit ein Betreuungslehrer zur Seite, an den du dich auch während des Praktikums jederzeit bei Fragen oder Problemen wenden kannst. Außerdem wird das Pflichtpraktikum in der Regel im Unterricht vor- und nachbereitet. Im Rahmen dessen ist auch die Erstellung einer Praktikumsmappe mit einer Übersicht aller Tätigkeiten und Erkenntnisse, üblich. Diese kann dir wiederum bei der Berufsorientierung helfen.

Spezifische Vorteile eines freiwilligen Schülerpraktikums
Ein freiwilliges Schülerpraktikum hat keine zeitliche Begrenzung, außer vielleicht die Dauer deiner Ferien. Dadurch kann es länger dauern als ein verpflichtendes Praktikum. Auf diese Weise kannst du auch anspruchsvollere und umfangreichere Tätigkeiten mit mehr Verantwortung übernehmen und deutlich fundiertere Einblicke gewinnen. Zudem beweist du durch ein freiwilliges Ferienpraktikum ein hohes Maß an Eigeninitiative und Engagement, was Arbeitgeber bei künftigen Bewerbungen meist ausgesprochen positiv bewerten.

5.1.3 Rechtliche Grundlagen

In der Regel wird auch bei einem Schülerpraktikum ein Praktikums-vertrag geschlossen. Hierbei handelt es sich um eine schriftliche Vereinbarung zwischen dem Betrieb und dem Praktikanten, die den Inhalt des Praktikums, dessen Ablauf und Umfang festlegt. Dabei müssen alle gesetzlichen Vorgaben eingehalten werden:

> „Das generelle Verbot von Kinderarbeit für Kinder, die das 15. Lebensjahr noch nicht vollendet haben, gilt nicht für die Beschäftigung im Rahmen eines Betriebspraktikums während der Schulzeit (§ 5 Abs 2 Nr. 2 JArbSchG). Auch Jugendliche, die zwar 15, aber noch nicht 18 Jahre alt sind, stehen unter dem besonderen Schutz des JArbSchG. Auf schulpflichtige Jugendliche, die die allgemeinbildenden Schulen besuchen, finden die für Kinder geltenden Vorschriften Anwendung (§ 2 ArbSchG)." [1]

Für das Schülerpraktikum müssen die Bestimmungen des Jugendarbeits-schutzgesetzes (JArbSchG) eingehalten werden, ebenso wie Regelungen zu Sozial- und Unfallversicherungen, sowie Gesundheitsvorschriften. Auch müssen die Arbeitszeitregelungen beachtet werden [1]:

* Kinder (bis 14 Jahre): höchstens 7 h täglich, 35 h wöchentlich.
* Jugendliche (15 bis 17 Jahre): nicht mehr als 8 h täglich, nicht mehr als 40 h wöchentlich.
* Nachtruhe: 20:00 bis 06:00 Uhr; Ausnahmen sind möglich.
* Beschäftigungsdauer: 5 Tage in der Woche.
* Beschäftigungsverbot: An Samstagen, Sonntagen und an Feiertagen; branchenbezogene Ausnahmen sind möglich. Werden die Praktikanten ausnahmsweise an solchen Tagen beschäftigt, so müssen sie an einem anderen Tag in derselben Woche freigestellt werden.
* Bei volljährigen Schülerpraktikanten gilt das Jugendarbeitsschutzgesetz nicht, dennoch darf die tägliche Arbeitszeit 8 h am Tag nicht überschreiten [1].

Es besteht keine Verpflichtung, das Praktikum zu vergüten, solange es zur Orientierung und nicht der Erbringung von Arbeitsleistung dient. Denn wer keine finanzielle Entlohnung erhält, muss auch keine Sozialversicherungsbeiträge abführen. Bei Unfällen während des freiwilligen Schülerpraktikums ist die Berufsgenossenschaft des jeweiligen Praktikumsbetriebs zuständig. Sachschäden werden im Einzelfall von der Haftpflichtversicherung des Betriebs, bei dem der Praktikant untergebracht ist, oder von dessen Eltern übernommen [1].

Spezifisch für ein verpflichtendes Schülerpraktikum
Da das verpflichtende Schülerpraktikum als Teil des Lehrplans und Schulveranstaltung gilt, werden die Haftpflicht- und Unfallversicherung durch die Schule abgedeckt. Zudem ist in diesem Fall ein Praktikumsvertrag nicht zwingend erforderlich, da die Praktikumsvoraussetzungen in den jeweiligen Schulordnungen geregelt sind [1].

5.1.4 Bewerbungsprozess

Wenn du kurz vor dem verpflichtenden Schülerpraktikum stehst oder mit dem Gedanken spielst, freiwillig in den Ferien ein solches zu absolvieren, aber noch keine Ahnung hast wo, dann können dir die Erkenntnisse aus der Berufsorientierung (siehe Kap. 2) helfen. Überlege dir unbedingt vorab welche Berufsgruppe und Branche du mit dem Praktikum kennenlernen möchtest. Wenn du das nicht tust, läufst du Gefahr, am Ende in einer Branche zu landen, die gänzlich an deinen Interessen vorbeigeht. Du hast also selbst in der Hand wie viel Mehrwert du aus dem Schülerpraktikum mitnimmst. Am meisten Sinn macht ein Praktikum dann, wenn du dir grundsätzlich vorstellen könntest, später eine Ausbildung oder ein Studium in eben diesen Bereich zu beginnen.

Stellensuche

Da gerade ein verpflichtendes Schülerpraktikum in der Regel nur wenige Tage oder Wochen andauert, kann es sich anbieten, einen Betrieb zu wählen, der nicht zu weit von zu Hause entfernt ist und gut mit öffentlichen Verkehrsmitteln oder einer Mitfahrgelegenheit erreicht werden kann. Gerade, wenn einen die Eltern oder Großeltern nicht jeden Tag fahren können, ist dies ein wichtiger Aspekt.

Eigeninitiative ist bei der Suche nach einem Praktikumsplatz entscheidend. Vielleicht kennst du ja jemanden, der in genau der Branche oder dem Beruf tätig ist, der dich interessierst und kannst dort ein Praktikum machen. Sehr oft fühlen sich die entsprechenden Personen geschmeichelt und fragen gleich selbst bei ihrer Firma nach, ob es eine entsprechende Möglichkeit gibt. Und selbst wenn es nicht direkt dort klappt, bekommst du auf diese Weise womöglich wertvolle Tipps oder Kontakte. Ein gutes Netzwerk aus Verwandten und Bekannten kann bei der Stellensuche enorm helfen. Der Ausdruck Vitamin B (B steht dabei für Bekannte) beschreibt genau den Vorteil, den man beruflich haben kann, weil man die richtigen Leute kennt. Das bedeutet nicht, dass Eignung dabei keine Rolle mehr spielt. Vielmehr könnte es sein, dass du von anderen erst von einer interessanten Stelle erfährst, auf die du ansonsten womöglich gar nicht aufmerksam geworden wärst. Gerade bei der Suche nach einem Schülerpraktikum kann es auch zielführend sein, bei relevanten Firmen oder Geschäften proaktiv nachzufragen, ob es möglich wäre, dort ein Praktikum zu machen. Nur Mut! Fragen kostet nichts. Darüber hinaus kann dir auch das Internet, sowie die sozialen Netzwerke bei der Suche helfen, ebenso wie ein Blick in die lokale Zeitung.

Spezifisch für ein verpflichtendes Schülerpraktikum: Kontakte der Schule nutzen

Sollte im Lehrplan deiner Schule ein verpflichtendes Schülerpraktikum vorgesehen sein, dann bleibt dir nichts anderes übrig, als dieses auch anzutreten. Wenn du schlau bist, nutzt du diese Gelegenheit, einen für dich interessanten Bereich kennenzulernen, anstatt einfach nur irgendwo deine Zeit abzusitzen. Die Schule wird dich in der Regel bei der Suche nach einer passenden Praktikumsstelle aktiv unterstützen. Möglicherweise gibt es sogar eine Liste von lokalen Betrieben, zu denen die Schule gute Kontakte hat und die in diesem Zusammenhang Praktika anbieten. Vielleicht ist ja eine interessante Option für dich dabei. In diesem Fall gestaltet sich die Stellensuche sehr einfach.

In vielen Fällen hast du jedoch auch bei einem Pflichtpraktikum freie Wahl, wohin du gehst.

Bewerbungsunterlagen

Wenn du dich für ein Schülerpraktikum bewirbst, wirst du in der Regel aufgefordert deinen Lebenslauf beziehungsweise deine Bewerbungsmappe einzureichen.

Lebenslauf

Der Lebenslauf für die Bewerbung um ein freiwilliges Schülerpraktikum unterscheidet sich nicht von dem für ein verpflichtendes Schülerpraktikum. Dabei gleicht er in seinem Aufbau jenem, den du später auch für deine Bewerbung um einen Ausbildungs- oder Studienplatz verwenden kannst (Abb. 5.1). Zwar fällt dieser naturgemäß noch etwas kürzer aus, das wird sich jedoch automatisch mit jedem absolvierten Praktikum und jeder weiteren beruflichen und schulischen Station ändern. Aus diesem Grund kannst du einen einmal erstellten Lebenslauf jahrelang verwenden, wenn du einfach nach und nach alle gewonnenen Erfahrungen ergänzt. Die meiste Arbeit hast du demnach bei deiner allerersten Bewerbung.

Anschreiben

Gut möglich, dass du bei der Bewerbung um ein Schülerpraktikum kein Anschreiben benötigst. Etwa weil die Schule oder Verwandte die Praktikumsstelle organisiert haben oder der Betrieb schlichtweg nur nach einem Lebenslauf fragt. Es kann aber auch durchaus vorkommen, dass eine Bewerbungsmappe verlangt wird, und selbst wenn nicht, ist es eine gute Übung und lässt dich mit Sicherheit als Bewerber herausstechen. Aus diesem Grund kann ich dir nur empfehlen, ein Anschreiben zu erstellen. Ganz wichtig ist es, dass du im Anschreiben nicht vergisst anzugeben, wann und für wie lange du für ein Praktikum zur Verfügung stehst. Das erübrigt mögliche Rückfragen.

Lebenslauf
Klaus Blum

Persönliche Daten

Anschrift:	Musterweg 1, 12345 Musterstadt
Telefon:	0111/ 11111
E-Mail:	Klaus.Blum@musteremail.de
Geburtsdatum:	09.03.1998
Geburtsort:	Musterstadt

Schulbildung

09/04 - 07/08	Grundschule Musterstadt
09/08 - heute	Friedrich Schiller Realschule, Musterstadt
	Technischer Zweig
Angestrebter Abschluss:	Mittlere Reife im Juni 2014
Lieblingsfächer:	Physik (sehr gut), Mathematik (gut)

Zusatzqualifikationen

Computerkenntnisse:	Maschinenschreiben, MS Office
Sprachkenntnisse:	Deutsch (Muttersprache), Englisch (fließend)

Sonstige Aktivitäten

01/10 - heute	Ehrenamtliche Mitarbeit in der Bücherei, Musterstadt
03/08 - heute	Sportverein Musterstadt, Fußball, aktiver Mittelfeldspieler
01/11 - heute	Aktives Mitglied der Freiwilligen Feuerwehr Musterstadt
	regelmäßige Übungen, Unterstützung bei Festen

Lesen, Skifahren, Radsport, Gitarre spielen

Musterstadt, 01.09.2012

Klaus Blum

Abb. 5.1   Beispiellebenslauf Schülerpraktikum

Aus Sicht des Unternehmens ist der ideale Bewerber für ein Schülerpraktikum jemand, der sich wirklich für die Firma und Berufsgruppe interessiert und tatsächlich eine Ausbildung oder ein Duales Studium dort in Betracht zieht, wenn das Praktikum gut verläuft. Wenn du dich vorab ernsthaft mit deiner Berufsorientierung und Berufsfindung befasst hast, deine Stärken kennst und nun im Schülerpraktikum Praxiseinblicke gewinnen möchtest, kannst du dies auch im Bewerbungsprozess glaubhaft und authentisch vermitteln. Das ist die bestmögliche Vorbereitung.

Beispiele

Option 1: Gleiche Firma, aber andere Abteilung als beim letzten Praktikum.
Im Rahmen meines Pflichtpraktikums im Mai 2018 in der … Abteilung in Ihrem Betrieb konnte ich bereits wertvolle Einblicke in den Beruf des … gewinnen. Besonders gut haben mir die Arbeitsbedingungen und das freundliche Team gefallen. Im Rahmen meiner Berufsorientierung würde ich gerne noch die … Abteilung besser kennenlernen, da ich mir auch einen Beruf in dieser Richtung gut vorstellen könnte. Nach den positiven Erfahrungen in meinem letzten Praktikum bei Ihnen möchte ich mich hiermit um ein dreiwöchiges Praktikum in den Sommerferien dieses Jahres in Ihrem Haus bewerben.

Option 2: Andere Firma, gleiche Branche, gleiche Berufsgruppe als beim letzten Praktikum.
Während meines einwöchigen Praktikums bei … im Mai 2018 konnte ich bereits wertvolle Einblicke in die … Branche gewinnen. Im Rahmen eines freiwilligen Ferienpraktikums würde ich darauf gerne aufbauen und ihr Unternehmen kennenlernen. Der Beruf des … interessiert mich sehr und ich würde gerne mehr über die Tätigkeitsfelder und den Berufsalltag erfahren. Aus diesem Grund möchte ich mich hiermit um ein vierwöchiges Praktikum bei Ihnen bewerben.

Option 3: Andere Firma, gleiche Branche, andere Berufsgruppe als beim letzten Praktikum.
In der … Abteilung in der Firma … habe ich mein erstes Praktikum absolviert. Die Einblicke in die Arbeitswelt und das reale Leben haben bei mir einen bleibenden Eindruck hinterlassen. Allerdings habe ich dabei auch gemerkt, dass der Beruf des … nicht zu mir passt. Da mich die … Branche aber sehr interessiert, würde ich gerne in dieser Branche noch andere Berufe kennenlernen. Dadurch erhoffe ich mir Erkenntnisse, die mir bei meiner Berufsentscheidung helfen können. Das ist mir besonders wichtig, da ich im nächsten Jahr meinen Schulabschluss machen werde.

Option 4: Andere Firma, andere Branche, andere Berufsgruppe als beim letzten Praktikum.
Bei meinem Orientierungspraktikum vor einigen Wochen bei … habe ich spannende Einblicke in die … Berufswelt bekommen, jedoch festgestellt,

> *dass hier nicht meine berufliche Zukunft liegt. Da mich die ... Branche sehr interessiert, würde ich diese gerne in einem freiwilligen Ferienpraktikum kennenlernen und mehr über den Berufsalltag des ... erfahren. Ich erhoffe mir dadurch wertvolle Erkenntnisse, die mir dabei helfen nach meinem Abschluss die richtige Berufswahl zu treffen.*

Beim Anschreiben für ein freiwilliges Schülerpraktikum musst du im Grunde das Gleiche beachten wie auch beim verpflichtenden Schülerpraktikum, besonders, wenn es sich um dein allererstes Praktikum handelt. In Abb. 5.2 findest du ein Beispielanschreiben. Wenn du allerdings bereits zuvor ein Praktikum absolviert hast, ist es durchaus sinnvoll, im Anschreiben darauf Bezug zu nehmen.

Bewerbungsschritte

Je länger eine Anstellung dauert und je mehr finanzielle und zeitliche Ressourcen ein Arbeitgeber investiert, desto umfangreicher ist auch der Bewerbungsprozess. Ein verpflichtendes Schülerpraktikum dauert in der Regel ein bis drei Wochen und ist unentgeltlich. Der Aufwand diese Stelle zu besetzen und den Praktikanten zu betreuen ist für ein Unternehmen überschaubar. Dafür erhält es die Gelegenheit, Werbung in eigener Sache zu betreiben und einen potenziellen künftigen Arbeitnehmer kennenzulernen und an sich zu binden.

Ich habe von Schülerpraktika gehört, die im Grunde keinerlei positive Erkenntnisse mit sich brachten, weder für den Praktikanten noch für das Unternehmen. Das kann gerade bei einem Pflichtpraktikum passieren, wenn beide Seiten lustlos und wenig motiviert die Zeit verstreichen lassen. Das bringt allerdings keinem etwas und ist letztlich für alle Zeitverschwendung. Wenn du von der Schule und dem Lehrplan dazu *„gezwungen"* wirst, ein Praktikum zu machen, solltest du in deiner Bewerbung unbedingt klarmachen, dass du (trotzdem) motiviert und wirklich interessiert bist. Wenn der Betrieb die Wahl hat, wird es sich immer für den Bewerber entscheiden, der die Berufsrichtung und Branche wirklich als Option für sich selbst sieht.

Es kann sein, dass du nach dem Einsenden deiner Bewerbungsunterlagen direkt einen Brief oder Anruf von der angestrebten Firma

Klaus Blum
Musterweg 1
12345 Musterstadt
01111/ 11111
Klaus.Blum@musteremail.de

123 GmbH, Musterstadt
z.Hd. Frau Janina Grün
Straße 4
12345 Musterstadt

Musterstadt, 01.09.2012

Bewerbung um ein einwöchiges Schülerpraktikum in der Angebotsabteilung

Sehr geehrte Frau Grün,

in Ihrem Geschäft in Musterstadt habe ich einen Aushang gesehen, der darauf hinweist, dass Sie derzeit Praktikanten in Ihrer Angebotsabteilung suchen. Ich bin 14 Jahre alt und besuche derzeit die achte Klasse der Friedrich Schiller Realschule in Musterstadt. Im Rahmen eines einwöchigen Schülerpraktikums im Oktober würde ich gerne in die Arbeitswelt schnuppern und Einblicke in den Büroalltag gewinnen. Die Arbeit im Büro interessiert mich schon sehr lange und ich möchte dieses Praktikum gerne nutzen, um die typischen Tätigkeiten und Arbeitsabläufe kennenzulernen und den Arbeitsalltag aus erster Hand zu erleben. Durch das Schnuppern in die Einzelhandelsbranche erhoffe ich mir Klarheit und Orientierung, um herauszufinden, ob mir dieser Berufswunsch entspricht.

In meinem Bekanntenkreis kenne ich viele, die im Großhandel und im Büro arbeiten. In Gesprächen habe ich viel darüber erfahren. Es klingt für mich sehr spannend, die wirtschaftlichen Zusammenhänge in einem großen Betrieb kennenzulernen. Ich habe in Gesprächen viel über die komplexen Zusammenhänge erfahren und möchte diese nun bei einem Orientierungspraktikum selbst kennenlernen. Die Arbeit im Team bin ich bereits aus meiner ehrenamtlichen Mithilfe in der Bücherei gewohnt. Dort bin ich bereits mit den Strukturen und Abläufen einer kleinen Organisation in Berührung gekommen. Auch der Umgang mit Kunden gefällt mir sehr, sowie das ordentliche und gewissenhafte Arbeiten. Verantwortung zu übernehmen, kenne ich zudem aus meiner Arbeit bei der Freiwilligen Feuerwehr.

Ich würde mich sehr freuen, von Ihnen zu hören, ebenso wie über die Einladung zu einem persönlichen Gespräch.

Mit freundlichen Grüßen

Klaus Blum

Klaus Blum

Abb. 5.2   Beispielanschreiben Schülerpraktikum

erhältst, um die Details des Schülerpraktikums abzuklären. Möglicherweise möchte dich der zuständige Chef zuvor auch telefonisch, via Livemeeting oder persönlich kennenlernen. Hierzu wird häufig relativ unkompliziert ein Kennenlerntermin vereinbart oder einfach direkt angerufen. Du solltest im Falle eines überraschenden Anrufs wissen, in welcher Abteilung und für welchen Zeitraum du dich für ein Schülerpraktikum beworben hast, und um welche Berufsrichtung es dir in erster Linie geht. Im Grunde genau die Angaben, die du idealerweise auch in deinem Anschreiben angegeben hast.

Das Gespräch an sich ist in diesem Fall meist eher eine lockere Unterhaltung als ein vollumfängliches Vorstellungsgespräch. Sollte es jedoch trotzdem dazu kommen, kann dir Abschn. 4.1 bei der Vorbereitung helfen. Egal wie aufwendig der Bewerbungsprozess letztlich auch ist, wenn du eine Zusage zum Schülerpraktikum erhalten hast, kannst du wirklich stolz auf dich sein. Das ist eine tolle Leistung und ein wichtiger Schritt. Damit hast du deinen ersten richtigen Bewerbungsprozess erfolgreich gemeistert. Herzlichen Glückwunsch! Und schon hast du ein Erfolgserlebnis und damit eine hervorragende Basis für alle noch kommenden Bewerbungen.

5.1.5 Erfahrungen und Tipps

Während eines Praktikums solltest du dein bestmögliches Verhalten zeigen und allzeit gewissenhaft, pünktlich und zuverlässig sein. Wenn du einen positiven Eindruck hinterlässt, kannst du später gute Chancen auf eine berufliche Zukunft in eben diesem Betrieb haben. Das gilt auch dann, wenn du merken solltest, dass dir diese Berufsrichtung doch nicht liegt.

Nach Beendigung eines Praktikums ist es üblich, dass dir das Unternehmen eine Praktikumsbestätigung ausstellt, die neben den Rahmendaten auch eine Bewertung deiner Leistung enthält. Diese kannst du für künftige Bewerbungen deiner Bewerbungsmappe beifügen. Eine gute Beurteilung in schriftlicher Form kann zu diesem Zeitpunkt von großem Wert sein und dir beruflich weiterhelfen. Positive Bewertungen und Empfehlungsschreiben können sogar so manche nicht optimale Schulnote ausbügeln. Denn auch wenn sie subjektiv sind, zeigen sie doch, dass du fähig bist, dich in der *„realen"* Arbeitswelt zurechtzu-finden und bescheinigen dir zudem eine gewisse Eignung für die von dir angestrebte Branche und Berufsrichtung. Wenn du nach deinem Praktikum nicht automatisch eine Praktikumsbescheinigung aus-gehändigt bekommst, solltest du unbedingt nachfragen und darum bitten.

Übrigens: Auch wenn Orientierungspraktika meist unentgeltlich sind, kann es durchaus vorkommen, dass dir ein Unternehmen freiwillig eine kleine Aufwandsentschädigung zahlt. Das sollte jedoch nicht das entscheidende Kriterium für ein Praktikum sein.

5.2 Bezahlter Schülerjob – Ferienarbeit und Nebenjob

Wenn es dir abseits von der Berufsorientierung in erster Linie darum geht dein Taschengeld aufzubessern, kannst du als Schüler auch in deiner Freizeit arbeiten. Dabei unterscheidet man zwischen Ferien-arbeit und Nebenjobs, je nachdem ob du in den Ferien oder während der Schulzeit arbeitest. Beide können ähnliche oder sogar die gleichen Tätigkeiten umfassen und gleichen sich häufig im Bewerbungsprozess, weshalb sie auch in diesem Abschnitt zusammengefasst werden.

5.2.1 Definition

Ferien- und Nebenjobs beinhalten leichte Tätigkeiten, die von Schülern in den Ferien beziehungsweise neben der Schule freiwillig und gegen Bezahlung verrichtet werden. Ziel ist dabei in erster Linie die Erbringung von Arbeitsleistung gegen finanzielle Vergütung. Es ist dabei sowohl möglich im privaten Umfeld als auch in einem Betrieb zu arbeiten.

Schülerjobs im privaten Umfeld

Besonders jüngere Schüler bessern gerne ihr Taschengeld durch bezahlte Tätigkeit im direkten Umfeld auf, indem sie beispielsweise auf regelmäßiger oder unregelmäßiger Basis haushaltsnahe Tätigkeiten verrichten und dafür pro Stunde oder Tätigkeit bezahlt werden. Dies ist sowohl in den Ferien als auch während der Schulzeit möglich. Die Bandbreite an möglichen Aufgaben ist dabei sehr vielschichtig: Beliebte Beispiele sind Hunde spazieren führen oder während der Urlaubszeit auch andere Haustiere wie Katzen, Fische oder Kaninchen zu versorgen. Je nach Jahreszeit kann sich auch Gartenarbeit, wie Rasen mähen, Unkraut jäten, Blumen gießen (im Frühling und Sommer), Laub zusammenrechen (im Herbst) sowie Schnee räumen und Salz streuen (im Winter) anbieten. Andere beliebte Jobs für Schüler sind Auto waschen und Einkäufe erledigen oder Babysitten. Besonders wenn die Kinder schlafen und man in erster Linie für die reine Anwesenheit bezahlt wird und dabei Fernsehen, Lesen oder Lernen kann, kann Babysitten zu einer sehr angenehmen Tätigkeit machen. Wenn du gut in der Schule bist, kannst du auch jüngeren Schülern Unterstützung bei den Hausaufgaben und Nachhilfe anbieten. Die Bandbreite an möglichen Tätigkeiten im privaten Umfeld ist sehr groß.

Ferienarbeit und Nebenjobs in Betrieben

Alternativ kannst du dir als Schüler auch in einem Unternehmen, Betrieb, Geschäft etc. etwas dazuverdienen. Im Allgemeinen ist es dabei sinnvoller gleich über mehrere Wochen während der schulfreien Zeit Ferienarbeit zu verrichten. Je nach Branche und Betrieb kann sich aber auch ein Nebenjob während der Schule anbieten. Manche Ferienjobs lassen sich während der Schulzeit übrigens auch als Nebenjob während der Schulzeit fortführen, wie etwa bei einem Job in der Gastronomie oder in einem Geschäft. Diese Tätigkeiten können gerade bei Schülern sehr beliebt sein. Aber auch leichte Arbeit in der Fabrik, dem Büro oder dem Supermarkt können sich anbieten. Bei den Arbeitsaufgaben handelt es sich meist um *„normale"* Aufgaben, die in einem Unternehmen tagtäglich anfallen, wie beispielsweise Kopieren, das Sortieren von Unterlagen, oder einfache Fließbandarbeit. Ausgeschlossen sind dagegen. Tätigkeiten, die zu belastend, gefährlich oder schädlich für einen jungen Menschen sein können.

5.2.2 Vorteile und Nutzen

Der Hauptgrund für einen Schülerjob ist in der Regel das Geld und die Möglichkeit sich so kleine Träume erfüllen zu können. Je nach Alter kann dies beispielsweise ein neues Handy, ein neuer Computer, Fernseher oder auch neue Kleidung, ein neues Fahrrad oder der eigene Motorroller sein. Andere brauchen Geld zum Feiern oder für einen Urlaub mit Freunden. Selbst Geld zu verdienen, kann das eigene Selbstbewusstsein enorm steigern und zudem einen verantwortungsvolleren Umgang mit diesem zur Folge haben.

Neben der Bezahlung ermöglicht ein Neben- oder Ferienjob natürlich auch Einblicke in die Arbeitswelt und kann ergänzend zum Praktikum bei der Berufsorientierung helfen. Allerdings eignet es sich schon allein aufgrund der zu erledigenden Tätigkeiten nicht dazu, eine Branche oder Berufsgruppe in Gänze kennenzulernen und kann deshalb niemals ein Orientierungspraktikum ersetzen. Trotzdem kannst du auch bei einem Ferienjob wertvolle Kontakte zu einem Unternehmen knüpfen, die dir bei künftigen Bewerbungen helfen können. Gerade Ferienjobs können noch weitere Vorteile mit sich bringen, etwa indem sie Struktur in die Ferienzeit bringen und einen quasi zwingen, morgens aufzustehen. Wenn man dann erst einmal unterwegs ist, fällt es doch gleich viel leichter, noch andere Dinge zu erledigen. Auch eventuelles Meckern vonseiten der Familie verstummt in der Regel schnell, wenn man von sich aus, freiwillig einem Job nachgeht. Außerdem setzt eine bezahlte Tätigkeit eine gewisse Verlässlichkeit und Disziplin voraus und ist somit ein wertvoller Schritt in Richtung Erwachsenwerden.

5.2.3 Rechtliche Grundlagen

Nicht jeder bezahlte Schülerjob, egal ob in den Ferien oder während der Schulzeit, ist für Schüler jeden Alters geeignet und erlaubt. Neben der

Einhaltung der gesetzlichen Regelungen ist es besonders für minderjährige Schüler wichtig, vorab die Zustimmung ihrer Erziehungsberechtigten einzuholen.

Schüler unter 13 Jahren

Laut Jugendschutzgesetz zählen Schüler unter 13 Jahren als Kinder und dürfen deshalb auch keine bezahlten Tätigkeiten ausüben [2].

Schüler zwischen 13 und 15 Jahren

Ab dem 13. Lebensjahr dürfen Schüler mit der Zustimmung ihrer Eltern maximal 2 h am Tag allerdings nicht zwischen 18:00 Uhr abends und 8:00 Uhr morgens oder am Wochenende, leichte, altersgerechte Arbeiten verrichten. Beispiele hierfür wären Zeitungen austragen, Einkäufe erledigen, Babysitten oder Nachhilfe geben [2].

Schüler zwischen 15 und 17 Jahren

Ab dem 15. Lebensjahr spricht man gesetzlich nicht mehr von Kindern, sondern von Jugendlichen. Diese dürfen in den Ferien bis zu 8 h pro Tag und 40 h pro Woche arbeiten. Wochenendarbeit und Tätigkeiten zwischen 20:00 Uhr abends und 6:00 Uhr morgens sind dabei nicht erlaubt. Eine Ausnahme stellt der Gastronomiebereich dar. Hier ist es zulässig, auch unter der Woche bis 22:00 beziehungsweise 23:00 Uhr und am Wochenende zu arbeiten, solange zwei Wochenenden im Monat arbeitsfrei bleiben. Die Arbeit in der Gastronomie, sowie alle anderen Jobs, die Kontakt mit Lebensmitteln erfordern, setzen ein Gesundheitszeugnis des Schülers voraus, welches das Gesundheitsamt der jeweiligen Stadt ausstellt. Ähnlich wie beim Schülerpraktikum gilt es auch hier, die Vorgaben des Jugendschutzgesetzes zu beachten, dass die Jugendlichen vor Gefahren schützen soll. Sämtliche Verrichtungen an gefährlichen Maschinen sowie unter extremen Temperaturen, Nässe, Lärm etc. sind verboten. Dies gilt auch für Akkordarbeit und den Umgang mit potenziell gesundheitsgefährdenden Substanzen. Zudem wird zwischen den einzelnen Schichten eine Erholungszeit von 12 h vorgeschrieben [2].

Schüler ab 18 Jahren
Volljährige Schüler ab 18 Jahren fallen nicht mehr unter die Bestimmungen des Jugendarbeitsschutzgesetzes [2].

> „Auf jeden Fall sollte jede Schülerin und jeder Schüler nur mit einem Vertrag in der Hand einen Ferienjob beginnen. Der muss vorher abgeschlossen werden und ganz klar Aufgaben, Arbeitszeiten und den Lohn regeln" [2].

Wer als Schüler nicht mehr als 50 Tage im Kalenderjahr oder zwei Monate am Stück arbeitet, übt gemäß dem Gesetz eine *„geringfügige Beschäftigung"* aus und muss unabhängig von seinen Einkünften keinen Sozialversicherungsbeitrag abführen. Die Versicherung erfolgt bei einem Ferien- oder Nebenjob durch den Arbeitgeber. Dabei sollte die Bezahlung dem Alter und der Tätigkeit des Schülers entsprechen und diesen nicht ausbeuten. Schüler unter 18 Jahren haben noch keinen Anspruch auf einen Mindestlohn. Dies ist durchaus beabsichtigt, da man vermeiden möchte, dass Schüler lieber jobben als eine (eventuell schlechter bezahlte) Ausbildung zu beginnen. Sind Schüler mindestens 18 Jahre alt, haben sie Anspruch auf den Mindestlohn. Steuern müssen nur bezahlt werden, wenn der Lohn über dem monatlichen Lohnsteuerfreibetrag liegt. In diesem Fall empfiehlt es sich, eine Steuererklärung zu machen, um eventuell zu viel bezahlte Steuern nachträglich zurückerstattet zu bekommen [2].

5.2.4 Bewerbungsprozess

Stellensuche

Da die Tätigkeiten für einen Schülerjob sehr stark variieren können, gibt es auch große Unterschiede in der Art und Weise, eine entsprechende Stelle zu finden.

Schülerjobs im privaten Umfeld
Nebenjobs oder Ferienjobs im privaten Umfeld lassen sich auch am besten in ebendiesem finden. Wenn du als Schüler Gartenarbeit, Babysitten oder eine andere, vergleichbare haushaltsnahe Tätigkeit anbieten

möchtest, tust du gut daran, dich aktiv in deinem Umfeld umzuhören. Auch das Aushängen eines Zettels im örtlichen Supermarkt, kann zielführend sein. Wenn du gut in einem bestimmten Fach bist und Spaß am Erklären hast, kannst du auch in der Schule einen Zettel ans Schwarze Brett hängen und Nachhilfe anbieten. Auch ist es möglich im Internet nach einem Job in der Nähe zu suchen. Erfahrungsgemäß kann es dabei hilfreich sein, über etwas mehr Mobilität zu verfügen, beispielsweise in Form eines Rollers.

Beispiel

Hallo,
ich bin 15 Jahre alt, besuche die 9. Klasse der Realschule und biete Unterstützung bei der Gartenarbeit, Tierbetreuung, Babysitten oder Ähnlichem. Ich bin sehr zuverlässig, hilfsbereit und verantwortungsbewusst.
  Bei Interesse bitte melden
  Hans Meier.
  01111 11111

In der Regel sind deine Chancen auf einen Schülerjob besonders gut, wenn dich die Leute bereits kennen oder du gute Bewertungen bzw. Empfehlungen mitbringst. In vielen Fällen kann es helfen, wenn du im Verwandten- und Bekanntenkreis kommunizierst, welche Tätigkeiten du anbietest. Nicht selten kennt jemand jemanden, der genau danach sucht. Wo wir wieder beim Vitamin B wären. Aller Anfang ist schwer heißt es und tatsächlich solltest du dich nicht entmutigen lassen, wenn du zunächst eine Weile suchen musst. Mit der Zeit kann es sich dann durchaus verselbstständigen. Dann wirst du womöglich sogar proaktiv angesprochen. Das ist mir beim Nachhilfegeben öfters passiert.

Ferienarbeit und Nebenjobs in Betrieben

Wenn du in einem Betrieb, Laden oder einem Unternehmen arbeiten möchtest, um dein Taschengeld aufzubessern, kannst du das grundsätzlich sowohl im Rahmen eines Ferien- als auch Nebenjobs tun. Die Kunst liegt darin, eine solche Stelle zu finden. Besonders hilfreich kann auch hier wieder das Netzwerk aus Verwandten und Bekannten sein. Viele dieser Stellen werden direkt im Laden oder Geschäft mit einem

Aushang angekündigt, welchen du selbst vielleicht gar nicht gesehen hast, aber vielleicht die liebe Oma beim Einkaufen. Andere Stellen werden durch mündliche Empfehlungen besetzt oder beispielsweise in der lokalen Zeitung inseriert. Auch hier kann es sich anbieten, einfach direkt in einem Unternehmen vor Ort oder telefonisch nachzufragen, ob jemand gebraucht wird.

Übrigens: Wenn du in den nächsten Sommerferien gerne einen Ferienjob in einem Betrieb machen möchtest, solltest du auf jeden Fall bereits einige Monate zuvor anfangen, dich entsprechend umzusehen.

Bewerbungsunterlagen

Bei der Bewerbung für eine bezahlte Schülertätigkeit in einem Privathaushalt wäre es sehr unüblich eine Bewerbungsmappe abzugeben. *„Liebe Frau Nachbarin, Sie suchen jemanden, der jede Woche Ihren Rasen mäht? Hier sind meine Bewerbungsunterlagen."* Das wäre tatsächlich albern. Nach meiner Erfahrung wird bei diesen Bewerbungen maximal ein Lebenslauf verlangt und auch das ist eher selten. Weitaus verbreiteter ist es, für eine begrenzte Zeit auf Probe zu arbeiten, um die Eignung direkt vor Ort festzustellen. Wenn du beispielsweise Nachhilfe geben möchtest, kann eine Probestunde dabei helfen festzustellen, ob man kompatibel ist und auch, ob der Schüler mit der Art des Lehrers zurechtkommt, Dinge und Sachverhalte zu erklären. Das ist gar nicht immer so selbstverständlich. Wenn du dich dagegen in einem Unternehmen für einen Nebenjob oder Ferienarbeit bewirbst, kann durchaus ein Lebenslauf und Anschreiben erwartet werden. Um auf Nummer sicher zu gehen, beziehungsweise wenn es von Seiten der Firma verlangt wird, solltest du eine vollständige Bewerbungsmappe erstellen und vorlegen.

Lebenslauf

Der Lebenslauf für die Bewerbung um einen Ferien- oder Nebenjob (siehe Abb. 5.3) unterscheidet sich in der Regel nicht groß von dem für ein Schülerpraktikum. Möglicherweise ist jetzt allerdings das bereits absolvierte Praktikum enthalten. Im Laufe dieses Ratgebers wächst der

Lebenslauf
Klaus Blum

Persönliche Daten

Anschrift:	Musterweg 1, 12345 Musterstadt
Telefon:	0111/ 11111
E-Mail:	Klaus.Blum@musteremail.de
Geburtsdatum:	09.03.1998
Geburtsort:	Musterstadt

Schulbildung

09/04 - 07/08	Grundschule Musterstadt
09/08 - heute	Friedrich Schiller Realschule, Musterstadt
	Technischer Zweig
Angestrebter Abschluss:	Mittlere Reife im Juni 2014
Lieblingsfächer:	Physik (sehr gut), Mathematik (gut)

Berufserfahrung

10/12	Einwöchiges Schülerpraktikum bei der
	123 GmbH, Musterstadt
Tätigkeiten:	Unterstützung im Büro der Angebotsabteilung

Zusatzqualifikationen

Computerkenntnisse:	Maschinenschreiben, MS Office
Sprachkenntnisse:	Deutsch (Muttersprache), Englisch (fließend)

Sonstige Aktivitäten

01/10 - heute	Ehrenamtliche Mitarbeit in der Bücherei, Musterstadt
03/08 - heute	Sportverein Musterstadt, Fußball, aktiver Mittelfeldspieler
01/11 - heute	Aktives Mitglied der Freiwilligen Feuerwehr Musterstadt
	regelmäßige Übungen, Unterstützung bei Festen

Lesen, Skifahren, Radsport, Gitarre spielen

Musterstadt, 01.01.2013

Klaus Blum

Abb. 5.3   Beispiellebenslauf Ferienjob

Beispiellebenslauf, wie auch im richtigen Leben, mit jeder weiteren erfolgreichen Bewerbung und anschließenden Arbeitserfahrung organisch an.

Anschreiben Ferienjob

Es ist, wie gesagt, eher unwahrscheinlich, dass du bei der Bewerbung für einen Nebenjob ein Anschreiben vorlegen musst, besonders dann nicht, wenn es sich um eine Tätigkeit in einem Privathaushalt handelt. Selbst bei einem mehrwöchigen Ferienjob in einem Unternehmen wird selten ein Anschreiben verlangt. Trotzdem zeigt dir Abb. 5.4, wie ein solches aussehen könnte, damit du für alle Eventualitäten gerüstet bist.

Es ist kein Geheimnis, dass die Hauptmotivation eines Schülers für einen Ferienjob der finanzielle Aspekt ist. Das ist auch in Ordnung. Trotzdem wäre es schön, wenn du in deinem Anschreiben zeigen könntest, dass dich die Tätigkeiten und die Stelle auch tatsächlich interessieren, auch wenn im Zweifel deine Eignung wichtiger ist als deine Motivation. Versetze dich hierzu am besten einmal in die Lage des Unternehmens: Gesucht wird jemand, der ohne viel Einarbeitung in der Lage ist, kleinere Arbeiten gewissenhaft und sorgfältig zu erledigen. Auch wenn der Schüler nur für wenige Wochen im Betrieb sein wird, sollte er doch in der Lage sein sich in dieser Zeit gut in das Team zu integrieren. Ein möglichst reibungsfreier Ablauf ohne Probleme, wäre ideal. Je nach angestrebter Stelle kann es noch weitere Anforderungen geben. Oft werden zum Beispiel gute Computergrundkenntnisse verlangt.

Bewerbungsschritte

Beim Bewerbungsprozess für einen Schülerjob musst du zwischen Tätigkeiten im privaten und betrieblichen Umfeld unterscheiden.

Im privaten Umfeld wird in der Regel ein eher legeres Kennenlerngespräch geführt. Dein potenzieller Arbeitgeber möchte einen persönlichen Eindruck von dir gewinnen und etwas über deine Eignung und Motivation erfahren. Optional kann sich eine Probestunde anbieten, gerade bei Tätigkeiten wie Babysitten, Hunde spazieren führen oder Nachhilfe geben. Wenn du dagegen Zeitungen austragen oder für jemanden den Einkauf übernehmen möchtest, ist dies normalerweise nicht nötig. In den meisten Fällen ist der „Bewerbungsprozess" sehr informell und unkompliziert. Verlässlichkeit

Klaus Blum
Musterweg 1
12345 Musterstadt
01111/ 11111
Klaus.Blum@musteremail.de

Stahl AG
z.Hd. Herrn Hans Rot
Stahl Straße 1
12345 Musterstadt

Musterstadt, 01.01.2013

Bewerbung um eine vierwöchige Ferienarbeit

Sehr geehrter Herr Rot,

auf Ihrer Firmenwebseite habe ich mit Interesse gelesen, dass Sie mehrwöchige Schülerarbeit in den Ferien in Ihrer Fertigung anbieten. Die beschriebenen Tätigkeiten und Aufgabenbereiche entsprechen mir sehr und die Stelle hat mich sehr angesprochen, weshalb ich mich hiermit um eine vierwöchige Ferienarbeitsanstellung bei Ihnen bewerbe. Mein Name ist Klaus Blum, ich werde in 2 Monaten 15 Jahre alt und besuche derzeit die neunte Klasse der Friedrich Schiller Realschule in Musterstadt. Mein Fokus liegt dabei auf dem technischen Zweig und Physik und Mathe gehören zu meinen Lieblingsfächern. Da ich nach der Schule eine technische Ausbildung in Betracht ziehe, würde ich die Ferienarbeit nutzen, um Einblicke in das Industrieumfeld zu gewinnen und den betrieblichen Alltag kennenzulernen.

Seit meiner frühen Kindheit faszinieren und begeistern mich Mechanik und Technik. Seit ich denken kann, schraube und tüftle ich leidenschaftlich gerne mit meinem Opa in dessen Werkstatt. Bohren, Drehen und Schweißen habe ich bereits sehr früh gelernt. Mit zunehmendem Verständnis der theoretischen Hintergründe in der Schule, besonders in meinem Lieblingsfach Physik, wurde mir immer mehr klar, dass ich auch beruflich in diesem Bereich arbeiten möchte. Sorgfältiges, ordentliches Arbeiten liegt mir sehr und die Arbeit im Team macht mir große Freude. Auch in meiner Freizeit kann ich diese Tätigkeiten als aktiver Mittelfeldspieler und bei der Freiwilligen Feuerwehr regelmäßig unter Beweis stellen. Da mich die Arbeit in der Fabrik wirklich interessiert und ich zuverlässig und fleißig bin, wäre ich sicherlich eine gute Besetzung für einen Ferienjob.

Über die Einladung zu einem persönlichen Gespräch würde ich mich sehr freuen.

Mit freundlichen Grüßen

Klaus Blum

Klaus Blum

Abb. 5.4 Beispielanschreiben Ferienjob

und Vertrauen sind hier sehr viel wichtiger als ein formelles sachliches Gespräch. Achte deshalb stets darauf freundlich, zuverlässig, pünktlich und sorgfältig zu sein, dann hast du nichts zu befürchten. Im Grunde kann man den Ablauf bei dieser Bewerbung – und es ist der einzige in diesem Ratgeber, für den das zutrifft – nicht als richtigen Bewerbungsprozess sehen.

Für eine bezahlte Tätigkeit in einem Unternehmen sieht das in der Regel anders aus, aber auch hier ist der Bewerbungsprozesse für einen Schülerjob meist überschaubar. Im Normalfall haben Unternehmen durchaus ein Interesse daran, schnell jemand passenden zu finden und nehmen sich nicht die Zeit für umfangreiche Bewerbungsprozesse mit mehreren Kandidaten, um einen Schülerjob zu besetzen. Ich habe schon erlebt, dass nach dem Einsenden des Lebenslaufs entweder direkt eine Zusage versendet wird oder lediglich ein (relativ informelles) Kennenlerngespräch geführt wird, häufig sogar „nur" am Telefon.

5.2.5 Erfahrungen und Tipps

Ich hatte selbst im Laufe meiner Schulzeit einige Schülerjobs, sowohl im privaten als auch im betrieblichen Umfeld. Angefangen bei der Hundebetreuung, Babysitten, Nachhilfe geben, Prospekte austragen, aber auch leichter Büroarbeit und dem manuellen Zusammenbau von Stiften in der Fabrik. Die Bewerbungen hierfür gehörten zu den unkompliziertesten, die ich je durchlaufen habe. Für einen Job in einem Bekleidungsgeschäft musste ich zum Beispiel keine Bewerbungsunterlagen einreichen, hier haben ein paar Stunden Probearbeiten gereicht. Als ich einmal ein paar Tage bei der Inventur in einem Supermarkt geholfen habe, sah der Bewerbungsprozess so aus, dass nur die eigenen Daten abgegeben werden mussten: Name, Alter, Schule. Das war's. Bei meinem ersten Ferienjob in einem Büro habe ich lediglich meinen Lebenslauf eingereicht und ein Telefonat mit dem Chef geführt. Dabei ging es neben der Vorstellung und dem Kennenlernen auch bereits um die Abstimmung aller Details rund um den Starttermin, die Arbeitszeit, Dauer, Bezahlung etc.

Sehr wahrscheinlich wird es dir bei der Bewerbung um einen Ferien-
oder Nebenjob ähnlich ergehen. Solltest du dich jedoch unerwartet
doch mit einem umfangreicheren Prozess konfrontiert sehen, hilft dir
Kap. 4 mit allgemeinen Informationen zum Bewerbungsprozess bei der
Vorbereitung. So bist du für alle Eventualitäten bestens gerüstet.

Bei Jobs neben der Schule solltest du grundsätzlich darauf achten,
dass diese nicht mehr Zeit und Energie kosten als gedacht. Keinesfalls
sollte dich die Begeisterung, dein eigenes Geld zu verdienen, dazu verleiten die Schule zu vernachlässigen. Überleg mal, selbst wenn dir ein
Nebenjob momentan mehr Geld bringt, so ist eine gute Schulbildung
doch die Eintrittskarte zu einem Beruf, der dir langfristig wirklich viel
Geld bringen kann. Eine gute Alternative können deshalb Ferienjobs
sein. Besonders die Sommerferien eignen sich dazu sehr gut, da du
parallel keine schulischen Verpflichtungen hast und dich ganz auf den
Job konzentrieren kannst. Du solltest allerdings auch etwas Zeit zum
Entspannen einplanen und um die gewonnen Erfahrungen zu ver-
arbeiten. Schließlich sind Ferien auch zum Erholen da.

Literatur

1. Bartke E, Heiberger J (2019) Leitfaden Schülerpraktikum. Deutsche
   Industrie- und Handelskammer. https://www.dihk.de/de/themen-und-
   positionen/fachkraefte/schule-und-hochschule/schule/dihk-leitfaden-
   schuelerpraktikum-13602. Zugegriffen: 06. Juni 2022
2. Purrio L (2020) Ferienjobs für Schüler: Was ist erlaubt? Familie.de. https://
   www.familie.de/kind/ferienjobs-schueler-731612.html. Zugegriffen: 06. Juni
   2022

6

Bewerbung für ein Gap-Jahr – wertvolle Auszeit

Mut zur Lücke!

Zusammenfassung Wenn du erst einmal deinen Schulabschluss in der Tasche hast, stehen dir viele Wege offen. Je nach Art des Abschlusses kannst du beispielsweise einen zusätzlichen Schulabschluss erwerben oder direkt in eine Ausbildung oder ein (Duales) Studium starten. Alternativ kannst du aber auch für ein Jahr (oder kürzer) eine bewusste Auszeit, ein sogenanntes Gap-Jahr, einlegen. Ich habe das gemacht und war nach dem Abitur ein Jahr in den USA als Au-pair. Die Zeit dort gehört zu den wertvollsten Erfahrungen, die ich je machen durfte und ich kann es jedem nur empfehlen. Aus diesem Grund stellt dieses Kapitel verschiedene Möglichkeiten vor, ein solches Gap-Jahr zu verbringen und enthält wertvolle Informationen, Erfahrungsberichte und Tipps rund um den jeweiligen Bewerbungsprozess.

© Springer Fachmedien Wiesbaden GmbH, ein Teil von Springer Nature 2023
T. Schrammel, *Die ersten Bewerbungen für Schüler und Studierende*,
https://doi.org/10.1007/978-3-658-37932-2_6

6.1   Definition

Ein Gap Year (aus dem englischen: „*gap*"=Abstand, Lücke, Zwischen-
raum und „*year*"=Jahr), auch Gap-Jahr, Brücken- oder Lückenjahr
genannt, beschreibt eine zuvor festgelegte Zeit zwischen zwei Lebens-
abschnitten, um – häufig im Ausland – eine bewusste Pause zu nehmen.
Oftmals wird diese Auszeit nach der Schule, vor Beginn einer Ausbildung oder eines Studiums eingelegt, manchmal aber auch nach
Studien- oder Ausbildungsende.Bei einem Gap-Jahr muss es sich nicht
unbedingt um ein ganzes Jahr handeln. Es gibt durchaus Möglichkeiten, einen deutlich kürzeren oder längeren Zeitraum anzustreben.
Am geläufigsten sind 6 bis 18 Monate. Einige Optionen, wie etwa ein
Work and Travel- oder Au-pair-Jahr, sind erst ab 18 Jahren möglich
und damit besonders für Absolventen des Gymnasiums oder der Fach-
oberschule eine spannende Option. Wer jünger ist und trotzdem ein
Gap-Jahr machen möchte, kann beispielsweise ein Freiwilliges Soziales
Jahr (FSJ) absolvieren. Mittlerweile ist es auch möglich ein solches
Auszeitjahr während der Arbeitszeit zu absolvieren. Dieses wird auch
„*Sabbatical*" genannt.

   Es gibt verschiedene Möglichkeiten, ein Gap-Jahr zu verbringen. Ich
habe als Au-pair in den USA auf kleine Kinder aufgepasst. Ein guter
Freund war als Rucksacktourist insgesamt über zwei Jahre in Neuseeland und Australien unterwegs und hat dort zeitweise auf Farmen
gearbeitet, um Geld zum Reisen zu verdienen (Work and Travel).

6.2   Vorteile und Nutzen

Ein Gap-Jahr macht sich gut im Lebenslauf, zeugt es doch von
einer gewissen Reife, Selbstständigkeit und gegebenenfalls sozialen
Engagements. Wenn du die Zeit in einem anderen Land verbringst,
kannst du deinen zukünftigen Arbeitgeber auch durch deine Sprachkenntnisse, Weltoffenheit und Auslandsarbeitserfahrung beeindrucken.
Das kann deine Chancen bei der Bewerbung für einen Ausbildungs-

oder Dualen Studienplatz durchaus steigern. Je nachdem für welche Art Gap-Jahr du dich entscheidest und wo du es verbringst, kann es noch weitere Vorteile mit sich bringen:

Selbstfindung und Entwicklung – Erwachsen(er) werden
Der Zeitpunkt, eine persönliche Auszeit zu nehmen, wird in der Regel nie wieder so optimal sein wie in jungen Jahren, wenn du noch frei und ungebunden in deinen Entscheidungen bist. Gerade im Rahmen des pubertären Selbstfindungsprozesses, der Abnabelung von der Familie und persönlichen Entwicklung kann der Mehrwert eines Gap-Jahres ganz enorm sein. Besonders für einige Zeit ins Ausland zu gehen, ist ein großer Schritt und erfordert viel Vorbereitung, Eigenverantwortung und vor allem Mut. Dafür kann es die große Chance sein, zum ersten Mal wirklich eigenbestimmt, selbstständig und frei leben und arbeiten zu können. Niemand redet dir mehr rein oder sagt dir, was du zu tun und zu lassen hast. Du bekommst die Möglichkeit dich selbst und deine Fähigkeiten in einer ganz neuen Situation zu erleben, lernst viel Neues und triffst spannende Menschen. Das schafft Selbstvertrauen und kann sich sehr positiv auf deine persönliche Entfaltung auswirken.

Wenn ich an die Zeit direkt nach dem Schulabschluss zurückdenke, muss ich doch schmunzeln. Es war selbstverständlich, dass die Eltern sich um Dinge wie Wäsche und Essen kochen, gekümmert haben. Darüber hat man sich nicht viele Gedanken gemacht, immerhin hatte man genug mit sich und seinen eigenen Problemen zu tun. Dazu kam der Stress, die Schulabschlussprüfungen gut zu bestehen und der Druck, die richtigen beruflichen Entscheidungen zu treffen. Ich erinnere mich noch gut an die Erleichterung und Freude, die ich bereits im Flieger in die USA empfunden habe. Als Au-pair war ich dann von einem Tag auf den anderen für mehrere kleine Kinder verantwortlich. Kochen, Waschen, Windeln wechseln, den Tagesablauf der Kinder organisieren und dafür Sorge tragen, dass dieser auch eingehalten wird, war selbstverständlich. Die Verantwortung, Dankbarkeit und Freude der Kinder haben mich sehr bewegt und die neu gewonnene Freiheit auch durch das selbstverdiente Geld haben mich regelrecht aufblühen lassen. Nach den vielen Jahren auf der Schule, kann ein solcher Abstecher in die *„reale"* Welt richtig guttun, bevor es dann wieder ans Lernen geht, sei es im Studium oder in der Ausbildung.

Bessere Fremdsprachkenntnisse (bei einem Auslandsaufenthalt)

Wenn du dich dazu entschließt, ein Gap-Jahr im Ausland zu verbringen, kannst du während dieser Zeit deine Fähigkeiten im Umgang mit der Landessprache enorm verbessern. Es ist ein unglaublicher Unterschied, ob man in der Schule für ein paar Stunden die Woche mit einer Sprache konfrontiert wird und daheim Vokabeln und Grammatikregeln pauken muss, oder in einem Land lebt, in dem man rund um die Uhr von dieser Sprache umgeben ist. Gut möglich, dass dein direktes Umfeld kein Deutsch spricht. Dann bleibt dir nichts anderes übrig, als dich mit der Landessprache zu befassen, um im Alltag zurecht zu kommen und dich verständigen zu können. Mit der Zeit wird die *„fremde"* Sprache ganz selbstverständlich und irgendwann wirst du auch in dieser denken und träumen. Meiner Meinung nach gibt es keine bessere Möglichkeit, eine Sprache zu erlernen, als diese zu leben. Nordamerika, Großbritannien, Australien, Neuseeland und Kanada sind aufgrund der dort gesprochenen englischen Sprache sehr beliebte Zielländer für ein Gap-Jahr. Grundsätzlich sind aber auch Länder wie beispielsweise China oder Indien möglich. Auch ein spanisch- oder französischsprachiges Land bietet sich an. Grundkenntnisse in der entsprechenden Sprache werden meist vorausgesetzt und machen den Anfang ungemein leichter. Ich persönlich habe mich für die USA entschieden, aufgrund der Sprache, aber auch, weil mich das Lebensgefühl und die Landschaft faszinieren. Reisen sollte bei einem Auslandsaufenthalt, wenn möglich, auch eingeplant werden. Wann hat man schon die Möglichkeit, für wenig Geld mal eben ein Wochenende zu den Niagarafällen zu fahren? Um nur ein Beispiel zu nennen.

Interkulturelle Arbeitserfahrung (bei einem Auslandsaufenthalt)

Über den eigenen Tellerrand hinauszublicken und hautnah andere Kulturen zu erleben, ist für mich persönlich einer der wertvollsten und schönsten Aspekte, die das Leben zu bieten hat. Jedes Land ist anders und die Möglichkeit, dort nicht nur ein paar Wochen Urlaub zu machen, sondern wirklich zu leben und zu arbeiten, ist ein wundervolles Geschenk. Eine fremde Kultur kann völlig neue, andersartige Werte und Lebensentwürfe aufzeigen und dadurch geradezu inspirieren, das eigene Leben aus einem anderen Blickwinkel zu betrachten. Oft merkt man auch erst angesichts einer fremden Kultur, wie sehr man doch von den Traditionen und Denkmustern, die einen in der Heimat von klein auf umgeben haben, geprägt ist. Während eines Gap-Jahres kannst du völlig neue, andersartige Erfahrungen sammeln und so auf wunderbare Weise deinen eigenen Horizont erweitern. Dafür muss es übrigens gar kein exotisches Land sein. Die interkulturelle Arbeitserfahrung wird von Arbeitgebern erfahrungsgemäß sehr positiv gesehen. Gerade wenn du dich später bei einem international agierenden Unternehmen bewirbst, kann es dir Pluspunkte bringen, bereits Auslandsarbeitserfahrung mitzubringen. Ich habe sogar einmal in einer Abteilung gearbeitet, die ganz klar interkulturelle Arbeitserfahrung als verpflichtende Voraussetzung an alle seine Bewerber gestellt hat.

Berufsorientierung und Plan B

Ein Gap-Jahr kann auch zu einer guten Alternative oder einem Notfallplan werden, für alle, die bei der Berufsorientierung noch unentschlossen sind oder schlichtweg keinen Ausbildungs- beziehungsweise Studienplatz im gewünschten Bereich bekommen haben. Durch ein Gap-Jahr erhältst du Abstand und einen zeitlichen Aufschub, um in einem anderen Umfeld nochmal in Ruhe über deine (berufliche) Zukunft nachzudenken. Wenn du die Zeit in einer für deine Ausbildung relevanten Branche verbringst, erhöhst du dadurch sogar deine Chancen auf einen entsprechenden Ausbildungsplatz. Das während eines Gap-Jahrs gelernte Wissen und die gesammelten Erfahrungen können dir sowohl bei einer anschließenden Ausbildung als auch einem Studium helfen.

6.3   Verschiedene Möglichkeiten

Aufgrund der Vielzahl an möglichen Gap-Jahr Optionen sollte für jeden, unabhängig von Alter, Budget, Wünschen und persönlichen Interessen, das richtige dabei sein. Nachfolgend einige besonders beliebte und verbreitete Programme. Es besteht allerdings kein Anspruch auf Vollständigkeit, dafür ist die Auswahl einfach zu groß.

6.3.1 Au-pair

Da ich selbst nach der Schule ein Jahr in den USA als Au-pair gearbeitet habe, möchte ich an dieser Stelle meine Erfahrungen dazu teilen, sowie Hilfe beim Bewerbungsprozess geben.

Definition

„*„Au-pair"* kommt vom französischen Wort für *„gleichberechtigt"* (*„on pair"*). Au-pairs und Gastfamilien genießen also gleichermaßen Rechte und Pflichten. Da Au-pairs aus einem anderen Land kommen, haben sowohl Gastfamilien als auch Au-pairs ein großes Interesse daran, die Gebräuche und Kultur des anderen kennenzulernen. Jedes Au-pair muss Erfahrungen mit Kindern vorweisen, wobei eine offizielle Ausbildung nicht notwendig ist." [1]

Ein Au-pair ist ein bezahlter (meist weiblicher) Babysitter, der im Ausland bei der Gastfamilie wohnt und deren Kinder betreut. In der Regel bekommt man ein kostenloses Zimmer, Essen, ein wöchentliches Taschengeld und wird (im Idealfall) herzlich als Familienmitglied aufgenommen. Die wöchentlichen Arbeitszeiten werden gemeinsam festgelegt und es bleibt einem als Au-pair in der Regel genug Freizeit, um an einer Universität Kurse zu belegen sowie Land und Kultur kennenzulernen. Die Aufgaben eines Au-pairs sind neben der Kinderbetreuung an sich auch haushaltsnahe Tätigkeiten rund um die Kinder. Dazu gehören auch: Wäsche waschen, Lebensmittel einkaufen, kochen, Pausenessen vorbereiten, Kinderzimmer (idealerweise mit den Kindern) aufräumen, bei den Hausaufgaben helfen und je nach Alter der Kinder Windeln wechseln. Die Aufgaben beschränken sich bei den haushalts- nahen Tätigkeiten auf alles, was die Kinder betrifft. Man muss also bei- spielsweise nicht die Wäsche der Eltern waschen, den Garten pflegen oder putzen. Eine Gastfamilie, die sich für ein ausländisches Au-pair entscheidet, ist in der Regel auch an dessen Kultur interessiert. In den USA zum Beispiel sind Au-pairs sehr verbreitet und besonders deutsche Au-pairs ausgesprochen beliebt. Sie gelten als besonders zuverlässig und ordentlich und sprechen anscheinend (im internationalen Vergleich) sehr gut Englisch.

Als Au-pair wirst du ein richtiges Familienmitglied in deiner Gast- familie, das Tag und Nacht im selben Haushalt verbringt und auch außerhalb der Arbeitszeiten sehr viel Kontakt zu dieser hat. Wenn du dich dafür interessierst im Ausland als Au-pair zu arbeiten, hast du verschiedene Möglichkeiten eine passende zu finden. So kannst du sie beispielsweise selbst suchen, oder dich von einer speziellen Au-pair- Agentur dabei unterstützen lassen. Wenn du ohne eine Agentur ins Ausland gehst, musst du dich je nach Bestimmungen deines Wunsch- landes selbst um dein Visum (falls erforderlich), Flug, Versicherung und womöglich weitere Bestimmungen kümmern. Wendest du dich dagegen an eine entsprechende Agentur, kannst du von deren Erfahrungsschatz profitieren und bekommst Unterstützung. Häufig haben sich Au- pair-Agenturen auf bestimmte Länder spezialisiert, dessen gesetzliche Bestimmungen sie sehr gut kennen. Eine gute Au-pair-Agentur ver- mittelt dir nicht nur eine passende Gastfamilie, sie steht dir auch bei der Vorbereitung mit Rat und Tat zu Seite und betreut dich während deines Auslandsaufenthalts. Einige bieten sogar regelmäßige Treffen vor Ort an, bei denen du auf andere Au-pairs in deiner Umgebung triffst. Zudem steht dir die Agentur jederzeit hilfreich zur Seite, falls du Unterstützung und Hilfe benötigst. Dieser Service hat jedoch seinen Preis. So fallen je nach Agentur einmalige Programmgebühren an. Bei mir waren es alles in allem circa 1.500 EUR, welche die Kosten für die Programmteilnahme (Vermittlung, Betreuung, und eine Woche Kinderbetreuungstraining in New York), Flugkostenbeteiligung und ein Komplettversicherungspaket deckten, inklusive Kaution, die es allerdings nach erfolgreicher Beendigung des Jahres zurückgab. Hinzu kamen Kosten für Visum, Gesundheitszeugnis, Reisepass, internationalen Führerschein, polizeiliches Führungszeugnis, Reisekoffer etc. Bei manchen Au-pair-Agenturen bekommst du einen Rabatt auf die Programmkosten, wenn du bereits Erfahrung als Au-pair mitbringst oder eine Ausbildung in einem relevanten Bereich abgeschlossen hast, beispielsweise als Kinderpflegerin, Kinderkrankenschwester oder Ähnlichem.

Rechtliche Grundlagen

Unabhängig davon, ob du dich für eine Au-pair-Agentur entscheidest oder nicht, musst du die gesetzlichen Bestimmungen und gegebenenfalls Visaregelungen des entsprechenden Landes befolgen. Die rechtlichen Voraussetzungen für eine Au-pair-Tätigkeit gehen je nach Wunschland stark auseinander. In der Regel musst du jedoch mindestens 18 Jahre alt sein. Die Mindestdauer des Aufenthalts beträgt häufig sechs Monate, kann jedoch beispielsweise bei einem Sommer-Au-pair während der Sommerferien auch nur zwei bis drei Monate andauern. Im Allgemeinen werden mindestens Grundkenntnisse der jeweiligen Landessprache vorausgesetzt sowie ein Führerschein.

Für meinen Au-pair-Aufenthalt habe ich mich für die Organisation „Cultural Care Au Pair" entschieden. Diese kann ich dir guten Gewissens empfehlen, wenn du dir vorstellen könntest als Au-pair in die USA zu gehen. Es werden nur Gastfamilien in diesem Land vermittelt. Damit du ein Gefühl für die rechtlichen Grundlagen bekommst, nachfolgend exemplarisch die Anforderungsliste, welche Cultural Care, basierend auf den geltenden Visaregelungen, an zukünftige Au-pairs stellt:

* Alter zwischen 18 und 26 Jahre.
* Mindestens 200 h Erfahrung in der Kinderbetreuung.
* Ein Schulabschluss.
* Autoführerschein.
* Einwandfreies polizeiliches Führungszeugnis.

* Guter, ärztlich bescheinigter Gesundheitszustand.
* Mindestaufenthalt 12 Monate (optionale Verlängerung um 3, 6, 9 oder 12 Monate möglich) [2].

Au-pairs sollten zudem unverheiratet sein und keine eigenen Kinder haben [2].

Bewerbungsprozess

Richtige Stelle finden

Wenn du dich um deinen Au-pair-Aufenthalt selbst kümmerst und keine Agentur beauftragst, musst du dir eigenständig eine Gastfamilie suchen, diese kontaktieren und dich bei dieser bewerben. Dabei kann das Internet sehr hilfreich sein. Womöglich findest du auch eine gute Gastfamilie durch die Empfehlung eines anderen Au-pairs, welches bereits bei dieser gelebt und gearbeitet hat. Entscheidest du dich jedoch für eine Au-pair-Agentur, übernimmt diese den Vermittlungsprozess für dich. Das heißt sie sucht dir eine geeignete Gastfamilie (= dein Arbeitgeber) und stellt den Kontakt her. Der Bewerbungsprozess ist umfangreicher und standardisierter mit einer Agentur. Aus diesem Grund steht dieser nachfolgend im Fokus.

Bewerbungsunterlagen erstellen

Die Bewerbungsunterlagen für deinen Au-pair-Aufenthalt musst du entsprechend der Vorgaben deiner Agentur erstellen. Es wird empfohlen damit mindestens drei Monate vor geplantem Ausreisedatum zu beginnen. Wenn du als Au-pair im Ausland arbeiten möchtest, musst du auch deine Bewerbung in der jeweiligen Landessprache oder zumindest auf Englisch verfassen können. Bei der Übersetzung können dir Internetübersetzungsprogramme, das Wörterbuch und ein netter Englischlehrer, der abschließend alles noch mal Korrektur liest, sehr helfen.

Eine Au-pair-Tätigkeit ist keine „normale" Arbeit in dem Sinne, dass du deine Stunden arbeitest und das war's. Eine Gastfamilie ist sehr viel mehr als nur ein Arbeitgeber. Da du bei dieser lebst und quasi Teil der Familie wirst, ist es ausgesprochen wichtig, dass es menschlich passt. Aus diesem Grund ist auch die Bewerbung sehr viel persönlicher als es sonst der Fall wäre. Es geht dabei in erster Linie darum, dich und deine Persönlichkeit kennenzulernen. Bei der Bewerbung wird deshalb neben den allgemeinen Daten (Name, Geburtsdatum und Ort etc.) auch großer Wert auf deine Hobbys und sonstigen Aktivitäten gelegt, sowie natürlich auf deine Erfahrungen im Umgang und der Betreuung von Kindern. Diese musst du detailliert beschreiben: Wie viele Stunden hast du mit wie vielen Kindern in welchem Alter verbracht? Das kann auch Babysitten innerhalb der eigenen Familie beinhalten. So gesehen hat mir mein kleiner Bruder bei der Bewerbung zum Au-pair geholfen. Es gibt aber auch andere Möglichkeiten an die geforderte Erfahrung in der Kinderbetreuung zu kommen, beispielsweise durch ein Praktikum im Kindergarten, Nachhilfestunden, Engagement in der Jugendbetreuung oder einem Verein etc. Diese Angaben musst du mit entsprechenden Referenzen, Bestätigungen und Empfehlungen deiner früheren „Arbeitgeber" belegen. Dies können die Erziehungsberechtigten der Kinder sein, auf die du aufgepasst hast, aber auch beispielsweise deine Eltern, wenn du Babysitter deiner Geschwister warst. Fotos spielen bei der Bewerbung als Au-pair ebenfalls eine gravierende Rolle. Idealerweise erstellst du hierzu gleich eine Fotokollage oder ein kleines Fotoalbum mit Bildern von dir. Besonders wichtig sind natürlich die Fotos, die dich im Spiel und der Interaktion mit Kindern zeigen, sei es beim Babysitten, beim Praktikum im Kindergarten, auf dem Fußballplatz beim Kinderfußballtraining oder Ähnlichem. An dieser Stelle brauchst du auch keine professionellen Fotos, es reicht vollkommen, wenn sie mit dem Handy aufgenommen wurden. Ein weiterer wichtiger Bestandteil der Bewerbung zum Au-pair ist ein persönlicher Brief an deine künftige Gastfamilie. Ähnlich wie bei einem klassischen Bewerbungsanschreiben solltest du darin deine Motivation für Kinder und die Au-pair-Arbeit zum Ausdruck bringen und aufzeigen, warum sich eine Gastfamilie für dich entscheiden sollte. Wichtiger als ein professioneller Eindruck ist bei diesem Anschreiben die Sympathie. Du kannst an dieser Stelle also ruhig ganz offen von dir berichten und dabei persönlicher werden, als du es normalerweise in einem Anschreiben tun würdest.

Bewerbungsschritte

Erst wenn die Agentur deine vollständigen Unterlagen hat, wird sie mit der Suche nach einer passenden Gastfamilie beginnen. Du bekommst vorab keine Garantie, dass diese Suche erfolgreich sein wird. Allerdings sind deine Vermittlungschancen umso höher, je besser deine Bewerbungsunterlagen sind und je mehr Kinderbetreuungserfahrung du vorweisen kannst.

In der Regel bekommen Gastfamilien die Unterlagen gleich mehrerer Bewerber von der Agentur vorgelegt. Diese können sie sich dann anschauen und interessante Kandidaten kontaktieren. Als Bewerber wird man darüber informiert, welche Familie gerade die eigene Bewerbung sichtet und erhält ebenfalls Informationen über diese. Heute findet der Prozess online statt und Au-pairs sehen gleich mehrere Familien, aus denen sie ihrerseits auswählen können. Haben beide Parteien Interesse, wirst du von der Gastfamilie an der von dir angegeben Nummer angerufen. Das kann nun wirklich zu jeder Uhrzeit geschehen. Wenn man die Zeitverschiebung nach Amerika berücksichtigt, ist jedoch ein Anruf am Abend am wahrscheinlichsten. Ich werde nie vergessen, wie ich mit Freunden unterwegs zu einer Feier war und den Anruf aus Amerika bekam. Wir sind rechts rangefahren und meine Freunde haben im Auto gewartet, während ich mit dem Handy am Ohr nervös am Straßenrand auf und abgelaufen bin und mich der Familie vorgestellt habe. Es hat dann auch tatsächlich geklappt und man war sich gegenseitig sympathisch. Mit Sicherheit war es jedoch das überraschendste *„Bewerbungsgespräch"*, das ich je hatte. Auch wenn es eher ein sehr lockeres und freundliches Kennenlerngespräch war und nichts mit einem förmlichen Vorstellungsgespräch gemein hatte.

Erfahrungen und Tipps

Wenn du grundsätzlich mit dem Gedanken spielst, ein Jahr als Au-pair zu verbringen, kann ich dir sehr empfehlen, vorab eine kostenlose Informationsveranstaltung einer Au-pair-Agentur zu besuchen. Auf diese Weise erhältst du detaillierte Informationen über den Programmablauf und die Betreuung durch die Agentur. Auf der

Informationsveranstaltung, die ich damals besucht habe, hat zudem ein ehemaliges Au-pair von seinen Erfahrungen berichtet, Fotos gezeigt und Empfehlungen und Insidertipps gegeben. Diese Veranstaltungen sind in der Regel kostenlos und es kann sich durchaus anbieten, interessierte und womöglich besorgte Angehörige mitzunehmen. Auf diese Weise können sie selbst Fragen stellen und einfach ein „gutes Gefühl bei der Sache" bekommen.

Bei meiner Bewerbung zum Au-pair durfte man einen Wunsch äußern, etwa eine bestimmte Stadt oder ein gewisses Alter der Kinder. Erfahrungsgemäß ist man bei den größeren Kindern in erster Linie zur Koordination der Tagesabläufe zuständig sowie zum Kochen, Hausaufgabenhilfe und als Chauffeur. Mit jüngeren Kindern geht man dagegen in diverse Bastel- und Spielgruppen, verabredet sich zum Spielen – gerne auch mit anderen Au-pairs, deren Kinder im ähnlichen Alter sind. Es ist Geschmackssache, aber grundsätzlich würde ich sagen, bei Kindern unter einem Jahr ist die Au-pair-Erfahrung anders als bei älteren Kindern. Auch spielt die Anzahl der zu betreuenden Kinder eine große Rolle. Mir persönlich wären mehr als drei Kinder zu viel gewesen, aber das ist ebenfalls Geschmackssache.

Für mich war ein Gap-Jahr als Au-pair optimal. Der Umgang mit Kindern fällt mir relativ leicht und macht mir Spaß (womöglich ist es hilfreich, eine Mutter zu haben, die Erzieherin im Kindergarten ist). Auch die Entscheidung für eine Au-pair-Agentur war rückblickend genau das Richtige. Die Betreuung durch erfahrene und freundliche Experten von Anfang an hat mir ein beruhigendes Gefühl bei dem Vorhaben gegeben. Auch die Unterstützung während des Jahres durch die lokalen Ansprechpartner und die regelmäßig stattfindenden Treffen, bei denen man schnell andere Au-pairs kennenlernen und sich jederzeit Rat und Hilfe holen konnte, waren eine sehr große Stütze. Es ist ungemein einfach, Freundschaften zu schließen, wenn alle fern von zu Hause in der gleichen Situation sind, wie man selbst. Besonders wertvoll waren für mich die Bekanntschaften mit Au-pairs aus aller Welt. So habe ich nicht nur die amerikanische Kultur kennengelernt, sondern beispielsweise auch viel über die indische, russische, schwedische und brasilianische Lebensweise erfahren. Wenn man möchte, kann man seine Freizeit aber auch ganz gezielt hauptsächlich mit anderen deutschen Au-pairs verbringen, da diese gefühlt in der Überzahl sind. Ich persönlich fand die kulturelle Vielfalt jedoch sehr viel spannender.

Ein weiterer Grund für mich als Au-pair zu arbeiten, waren die überschaubaren Kosten und das regelmäßige Gehalt, dass man erhielt. Auf diese Weise konnte ich mein Gap-Jahr komplett alleine und gänzlich ohne Hilfe von Seiten meiner Eltern finanzieren.

Während meiner Au-pair-Zeit war es in den USA fest vorgeschrieben, dass Au-pairs von ihren Gastfamilien ein gewisses Budget zur Verfügung gestellt bekommen, um Kurse an der Universität oder dem College zu besuchen. Ich habe mich damals für englische Schreib- und Präsentationskurse entschieden, zum einen, um mein Englisch zu verbessern, zum anderen fand ich die doppelte Herausforderung spannend, nicht nur zu üben, vor einer Gruppe einen Vortrag zu halten, sondern dass auch noch auf Englisch zu tun. Diese Erfahrungen haben mir für die spätere berufliche Laufbahn viel gebracht und ich kann es wirklich nur jedem empfehlen.

Empfehlungen für Zusatzinformationen zum Au-pair-Jahr

- https://www.culturalcare.de („*Meine*" Au-pair-Agentur, mit der ich ein Jahr in den USA war)
- https://www.multikultur.info (Erfahrungsberichte ehemaliger Au-pairs und Informationen zu Au-pair-Aufenthalten in USA, Australien, Neuseeland und Europa)

6.3.2 Work and Travel

In diesem Abschnitt möchte ich neben allgemeinen Informationen zum Work and Travel auch persönliche Erfahrungen teilen. Da ich jedoch selbst nie einen solchen Aufenthalt gemacht habe, greife ich an dieser Stelle auf meinen guten Freund Philippe zurück. Er war so freundlich und hat ganz offen seine Erfahrungen und Erlebnisse aus über zwei Jahren erfolgreichen Work and Travel Aufenthalten in Neuseeland und Australien geteilt. Ich freue mich sehr, sein Wissen an dieser Stelle mit dir teilen zu können. Vielen Dank, Philippe!

Definition

Work and Travel (englisch: *„Arbeiten und Reisen"*) beschreibt einen Aufenthalt im Ausland von einigen Monaten bis zu mehreren Jahren, bei dem sich bezahlte Gelegenheitsjobs und (damit finanziertes) Reisen, flexibel abwechseln. Da diejenigen, die sich für Work and Travel entschieden haben, in den meisten Fällen ihr ganzes Gepäck mit sich im Rucksack (englisch: *„backpack"*) herumtragen, werden sie auch *„Backpacker"* genannt. Es ist beim Work and Travel üblich, innerhalb eines Landes von Ort zu Ort zu reisen und dabei verschiedene Jobs anzunehmen, um die Reisekasse aufzubessern.

Wer erfolgreich ein entsprechendes Arbeitsvisum ergattert hat und offiziell Geld im angestrebten Land verdienen darf, dem bietet sich eine große Bandbreite an potenziellen Tätigkeiten. Wenn du beispielsweise bereits über eine abgeschlossene Berufsausbildung verfügst, kannst du davon profitieren. Aber auch ohne offizielle Qualifikationen gibt es zahlreiche spannende und abwechslungsreiche Möglichkeiten beim Work and Travel Geld zu verdienen. Hier einige Beispiele:

Fruitpicking: (englisch *„Früchte pflücken/sammeln"*) Erntehelfer im Obst- oder Gemüseanbau ist in der entsprechenden Jahreszeit ein relativ gut bezahlter, aber körperlich anstrengender Job, der besonders für kürzere Zeiträume, wie etwa ein paar Wochen, ideal ist. Es werden hierfür meist keine Vorkenntnisse verlangt [3].

WWOOFing: (*„Worldwide Opportunities on Organic Farms"*) WWOOFing beschreibt die Möglichkeit, als Farmarbeiter auf einer ökologisch ausgerichteten Farm für einige Stunden am Tag gegen freie Unterkunft und Verpflegung zu arbeiten. Dies ist besonders in ländlichen Gegenden verbreitet und ideal für Leute, die Geld sparen und genügend Zeit haben möchten, neben der Arbeit noch etwas vom Land zu sehen. Auch hier werden in der Regel keine besonderen Kenntnisse oder Qualifikationen vorausgesetzt [3].

Farm-/Ranchjobs: Farmarbeit auf Viehfarmen ist auch für einen etwas längeren Zeitraum, beispielsweise über mehrere Monate hinweg möglich. Häufig werden hierfür bereits Vorkenntnisse in der Landwirtschaft vorausgesetzt, beispielsweise aus dem WWOOFing. Bei der

Arbeit auf der Farm handelt es sich um einen Ganztagsjob, der durchaus härtere, körperliche Arbeit beinhalten kann [3].

Hotelarbeit: Zimmermädchen, Aushilfe an der Rezeption oder in der Küche eines Hotels oder einer Herberge (Hostel) sind gute Möglichkeiten für Gelegenheitsjobs. Hierfür wird meist ein sicherer Umgang in der Landessprache vorausgesetzt [3].

Gastronomiearbeit: Wer idealerweise bereits Erfahrung im Gastronomiebereich mitbringt, kann als Kellner oder Barkeeper für einige Wochen in Hotels, Bars, Cafés oder Ferienunterkünften arbeiten. Dabei gilt es zu beachten, dass in manchen Ländern, wie beispielsweise Australien, spezielle Zertifikate verlangt werden, um in der Gastronomie arbeiten zu dürfen [3].

Es ist sehr zu empfehlen, dass du dich vor einem Work and Travel Aufenthalt bereits vorab online über die Eigenheiten deines Ziellandes informierst und entsprechend planst. Alternativ kannst du auch den gebührenpflichtigen Service einer Agentur in Anspruch nehmen und dich von dieser unter anderem beim Visaantrag und der Jobsuche unterstützen lassen.

„Agenturen wie TravelWorks oder Stepin bieten den Reisenden einen Rundumservice in Sachen Work and Travel: Sie beantragen das Working Holiday Visum und die Steuernummer, buchen Flüge, reservieren für die ersten Nächte ein Bett im Youth Hostel, helfen bei der Jobsuche und sind Ansprechpartner für jedes Problem. Obwohl viele diese Services der Agenturen schon nach den ersten paar Wochen im Ausland gar nicht mehr in Anspruch nehmen, schätzen die meisten das Gefühl, sich im Notfall an jemanden wenden zu können, der die eigene Sprache spricht und schnell und unbürokratisch hilft. Vorgeschrieben ist das Beauftragen von Agenturen jedoch nicht. Wer bereits Auslandserfahrung hat und die Landessprache beherrscht, kann seine Reise auch auf eigene Faust organisieren und dadurch Geld sparen." [4]

Vorteile und Nutzen

Beim Work and Travel kannst du selbst bestimmen in welchem Verhältnis der Arbeits- und Reiseanteil stehen sollen. Auch kannst du relativ spontan entscheiden, welche Orte du bereisen möchtest und welche Jobs du für wie lange ausüben möchtest. Immer vorausgesetzt natürlich, dass dir das Geld dabei nicht ausgeht. Grundsätzlich hast du beim Work and Travel die Möglichkeit, deine Reise durch Arbeiten selbst zu finanzieren. Dabei musst du jedoch bedenken, dass viele Länder in ihren Visabestimmungen finanzielle Rücklagen verlangen, um sicherzustellen, dass du auch wirklich für dich selbst sorgen kannst.

Indem du das Land auf eigene Faust durchreist, kannst du die Kultur und Landschaft auf einzigartige Weise kennenlernen. Besonders in sehr beliebten Work and Travel Ländern, wie Australien und Neuseeland sind Backpacker Teil des Lebensgefühls und dementsprechend überall zu finden. Dadurch ist es relativ einfach neue Bekanntschaften aus aller Welt zu knüpfen und ein viel unbekümmerteres Lebensgefühl kennenzulernen als zu Hause. Die Möglichkeit, immer anderen Jobs an immer anderen Orten nachzugehen, kann dir wertvolle Rückschlüsse und Erkenntnisse für deine Berufsorientierung geben. Besonders körperliche Arbeit in der Natur mit den eigenen Händen kann zudem ein wunderbarer Ausgleich zu Schule und Studium sein.

Wenn du als Backpacker unterwegs bist, bist du auf dich allein gestellt und musst dich entsprechend um alles selbst kümmern. Du trägst die komplette Verantwortung und musst dich auch selbst um Unterkunft und Verpflegung kümmern. Diese Selbstbestimmtheit steigert ungemein das eigene Selbstbewusstsein. Zudem bringt dir ein Work and Travel Auslandsaufenthalt Lebenserfahrung, gute Sprachkenntnisse und nicht zu vergessen wunderbare Erlebnisse und im Idealfall richtig viel Spaß.

Mit einem Open Return Ticket in der Tasche – also einem Rückflugticket mit unbestimmtem Rückflugdatum und Abflughafen – hast du beim Work und Travel Aufenthalt jederzeit die Möglichkeit wieder nach Hause zu fliegen. Bei kaum einem anderen Gap-Jahr ist der Grad an Freiheit, Spontanität und Selbstbestimmung so groß wie hier.

Rechtliche Grundlagen

Grundsätzlich ist Work and Travel in sehr vielen Ländern möglich. Um jedoch in einem Land Geld verdienen zu dürfen, wird (außerhalb der

Europäischen Union) in der Regel eine Arbeitserlaubnis in Form eines speziellen Visums vorausgesetzt. Die Visabestimmungen des jeweiligen Landes legen die verpflichtenden Voraussetzungen fest, die du unbedingt einhalten musst, wenn du beide Aspekte beim Work and Travel erleben möchtest, also das Arbeiten und das Reisen. Wenn du lediglich reisen möchtest, ist es wesentlich einfacher ein klassisches Touristenvisum zu bekommen. Eventuell musst du (wie etwa in Australien) zusätzlich noch eine landeseigene Steuernummer beantragen, die du bei jedem neuen Job vorzeigen musst, damit dein momentaner Arbeitgeber dich offiziell anmelden kann.

Wenn du ein Work and Travel Jahr planst, solltest du dich frühzeitig um alles kümmern. Das beinhaltet auch das Abschließen aller relevanten Versicherungen, wie Auslandskrankenversicherung, Haftpflichtversicherung, Unfallversicherung und gegebenenfalls Reiserücktrittsversicherung. Auch eine Kreditkarte, sowie einen internationalen Führerschein etc. solltest du dir vorab organisieren. Du merkst schon, Work and Travel ist mit einiger Planung und Vorbereitung verbunden. Das ist es aber mit Sicherheit wert.

Beispiel: Australische Work and Travel Visabestimmungen
Wenn du beispielsweise einen Work and Travel Aufenthalt in Australien planst, benötigst du dafür ein sogenanntes *„Working Holiday Visa (subclass 417)"*. Dieses Visum, welches dir Geldverdienen und Urlaub machen gleichermaßen ermöglicht, kannst du relativ unkompliziert auf der Webseite der australischen Regierung beantragen. Es berechtigt dich zu einem Aufenthalt von maximal 12 Monaten, kostet 495 AUD (circa 330 EUR – Stand Juni 2022) und beinhaltet die Arbeitserlaubnis für kurzfristige Anstellungen, die das Ziel verfolgen, den Urlaub zu finanzieren. Ferner enthält es eine Studienerlaubnis für bis zu vier Monate und ermöglicht dir unter gewissen Voraussetzungen die Verlängerung um ein weiteres Jahr [5].

Um dieses Visum für Australien zu erhalten, gilt es folgende Voraussetzungen zu erfüllen:

* Alter: 18 bis 30 Jahre (Bewerber aus Kanada und Irland: maximal 35 Jahre).
* Reisepass eines der infrage kommenden Länder (u. a. Deutschland, Kanada, Italien, Frankreich, Niederlande etc.).

* Der Reisende darf nicht von unterhaltsberechtigten Kindern begleitet werden.
* Nachweis finanzieller Rücklagen in Höhe von 5.000 AUD (circa 3.300 EUR – Stand Juni 2022).
* Besitz eines Rückflugtickets [5].

Darüber hinaus musst du ein einwandfreies Gesundheitszeugnis vorlegen, ebenso wie ein polizeiliches Führungszeugnis [5].

> „Working Holiday Visa: For young adults who want an extended holiday and to work here to fund it." [5]

Entsprechend der offiziellen Beschreibung ist dieses Visum für all diejenigen gedacht, die einen ausgedehnten Urlaub in Australien machen und während dieser Zeit im Land arbeiten wollen, um sich diesen zu finanzieren. Allein das Vorhandensein dieses Visums demonstriert, dass Australien sehr aufgeschlossen, routiniert und selbstverständlich mit Backpackern umgeht [5].

Bewerbungsprozess

Beim Work and Travel läuft der Bewerbungsprozess nicht klassisch in dem Sinne ab, dass du einmal eine passende Stelle für dich identifizierst, dich darauf bewirbst und irgendwann (hoffentlich) eine Zusage erhältst. Stattdessen musst du dich zunächst für das entsprechende Visum im Zielland bewerben. Dies ist die Voraussetzung, damit du deine Work and Travel Pläne in die Tat umsetzen kannst. Eine Bewerbung ist online jederzeit mit den erforderlichen Dokumenten möglich. Wenn du alle Voraussetzungen erfüllst, bekommst du das ersehnte Visum. Dafür brauchst du in der Regel keine klassischen Bewerbungsunterlagen. Allerdings kann dieser Prozess etwas Zeit in Anspruch nehmen.

Richtige Stelle finden

Mit dem Visum und der damit einhergehenden offiziellen Arbeitserlaubnis kannst du nun im Zielland einreisen und dich vor Ort auf die Suche nach passenden Jobs begeben. Viele Backpacker starten ihr Work and Travel mit einigen Wochen Reisezeit, um erst einmal Land und Leute kennenzulernen. In den klassischen Work and Travel Ländern, wie Australien und Neuseeland, gibt es sehr viele Möglichkeiten für Gelegenheitsjobs. Diese sind beinahe an jeder Ecke zu finden, sei es in Gaststätten oder in Herbergen. Sehr verbreitet ist auch das WWOOFen. (Wir erinnern uns: Farmarbeit auf einer Biofarm für einige Stunden am Tag gegen freie Unterkunft und Verpflegung.) Entsprechende Stellen lassen sich leicht im Internet recherchieren.

Für Australien gibt es entsprechende Webseiten, auf denen sich teilnehmende Farmen und interessierte Backpacker registrieren können. Auf diese Weise kannst du nicht nur WWOOF-Farmen finden, sondern auch gleich eine Bewertung von Backpackern lesen, die dort bereits gearbeitet haben. Die australische Webseite hierfür „WWOOF in Australia" (www.wwoof.com.au) bietet seinen Mitgliedern eine Plattform, um sich direkt online bei der entsprechenden Farm zu bewerben. Eine andere Möglichkeit eine Arbeit vor Ort zu finden sind lokale Jobportale, wie beispielsweise die australische Webseite „Gumtree" (www.gumtree.com.au), die alle Arten bezahlter Tätigkeiten auflistet und auch als App verfügbar ist [6, 7].

Bewerbungsunterlagen erstellen
Wenn du als Backpacker in deinem Zielland unterwegs bist, solltest du stets einen Lebenslauf und ein allgemeines Anschreiben in der jeweiligen Landessprache beziehungsweise auf Englisch mit dir führen. Dabei kannst du dieses Anschreiben – anders als die klassischen Anschreiben in diesem Ratgeber – allgemein halten und musst dich nicht auf eine konkrete Stelle beziehen. Stell dich vor, sag woher du kommst, wie alt du bist, welche Erfahrungen und Fähigkeiten du mitbringst und berichte von deiner Motivation. Dabei solltest du zeigen, wie verlässlich, gewissenhaft und zuverlässig du bei der Arbeit bist.

Bewerbungsschritte
Je weniger Erfahrung und Qualifikation du für einen Gelegenheitsjob im Rahmen des Work and Travel mitbringen musst, desto einfacher und schneller verläuft der Bewerbungsprozess. Wenn du dich beispielsweise um eine einfache Tätigkeit auf dem Bau, in einer Herberge

oder als Erntehelfer bewirbst, kannst du den entsprechenden Arbeitgeber oftmals direkt vor Ort ansprechen und nach einer freien Stelle fragen. Dabei findet meist eher ein lockeres Kennenlerngespräch als ein richtiges Bewerbungsgespräch statt. Den Arbeitgebern ist es besonders wichtig, dass du zuverlässig und verlässlich bist und die vereinbarte Zeit ableistest, ohne beispielsweise einfach frühzeitig abzureisen. Wenn du dich beim WWOOFing auf der Webseite als Arbeitnehmer registriert hast, können dich auch deine ehemaligen Arbeitgeber bewerten. Positive Referenzen sind dabei besonders wertvoll. In vielen Fällen kannst du auch erst einmal ein bis zwei Wochen bleiben – als eine Art Probezeit – dann wird gemeinsam entschieden, ob du noch länger bleibst oder nicht.

Bei Jobs, die etwas mehr Qualifikation und Erfahrung in einem bestimmten Bereich voraussetzen, wie etwa als Farmarbeiter, in der Gastronomie oder als Koch, kann der Bewerbungsprozess dagegen etwas ausführlicher ausfallen. Da diese Stellen auch meist besser bezahlt werden, möchte man vorab gerne feststellen, ob du die verlangten Qualifikationen auch wirklich mitbringst. Das Bewerbungsgespräch kann in diesem Fall etwas ausführlicher ablaufen, da dein zukünftiger Arbeitsgeber mehr über deine Erfahrungen und Kompetenzen herausfinden möchte. Neben deinen Qualifikationen spielt wieder die Verlässlichkeit eine große Rolle. Häufig werden auch hier ein paar Tage Probearbeit unter Beobachtung eingeplant und auch Empfehlungen von früheren Work and Travel Arbeitgebern sehr viel wert. Besonders wenn angedacht ist, dass du im selben Haus wie dein Arbeitgeber wohnst und diese vielleicht sogar kleine Kinder haben, wollen sie auf Nummer sicher gehen, dass es auch menschlich passt. Im Bewerbungs- und Kennenlerngespräch geht es dann genau darum. Zeige dich dabei möglichst freundlich, offen und anpassungsfähig. Die menschliche Komponente und Zuverlässigkeit sind die wichtigsten Eigenschaften, die du als Backpacker mitbringen solltest.

Zu Beginn eines Jobs wirst du in der Regel gefragt, wie lange du die angestrebte Tätigkeit in etwa ausüben möchtest. Aus diesem Grund kann es sinnvoll sein, wenn du einen groben Plan für die nächsten Monate im Kopf hast. Das heißt jedoch nicht, dass du an Flexibilität einbüßen musst. Wenn dir eine Tätigkeit oder ein Ort gut gefällt und es genug Arbeit gibt, kannst du meist auch länger bleiben als ursprünglich gedacht.

Erfahrungen und Tipps

Du hast es selbst in der Hand, wie dein Work and Travel Jahr abläuft. Philippe ist beispielsweise in den ersten vier Wochen in Neuseeland gereist. Anschließend hat er sechs Wochen auf einem kleinen Biobauernhof gegen freie Unterkunft und Verpflegung für circa vier Stunden am Tag (leichte) Farmarbeit verrichtet. So konnte er Geld sparen und gleichzeitig jeden Nachmittag Land und Leute kennenlernen. Die nächsten sechs Wochen hat er dann auf einer Schaffarm ganztags gegen Bezahlung gearbeitet. Da ihm die Farmarbeit so gut gefallen hat und er auch schon über ausreichend Erfahrung und Wissen in diesem Bereich verfügte, hat er anschließend sieben Monate auf einer sehr großen Milchfarm gelebt und gearbeitet. Nach weiteren vier Wochen Reisen und Urlaub in diesem tollen Land hat er schließlich den Heimflug angetreten. Er war später auch noch für ein Work and Travel Jahr in Australien, gefolgt von weiteren drei Monaten in Neuseeland. Rückblickend beschreibt er Neuseeland angesichts des entspannteren Lebensgefühls und auch in puncto Reisen als seinen Favoriten, auch wenn die Arbeit in Australien vergleichsweise besser bezahlt wurde.

Nach etwas längeren Aufenthalten in einer Tätigkeit kann ein positives Arbeitszeugnis des entsprechenden Arbeitgebers sehr helfen, später ähnliche Jobs im Land zu finden. Viele Farmer kennen sich auch untereinander und können dich weiterempfehlen.

Die Herbergen (Hostels) in Neuseeland und Australien kann Philippe durchaus empfehlen, solange man sich von 12-Bettzimmern oder Ähnlichem fernhält. Egal wie du veranlagt bist und welche Interessen du mitbringst, als Backpacker in diesen Ländern findest du immer Gleichgesinnte. Wenn du feiern möchtest, gibt es immer eine Gruppe netter Leute, denen du dich anschließen kannst. Gerade das Hostel und die Arbeit sind tolle Möglichkeiten in Kontakt zu kommen. Wenn du statt zu feiern beispielsweise lieber an den Strand gehen möchtest, findest du auch hier Anschluss. Und wenn du alleine sein möchtest, kannst du das jederzeit tun, ohne jemanden vor den Kopf zu stoßen. Die Toleranz und Offenheit in Australien und Neuseeland beschreibt Philippe als sehr angenehm und enorm bereichernd.

Abschließend noch ein guter Rat von einem erfahrenen Backpacker: Das Wichtigste ist dein gesunder Menschenverstand. Du darfst beim Work and Travel nicht leichtgläubig alles hinnehmen. Wenn dir etwas oder jemand seltsam vorkommt, solltest du – besonders als Frau – mit Bedacht agieren und deinen Verstand benutzen.

Empfehlungen für Zusatzinformationen zum Work and Travel

- www.work-n-travel.info (Viele Informationen zum Work and Travel in Australien, Kanada, Neuseeland, Südafrika, USA)
- www.auslandsjob.de (Allgemeine Informationen zum Work and Travel)
- www.wwoof.com.au (Arbeiten auf organischen Farmen gegen Unterkunft und Verpflegung in Australien)
- www.gumtree.com.au (Plattform für alle Arten bezahlter Jobs in Australien)

6.3.3 (Jugend-)Freiwilligendienst

Definition

Freiwilligenarbeit beschreibt allgemein das ehrenamtliche Engagement eines (jungen) Menschen, durch freiwillige, gemeinnützige Tätigkeiten die Gesellschaft im In- oder Ausland zu unterstützen. In der Regel wird Freiwilligenarbeit nicht oder nur sehr geringfügig vergütet, häufig wird jedoch Unterkunft und Verpflegung gestellt. Der gesetzlich geregelte Freiwilligendienst in Deutschland erfolgt im Rahmen eines Programms, wird von einem sogenannten Träger durchgeführt und von öffentlicher Seite bezuschusst. Bei den Trägern handelt es sich meist um soziale Einrichtungen, die wiederum mit den jeweiligen Einsatzstellen in Kontakt stehen. Ein Träger ist beispielsweise das Deutsche Rote Kreuz, welches Freiwilligendienste (FSJ, Bundesfreiwilligendienst und Internationale Freiwilligendienste) in diversen Einrichtungen, u. a. in

Krankenhäusern, Altenheimen, Behinderteneinrichtungen oder Sozial-
stationen organisiert [8].
Zu den beliebtesten Freiwilligendiensten in Deutschland zählen [10]:

* Freiwilliges Soziales Jahr (FSJ)
* Freiwilliges Ökologisches Jahr (FÖJ)
* Bundesfreiwilligendienst (BFD)
* Freiwilliger Wehrdienst (FWD)

Das Jugendfreiwilligendienstgesetz des Bundesministeriums für Justiz und
Verbraucherschutz definiert ein Freiwilliges Soziales Jahr folgendermaßen:

„Das freiwillige soziale Jahr wird ganztägig als überwiegend praktische
Hilfstätigkeit, die an Lernzielen orientiert ist, in gemeinwohlorientierten
Einrichtungen geleistet [...]. Das freiwillige soziale Jahr wird pädagogisch
begleitet. Die pädagogische Begleitung wird von einer zentralen Stelle
eines nach § 10 zugelassenen Trägers des Jugendfreiwilligendienstes
sichergestellt mit dem Ziel, soziale, kulturelle und interkulturelle
Kompetenzen zu vermitteln und das Verantwortungsbewusstsein für das
Gemeinwohl zu stärken." [9]

Freiwilligendienste können von Männern und Frauen gleichermaßen
ausgeübt werden, das gilt beispielsweise auch für den Freiwilligen Wehrdienst. Nachfolgend weitere Details zu den unterschiedlichen Freiwilligendiensten:

* **Freiwilliges Soziales Jahr (FSJ)** [10, 11].
  Einsatzbereich: Kinder- und Jugendarbeit, Gesundheits- und Alten-
  pflege, Sport, Kultur, Politik und Schule.
  Voraussetzungen: Vollzeitschulpflicht erfüllt, jünger als 27 Jahre.
  Dauer: Meist 12 Monate, mind. 6 und max. 24 Monate.
  Vergütung: Taschengeld und gegebenenfalls Unterkunft, Verpflegung
  und Arbeitskleidung oder entsprechende Geldersatzleistung. Auch
  im Ausland möglich oder teilweise im Inland, teilweise im Ausland.
  Renten-, Unfall-, Kranken-, Pflege- und Arbeitslosenversicherungsbeiträge werden übernommen. Es besteht weiterhin Anspruch auf

Kindergeld. Die Rahmenbedingungen sind im Jugendfreiwilligen-gesetz geregelt.

Darüber hinaus gibt es das Freiwillige Soziale Jahr in der Denkmal-pflege, das Freiwillige Soziale Jahr im politischen Leben/in der Demokratie und das Freiwilliges Soziale Jahr in Wissenschaft, Technik und Nachhaltigkeit.

* **Freiwilliges Ökologisches Jahr (FÖJ)** [10, 12].

Analog zum FSJ, allerdings mit folgendem Einsatzgebiet: Umwelt- und Naturschutz sowie Landschaftspflege.

Ebenso wie ein Freiwilliges Soziales Jahr wird auch das Freiwillige Ökologische Jahr von einem zugelassenen Träger des Jugendfrei-willigendienstes betreut, ebenfalls mit dem Ziel, für das Gemein-wohl Verantwortung zu übernehmen. Ganz besonders geht es hierbei um die Förderung eines nachhaltigen Umgangs mit der Natur und Umwelt und der Entwicklung des Umweltbewusstseins. Geeignete Stellen und Einrichtungen für das FÖJ finden sich im Natur- und Umweltschutz und der Nachhaltigkeitsbildung.

Sowohl das Freiwillige Soziale als auch das Ökologische Jahr im Inland werden normalerweise in 12 zusammenhängenden Monaten geleistet. Es besteht aber die Möglichkeit, dass diese Zeit zu Abschnitten von jeweils mindestens drei Monaten abgeleistet werden kann. Bei beiden Programmen wird ein verpflichtendes Einführungs-, Zwischen- und Abschlussseminar durchgeführt, mit einer Gesamtdauer von 25 Tagen. Die Träger und Einsatzstellen legen vertraglich fest, wie die soziale Kompetenz, Persönlichkeits-bildung und besonders die Bildungs- und Beschäftigungsfähigkeit des Freiwilligen während dieses Jahres gezielt gefördert und ent-wickelt werden.

* **Bundesfreiwilligendienst (BFD)** [10]

Einsatzbereich: Beispielsweise die Arbeit mit Jugendlichen, Kindern oder Flüchtlingen sowie die Pflege von älteren oder behinderten Menschen. Möglich sind auch der Umwelt- und Naturschutz oder die Denkmalpflege sowie Bildung, Zivil- und Katastrophenschutz. Voraussetzungen: Vollzeitschulpflicht erfüllt, keine Altersbegrenzung.

Dauer: Meist 12 Monate, mind. 6 und max. 24 Monate.

Vergütung: Taschengeld und gegebenenfalls Unterkunft, Verpflegung und Arbeitskleidung oder entsprechende Geldersatzleistung. Renten-, Unfall-, Kranken-, Pflege- und Arbeitslosenversicherungsbeiträge werden übernommen. Es besteht weiterhin Anspruch auf Kindergeld. Nachfolger des ehemaligen Zivildienstes. Die Rahmenbedingungen sind im Bundesfreiwilligendienstgesetz geregelt.

* **Freiwilliger Wehrdienst (FWD)** [10]

Einsatzbereich: Bundeswehr, Grundlagen des Soldatenberufs.

Voraussetzungen: Deutsche Staatsangehörigkeit, mindestens 17 Jahre alt (mit dem Einverständnis der Erziehungsberechtigten), Vollzeitschulpflicht erfüllt.

Dauer: 6 Monate Probezeit, maximal 23 Monate.

Vergütung: Wehrsold, Wehrdienstzuschlag und Entlassungsgeld. Ab einer Verpflichtungszeit von 12 Monaten ist die Versetzung bundesweit und ins Ausland möglich, Sozialversicherungsbeiträge werden übernommen.

Zu den beliebtesten Freiwilligendiensten im Ausland zählen [10]:

* Internationaler Jugendfreiwilligendienst (IFFD)
* Europäischer Freiwilligendienst (EFD)
* Kulturweit
* Weltweit
* Europäisches Solidaritätskorps

Alternativ bieten Friedensdienste und kirchliche Dienste freiwillige Einsätze im Ausland an:

* **Internationaler Jugendfreiwilligendienst (IFFD)** [10]

Einsatzbereich: Sozialer oder ökologischer Bereich, in der Bildung, dem Sport, der Kultur oder der Denkmalpflege. Auch Friedens- und Versöhnungsarbeit ist möglich.

Voraussetzungen: Vollzeitschulpflicht erfüllt, jünger als 27 Jahre.

Dauer: In der Regel 12 Monate, mind. 6 und max. 18 Monate.

* **Europäischer Freiwilligendienst (EFD)** [10]
Einsatzbereich: Gemeinnütziges Projekt im Ausland.
Voraussetzungen: Mindestens 17, maximal 30 Jahre.
Dauer: Zwischen 2 Monaten und 1 Jahr (kürzere Projekte ab
2 Wochen unter Umständen möglich). Teil des EU-geförderten
Programms Erasmus + JUGEND IN AKTION.
* **Kulturweit** [10]
Einsatzbereich: Auslandseinrichtungen von Organisationen der
Bildungs- und Kulturpolitik, die auch in Deutschland sitzen, wie bei-
spielsweise das Goethe-Institut.
Voraussetzungen: Mindestens 16, maximal 26 Jahre.
Dauer: 6 oder 12 Monate. Die Deutsche UNESCO-Kommission
und das Auswärtige Amt kooperieren für diesen globalen Kultur-Frei-
willigendienst.
* **Weltweit** [10]
Einsatzbereich: Unterstützung von Entwicklungsländern bei der
Armutsbekämpfung, etwa in Gesundheit, Landwirtschaft, Bildung,
Menschenrechte, Umweltschutz, Demokratieförderung, Jugend-
beschäftigung, Not- und Übergangshilfe oder Sport.
Voraussetzungen: Mindestens 18, maximal 28 Jahre (30 Jahre bei
einer Behinderung oder Beeinträchtigung).
Dauer: Zwischen 6 Monaten und 2 Jahren. Entwicklungspolitischer
Freiwilligendienst.
* **Europäisches Solidaritätskorps** [10]
Einsatzbereich: In- und ausländische Freiwillige- oder Beschäfti-
gungsprojekte.
Voraussetzungen: Mindestens 17, maximal 30 Jahre.
Dauer: Zwischen 2 Monaten und 1 Jahr. Initiative der Europäischen
Union.

Alternativ kannst du dich auch an eine Agentur wenden, die gegen
Gebühr Freiwilligendienste im Ausland vermittelt. Diese unterstützt
dich dann aktiv bei deiner Suche nach einer passenden Stelle und hilft
dir bei der Organisation und Bewerbung.

Vorteile und Nutzen

Viele Freiwilligendienste kannst du im Gegensatz zu einem Au-pair oder Work and Travel Jahr bereits vor deiner Volljährigkeit ausüben. Es gibt ein großes Angebot an unterschiedlichen Aufgabengebieten, sowohl im In- als auch im Ausland und für jedes Interesse und jeden Geschmack sollte sich das Passende finden. Wenn du willst, kannst du deinen Freiwilligendienst daheim antreten, oder beispielsweise in Afrika, Indien oder auf den Philippinen. Die Auswahl ist groß.

Soziales Engagement kommt bei deinen künftigen Arbeitgebern mit Sicherheit gut an und das entsprechende Zeugnis kann eine wertvolle Ergänzung für deine Bewerbungsmappe sein. Allerdings sollte dies nicht dein einziger Grund sein, dich freiwillig zu engagieren. Es kann ein ungemein erfüllendes Gefühl sein, die eigene Zeit und Energie zum Wohle anderer einzusetzen und für etwas Sinnvolles und Nützliches zu verwenden. Anderen Menschen (Tieren, der Natur etc.) aktiv zu helfen ist eine wertvolle Erfahrung. Die persönliche Entwicklung der Teilnehmer ist gerade bei den staatlich geförderten Freiwilligendiensten ein wichtiger Aspekt, weshalb immer auch Seminare fester Bestandteil der Programme sind.

Bei einem Freiwilligenjahr hast du die Möglichkeit, über einen längeren Zeitraum hinweg Einblicke in einen bestimmten Bereich und eine Branche zu bekommen. Du verbringst währenddessen viel Zeit vor Ort mit erfahrenen Experten und lernst die alltäglichen, typischen Aufgaben und Themen kennen. Während des Freiwilligendienstes kannst du sehr intensiv in einen Bereich hineinschnuppern und – analog zu einem Orientierungspraktikum – wertvolle Erkenntnisse für deine Berufsorientierung gewinnen. Zudem ist es eine gute Möglichkeit, interessante neue Menschen zu treffen und Freundschaften zu schließen.

Wenn du vorhast nach dem Freiwilligendienst zu studieren, kann dir unter Umständen die Zeit sogar als Wartesemester (siehe Abschn. 7.2) oder verpflichtendes Vorpraktikum (siehe Abschn. 8.1) angerechnet werden. Da viele Programme vom Bund gefördert werden, kannst du diese auch ohne große finanzielle Rücklagen antreten. Wenn du beispielsweise Unterkunft, Verpflegung, Arbeitskleidung, Versicherung und ein kleines Taschengeld im Rahmen deines Freiwilligendienstes bekommst, bist du (fast) nicht auf finanzielle Hilfe von deinen Eltern angewiesen.

Rechtliche Grundlagen

Die rechtlichen Grundlagen zum Freiwilligendienst FSJ und FÖJ sind im Gesetz zur Förderung von Jugendfreiwilligendiensten (Jugendfreiwilligendienstgesetz – JFDG) gesetzlich verankert. Alle Begriffe, wie u. a. Fördervoraussetzungen, Begriffsdefinition von Freiwilligen, Trägern, Förderung sowie dem Jugendfreiwilligendienst im Inland und Ausland sind in diesem detailliert und einheitlich festgelegt [12].

„Jugendfreiwilligendienste fördern die Bildungsfähigkeit der Jugendlichen und gehören zu den besonderen Formen des bürgerschaftlichen Engagements. Ein Jugendfreiwilligendienst wird gefördert, wenn die in den §§ 2 bis 8 genannten Voraussetzungen erfüllt sind und der Dienst von einem nach § 10 zugelassenen Träger durchgeführt wird. Die Förderung dient dazu, die Härten und Nachteile zu beseitigen, die mit der Ableistung des Jugendfreiwilligendienstes im Sinne dieses Gesetzes verbunden sind." [12]

Zudem gibt es noch das Bundesfreiwilligendienstgesetz (BFDG), welches seinerseits die Rahmenbedingungen des Bundesfreiwilligendienstes absteckt und alles Weitere in diesem Zusammenhang, wie mögliche Einsatzbereiche, Dauer, pädagogische Begleitung, Einsatzstellen, Haftung und so weiter gesetzlich festlegt [9].

Bewerbungsprozess

„Immer mehr Einsatzplätze bleiben unbesetzt, Freiwillige werden mehr und mehr zu einer *Mangelware*. Deshalb müssen Einsatzstellen aktiv werden." [13]

Richtige Stelle finden

Es gibt eine so große Vielfalt an unterschiedlichen Freiwilligendiensten. Bei der Entscheidung können dir die Erkenntnisse aus der Berufsorientierung (siehe Kap. 2) helfen. Zudem musst du dir überlegen, ob du in Deutschland bleiben oder ins Ausland gehen möchtest. Und wenn in Deutschland, dann in der Nähe deines Elternhauses oder in einer anderen Stadt? Da es online viele Informationen zu den verschiedenen Einsatzgebieten und Projekten gibt, kannst du dich dort auch inspirieren lassen. Auf der Webseite des Bundesamtes für Familie und zivilgesellschaftliche Aufgaben kannst du zahlreiche Informationen rund um die staatlich geförderten Programme finden. Auch die Bundeswehr bietet auf ihrer Webseite viele Informationen zum Freiwilligen Wehrdienst an. Weitere Informationsquellen können die Webseiten der Trägerorganisationen sein. Die dort genannten Ansprechpartner kannst du auch direkt über E-Mail oder Telefon kontaktieren und deine Fragen stellen. Womöglich werden sogar Informationsveranstaltungen in dem für dich relevanten Bereich angeboten. Auch in diesem Fall ist das Internet die beste Quelle. Auf der Webseite des Bundesministeriums findest du eine gute Übersicht über die verschiedenen Träger im Inland.

Bewerbungsunterlagen

Wenn du dich in Deutschland für einen Freiwilligendienst bewirbst, benötigst du einen deutschsprachigen Lebenslauf und ein entsprechendes Anschreiben, indem du dich und deine aktuelle (schulische) Situation – analog zum *„klassischen"* Anschreiben – vorstellst und auf deine Motivation für ein Freiwilligenjahr eingehst. Da es bei dieser Bewerbung mehr darum geht deine Persönlichkeit als deine Fähigkeiten vorzustellen, solltest du dich darauf konzentrieren. Unter Umständen wird auch vom jeweiligen Träger statt eines Anschreibens ein ausgefüllter Bewerbungsbogen bzw. Antragsformular verlangt, gegebenenfalls auch in Form einer online Eingabemaske. In diesem Fall sind die Daten aus Lebenslauf und Anschreiben eine gute Grundlage.

Häufig wird auch ein separates Motivationsschreiben verlangt. Bei dessen Erstellung kannst du analog zum Anschreiben vorgehen, allerdings ohne Briefkopf und mit starkem Fokus auf deiner

Motivation. Hier kannst du wirklich ins Detail gehen und auch von persönlichen Erlebnissen berichten, die dich antreiben und die in dir den Wunsch geweckt haben (gerade in diesem Bereich) einen Freiwilligendienst leisten zu wollen. Deine Bewerbungsunterlagen kannst du gemäß den Vorgaben online oder als physische Bewerbungsmappe einreichen.

Für eine Bewerbung im Ausland benötigst du die entsprechenden Dokumente natürlich in der jeweiligen Landessprache beziehungsweise auf Englisch. Inhaltlich bleibt jedoch alles gleich. Zusätzlich könntest du in diesem Fall noch auf dein Interesse für das Zielland, die dortige Kultur und Sprache eingehen. Warum soll es genau dieses Land sein? Hattest du vielleicht schon Berührungspunkte? Was fasziniert dich daran?

Bewerbungsschritte

Wenn du für deinen Freiwilligendienst eine Agentur beauftragst, gehst du am besten direkt auf diese zu. Sie wird dich bei deiner Bewerbung unterstützen.

Wenn du ohne eine Agentur einen Freiwilligendienst im In- oder Ausland leisten möchtest, solltest du dich direkt beim jeweiligen Träger bewerben. Diese meist sozialen Einrichtungen arbeiten mit den entsprechenden Einsatzstellen eng zusammen, wo du deinen Freiwilligendienst antreten kannst. Die Bewerbungsfristen können je nach Träger variieren. In der Regel beginnt der Freiwilligendienst im August oder Oktober und du solltest dich bereits ein halbes Jahr bis Jahr im Voraus bewerben. Bei Bedarf kann es aber auch kurzfristigere Einsatzstellen geben. Gerade wenn du einen Freiwilligendienst im Ausland absolvieren möchtest, tust du gut daran, bis zu einem Jahr Vorlaufzeit einzuplanen und mit der entsprechenden Organisation frühzeitig in Kontakt zu treten.

Der weitere Auswahlprozess kann sich je nach Organisation unterscheiden. Wichtig ist in jedem Fall, dass es menschlich passt und die jeweiligen Vorstellungen übereinstimmen [14].

Wenn du mit einem deutschen Träger deinen Freiwilligendienst im Ausland antreten möchtest, musst du dich für gewöhnlich in Deutschland bewerben. Dort finden vorab Bewerbungs- bzw. Kennenlerngespräche statt. Wenn diese gut laufen, bekommst du entweder direkt eine Zusage oder die Erlaubnis, dich auf konkrete Projekte im Ausland zu bewerben [15].

Erfahrungen und Tipps

Die finanzielle Entlohnung kann beim Freiwilligendienst von Träger zu Träger unterschiedlich hoch ausfallen. Es ist deshalb legitim, wenn du vorab danach frägst. Denn auch wenn Geld nicht der ausschlaggebende Grund für einen Freiwilligendienst sein sollte, kann es für deine Planung durchaus entscheidend sein. Bei welcher Tätigkeit ist ein finanziell unabhängiges Leben auch ohne Unterstützung der Eltern möglich?

Bei einigen Freiwilligendiensten, beispielsweise im Ausland, aber auch im Inland bei Tätigkeiten im Krankenhaus, Pflege- oder Altenheim kann es sogar vorkommen, dass du eine Unterkunft gestellt bekommst.

Auch wenn der Freiwilligendienst dazu gedacht ist, in der entsprechenden Einrichtung zu helfen und durchaus mit anzupacken, solltest du trotzdem darauf achten, nicht ausgenutzt zu werden. Natürlich solltest du dir nicht zu schade für etwas schwierigere oder unangenehmere Aufgaben sein, aber es sollte sich nicht ausschließlich darauf beschränken. Deine Entwicklung, Spaß, sowie die Möglichkeit dich auszuprobieren, neues zu lernen und an deinen Erfolgen zu wachsen, ist ein sehr wichtiger Aspekt des Freiwilligendienstes, welcher auch gewährleistet sein sollte.

Empfehlungen für Zusatzinformationen zum Freiwilligendienst

- www.arbeitsagentur.de/bildung/zwischenzeit/freiwilligendienst-leisten (Gute Übersicht über die verschiedenen Freiwilligendienste)
- www.abi.de/orientieren/auszeit/Freiwillige_Jahre.htm (Beispiele und Erfahrungsberichte von Freiwilligen im In- und Ausland)
- www.freiwilligenarbeit.de (Möglichkeiten zur Freiwilligenarbeit in Europa, Asien oder Afrika)
- www.ein-jahr-freiwillig.de (Unterstützung bei der Wahl eines geeigneten Freiwilligendienst in Deutschland und international)
- www.bundeswehrkarriere.de

6.4   Beispiele Bewerbungsunterlagen

Lebenslauf

Persönliche Daten

Name:	**Peter Blum**
Anschrift:	Musterweg 1, 12345 Musterstadt
Telefon:	0111/ 11111
E-Mail:	Peter.Blum@musteremail.de
Geburtsdatum:	09.03.1998
Geburtsort:	Musterstadt

Schulbildung

09/04 - 07/08	Grundschule Musterstadt
09/08 - heute	Goethe Gymnasium, Musterstadt
	Mathematischer Zweig
Angestrebter Abschluss:	Allgemeine Hochschulreife im Juni 2016
Lieblingsfächer:	Physik (sehr gut), Mathematik (gut)

Berufserfahrung

08/14	Dreiwöchiges freiwilliges Schülerpraktikum
	123 GmbH, Musterstadt
Tätigkeiten:	Unterstützung im Büro der Angebotsabteilung

Zusatzqualifikationen

Führerschein:	Klasse B
Computerkenntnisse:	Maschinenschreiben, MS Office
Sprachkenntnisse:	Deutsch (Muttersprache), Englisch (fließend)

Sonstige Aktivitäten

01/10 - heute	Ehrenamtliche Mitarbeit in der Bücherei, Musterstadt
03/08 - heute	Sportverein Musterstadt, Fußball, aktiver Mittelfeldspieler
01/11 - heute	Aktives Mitglied der Freiwilligen Feuerwehr Musterstadt
	regelmäßige Übungen, Unterstützung bei Festen

Lesen, Skifahren, Radsport, Gitarre spielen

Musterstadt, 01.01.2016

Beispiellebenslauf Gap-Jahr

Curriculum Vitae

Personal Data

Name:	**Klaus Blum**
Address:	Musterweg 1, 12345 Musterstadt, Germany
Telephone:	0049 1111 11111
E-Mail:	Klaus.Blum@musteremail.de
Date of birth:	09.03.1998
Place of birth:	Musterstadt, Germany

Education

09/04 - 07/08	Elementary school, Musterstadt, GER
09/08 - 06/14	Friedrich Schiller Secondary School, Musterstadt, GER
	Technical focus
Degree:	Intermediate School Leaving Certificate (grade good)
Favorite subjects:	Physics (very good), Maths (good)

Completed Apprenticeship

09/14 – 07/17	Stahl AG, Musterstadt, GER
	In-company Apprenticeship
Degree:	Industrial Mechanics (grade good)
Focus:	Manufacturing

Work Experience

10/12	One-week internship at the
	123 GmbH, Musterstadt, GER
Activities:	Supporting the bids team in creating customer offers
08/13	Four-week vacation student worker
	at Stahl AG, Musterstadt, GER
Activities:	Manufacturing small steel parts

Additional Qualifications

Driver´s license:	Car driver's license
Computer skills:	Typewriting, MS Office
Language skills:	German (mother tongue), English (fluent)

Other Activities

01/10 - date	Volunteering in the library, Musterstadt
03/08 - date	Sports association Musterstadt, soccer midfield player
01/11 - date	Active member of the voluntary fire brigade Musterstadt, regular practical training, supporting at local events.

Hobbies
Reading, skiing, cycling, and playing the guitar.

Musterstadt, 01.01.2019

Klaus Blum

Beispiel CV Gap-Jahr englisch – Klaus Blum

Curriculum Vitae

Personal Data

Name:	**Peter Blum**
Address:	Musterweg 1, 12345 Musterstadt, Germany
Telephone:	0049 1111 11111
E-Mail:	Peter.Blum@musteremail.de
Details of birth:	09.03.1998 in Musterstadt, Germany

Education

09/04 - 07/08	Elementary school, Musterstadt, GER
09/08 - 06/16	Goethe High School, Musterstadt, GER
	Focused on mathematics
Degree:	A-Levels (grade good)

Studium

09/16 - 07/19	University of Applied Science, Musterstadt, GER
Degree:	Bachelor of Engineering in Mechanical Engineering (good)
	Focused on automotive engineering
Bachelor thesis:	Designing a drive shaft for the truck engine (very good)

Work Experience

08/14	Three weeks of voluntary internship at the 123 GmbH, Musterstadt, GER
Activities:	Supporting the bids team creating in customer offers.
08/17 - 09/17	Four weeks of voluntary student internship at the ABC Firma GmbH, Musterstadt, GER
Activities:	Supporting manufacturing and material processing.
10/17 - 04/18	Working Student, ABC Firma GmbH, Musterstadt, GER
Activities:	Supporting manufacturing and material processing.
09/18 - 03/19	Practical term at the ABC Firma GmbH, Musterstadt, GER
Activities:	Supporting manufacturing and material processing.

Additional Qualifications

Driver´s license:	Car driver's license
Computer skills:	Typewriting, MS Office, C++, CAD
Language skills:	German (mother tongue), English (fluent)

Other Activities

01/10 - date	Volunteering in the library, Musterstadt
03/08 - date	Sports association Musterstadt, soccer midfield player.
01/11 - date	Active member oft he voluntary fire brigade Musterstadt, regular practical training, supporting at local events.

Hobbies
Reading, skiing, cycling, and playing the guitar.

Musterstadt, 01.01.2019

Peter Blum

Beispiel CV Gap-Jahr englisch – Peter Blum

Klaus Blum
Musterweg 1
12345 Musterstadt, Germany
0049 1111 11111
Klaus.Blum@musteremail.de

Musterstadt, 15.03.2015

Dear host family,

My name is Peter, I am 18 years old. I live in Musterstadt in Germany and am currently finishing my A-levels. Musterstadt is a small town in the south of Germany with approximately 130,000 inhabitants. My family has five members. My father, Ben, is a truck driver and my mother Rosie is a kindergarten teacher. I have a twin brother Klaus, who is currently being trained as an industrial mechanic and a sister, Elena, who is eight years younger, currently attending fourth grade.
After my high school degree, I want to study, but before that, I would like to take some time off from academics in order to reflect on my academic orientation and take in some special experiences as an Au Pair in the United States.

My experiences with children come mostly from babysitting my younger sister and cousins. I enjoyed taking on the responsibility, which I did mostly by taking care form my younger sister and babysitting her. I changed her diapers, played with her in my free time and helped her with homework. Amongst the family, I have the closest connection to her and feel very much responsible for her. Whenever she has something on her mind, she comes to talk to me. With her growing older, naturally, the types of activities we do changed and nowadays, we do a lot of painting, reading and her homework, of course. I truly enjoy spending time with children. Besides my sister, I have babysat for my younger cousins. I have six cousins from the ages of 4 to 15 years old and I played with all of them a lot since birth.
Currently, I am learning English with my little sister as she is learning it at school now. She asked me the other day if I would also learn English with the family I am Au Pairing. I would love to.

In my free time, I volunteer in our town's library so I have a lot of access to books. I like reading in my free time, riding my bike with friends, skiing and playing the guitar and like to perform at family events.

I would like to be an Au Pair as I enjoy being with children. I would love to play with them, spend time outside and explore nature, make music and do a lot of fun activities. For me, it is important that the children are happy and that we have a trustful, friendly and kind relationship all time. And for older children who already go to school, I am happy to support them with their homework. I have developed some fun games when it comes to homework in order to combine learning with fun as I am convinced this is he best way of learning.

I am very much looking forward coming to the USA and meeting you. Many thanks for considering me as your future Au Pair.

Best regards,

Peter Blum

Peter Blum

Beispiel Cover Letter Au-pair-Jahr englisch

6.5   Rückkehr in die Heimat nach einem Gap-Jahr

Somebody that I used to know …

Was man empfindet, wenn man nach längerer Abwesenheit zurück in die Heimat kommt, lässt sich schwer in Worte fassen. Ich habe es nach meinem einjährigen Au-pair-Aufenthalt in den USA zum ersten Mal selbst wirklich bewusst erlebt. Es ist, als würde man seine vormals so vertraute Umgebung plötzlich mit anderen Augen sehen. Eine sehr besondere Erfahrung.

Während man weg war, ging das Leben in Deutschland weiter seinen gewohnten Gang. Natürlich gab es auch hier Veränderungen und die großen und kleinen Freuden und Dramen des täglichen Lebens, die man – dank des Internets, Telefonaten und sozialer Netzwerke – aus der Ferne miterleben konnte. Trotzdem war man nicht live dabei und hat im Leben der anderen einiges verpasst. Die Umwelt hat sich verändert, aber meist nicht so sehr, wie man sich selbst verändert hat. Man spürt es ganz deutlich, kann es aber nur schwer beschreiben und wirklich verstehen kann es im Grunde nur, wer es selbst erlebt hat. Irgendwie hat man in der gleichen Zeit mehr erlebt und sich vielleicht sogar weiterentwickelt als die „Daheimgebliebenen".

In der Regel lebt man sich ziemlich schnell wieder ein. Aber die Erkenntnis, dass man sich auch anderswo wohlfühlen kann und dort glücklich und unbeschwert leben kann, bleibt. Mit einem Mal würdigt man die Dinge, die man früher als selbstverständlich angesehen hat, sehr viel mehr. Meiner Erfahrung nach fällt es nach einem Gap-Jahr deutlich leichter, offiziell von den Eltern auszuziehen und in einer Wohngemeinschaft oder eigenen Wohnung ein Studium zu beginnen. Nichts macht einem diesbezüglich mehr Sorgen, immerhin hat man es sich selbst (und anderen) ja schon bewiesen, dass man auf eigenen Beinen stehen kann und auch alleine ganz gut zurechtkommt.

Für mich war mein Gap-Jahr in Amerika – mit seinen ganz normalen Höhen und Tiefen – eine wundervolle Erfahrung und bis heute eine der besten Entscheidungen meines Lebens. Es hat mir in meiner persönlichen Entwicklung enorm viel gebracht und die Augen dafür geöffnet, was die Welt zu bieten hat. Am Ende lernt man nirgends seine Heimat so zu schätzen wie im Ausland. Und so gerne ich heute immer wieder weggehe, so gern geht es auch wieder zurück in ein Deutschland, dass ich heute so viel mehr schätzen und lieben kann als in der Jugend.

6.6   Erfahrungen und Tipps

Ein Gap-Jahr muss, wie gesagt, nicht direkt nach der Schule gemacht werden. Womöglich hast du dann auch noch nicht das geforderte Alter, für beispielsweise einen Work and Travel Aufenthalt. Du kannst auch nach dem Besuch einer weiterführenden Schule, sowie nach der Ausbildung oder dem Studium ein Gap Jahr einlegen. Wenn du dich dazu entschließen solltest, stellt sich die Frage: Wohin? Fragt man erfolgreiche Menschen, die bereits in vielen verschiedenen Ländern und Kulturen gelebt und gearbeitet haben, nach ihren persönlichen Lieblingsländern, gibt es meist keine pauschale Antwort. Es hängt immer von der jeweiligen Person und Lebenssituation ab. Sogar ein und dasselbe Land kann man in unterschiedlichen Lebenslagen und mit unterschiedlichem Alter plötzlich ganz anders erleben: Einmal als junger Mensch – sorglos, frei und ungebunden – und dann Jahre später noch mal als Erwachsener mit Familie und Kindern – deutlich verantwortungsvoller, bedachter und reifer als früher. Natürlich hat jeder seine ganz persönlichen Präferenzen, fühlt sich von bestimmten Ländern mehr oder weniger stark angezogen und identifiziert sich mit verschiedenen Kulturen unterschiedlich stark. Aus diesem Grund ist die große Bandbreite an möglichen Ländern und Möglichkeiten für ein Gap-Jahr so fantastisch. Es sollte wirklich für jeden etwas dabei sein. Ich persönlich kann dir nur empfehlen, die Chance zu nutzen und für einige Zeit ins Ausland zu gehen.

Literatur

1. o. V. (kein Datum) Fragen und Antworten Cultural Care Au Pair. https://www.culturalcare.de/werde-au-pair/fragen-und-antworten. Zugegriffen: 6. Juni 2022
2. o. V. (kein Datum) Qualifikationen eines Au Pairs. Cultural Care Au Pair. https://www.culturalcare.de/sei-ein-au-pair/voraussetzungen-qualifikationen. Zugegriffen: 6. Juni 2022
3. o. V. (kein Datum) Jobben & Jobsuche während du auf Reisen bist. Auslandsjob. www.auslandsjob.de/work-and-travel-jobs.php. Zugegriffen: 6. Juni 2022
4. o. V. (kein Datum) Work and Travel: Das erwartet dich. Einstieg. www.einstieg.com/gap-year/detail/work-and-travel.html. Zugegriffen: 6. Juni 2022
5. o. V. (2022) Working Holiday visa. Australian Government, Department of Home Affairs. https://immi.homeaffairs.gov.au/visas/getting-a-visa/visa-listing/work-holiday-417. Zugegriffen: 6. Juni 2022
6. o. V. (kein Datum) Volunteer in Australia. WWOOF Australia is 40. https://wwoof.com.au/. Zugegriffen: 6. Juni 2022
7. o. V. (kein Datum) GumtreeJobs. Gumtree. https://www.gumtree.com.au/jobs. Zugegriffen: 6. Juni 2022
8. o. V. (kein Datum) Freiwilligendienste im Deutschen Roten Kreuz. Deutsches Rotes Kreuz: DRK Freiwilligendienste. www.freiwilligendienste.drk.de. Zugegriffen: 6. Juni 2022
9. o. V. (kein Datum) Gesetz über den Bundesfreiwilligendienst. Bundesministerium der Justiz: Bundesamt für Justiz. http://www.gesetze-im-internet.de/bfdg. Zugegriffen: 6. Juni 2022
10. o. V. (kein Datum) Freiwilligendienst leisten. Bundesagentur für Arbeit. https://www.arbeitsagentur.de/bildung/zwischenzeit/freiwilligendienst-leisten. Zugegriffen: 6. Juni 2022
11. o. V. (kein Datum) Freiwilligendienste in der ganzen Welt. Internationale Jugendgemeinschaftsdienste ijgd. www.ijgd.de. Zugegriffen: 6. Juni 2022
12. o. V. (kein Datum) Gesetz zur Förderung von Jugendfreiwilligendiensten. Bundesministerium der Justiz: Bundesamt der Justiz. www.gesetze-im-internet.de/jfdg/. Zugegriffen: 6. Juni 2022
13. o. V. (kein Datum) Träger und Einsatzstellen des Bundesfreiwilligendienstes. Initiative Engagementförderung. https://www.bundes-freiwilligendienst.de/traeger-einsatzstellen.html. Zugegriffen: 6. Juni 2022

14. o. V. (kein Datum) Bewerben: So klappt's mit der Wunsch-Stelle. Ein Jahr freiwillig.de. www.ein-jahr-freiwillig.de/bewerben-in-vier-schritten-zur-wunschstelle. Zugegriffen: 6. Juni 2022

15. o. V. (kein Datum) Raus in die Welt: 5 Schritte zur Einsatzstelle im Ausland. Ein Jahr freiwillig.de. https://www.ein-jahr-freiwillig.de/5-schritte-zur-einsatzstelle-im-ausland. Zugegriffen: 6. Juni 2022

7

Konkrete Bewerbungen nach der Schule

Der frühe Vogel fängt den Wurm.

Zusammenfassung Dieses Kapitel bildet das Herzstück des Ratgebers und geht detailliert auf die verschiedenen Ausbildungsformen nach der Schulzeit ein, also die Berufsausbildung, das Studium und das Duale Studium. Es soll dir Sicherheit und Unterstützung bei deiner Entscheidung geben und bei den jeweiligen Bewerbungsprozessen helfen. Neben detaillierten Informationen zu den Bewerbungsunterlagen und Bewerbungsschritten, erhältst du meine persönlichen Erfahrungen und Tipps dazu und erfährst mehr über die einzelnen Ausbildungsabläufe, deren spezifische Vorteile und Informationen zu den rechtlichen Grundlagen.

Die Möglichkeiten, nach der Schule beruflich weiterzumachen sind sehr vielfältig und diese Entscheidung sollte gut überlegt sein. Dabei können dir die Erkenntnisse aus Abschn. 2.1 rund um die Berufsorientierung helfen. Grundsätzlich gibt es die Berufsausbildung, das Studium und das Duale Studium.

© Springer Fachmedien Wiesbaden GmbH, ein Teil von Springer Nature 2023   **193**
T. Schrammel, *Die ersten Bewerbungen für Schüler und Studierende*,
https://doi.org/10.1007/978-3-658-37932-2_7

7.1 Berufsausbildung

7.1.1 Definition

Die Ausbildungsinhalte sind bei allen staatlich anerkannten Ausbildungs-berufen deutschlandweit verbindlich geregelt und einheitlich festgelegt, ebenso wie die jeweilige Ausbildungsdauer. Derzeit gibt es circa 330 staatlich anerkannte Ausbildungsberufe, u. a. in der Industrie, im Hand-werk, in der Landwirtschaft, aber auch in Arztpraxen, Anwaltskanzleien oder im lokalen Supermarkt, um nur ein paar Beispiele zu nennen. Grundsätzlich unterscheidet man die betriebliche bzw. duale Ausbildung von der schulischen Berufsausbildung [1].

Betriebliche/Duale Berufsausbildung
Die betriebliche Berufsausbildung kombiniert theoretisches und praktisches Wissen, indem neben der Ausbildung im Betrieb auch einige Zeit an der Berufsschule verbracht wird. Aufgrund der beiden Lernorte wird diese Ausbildungsform auch als duale Berufsausbildung bezeichnet. Betriebliche Ausbildungen werden je nach gewählter Branche und dem jeweiligen Unternehmen unterschiedlich hoch ver-gütet. Abhängig vom gewählten Beruf kann die Ausbildungsdauer zwischen zwei und dreieinhalb Jahre betragen, wobei es möglich ist, diese zu verkürzen, zum Beispiel aufgrund guter Leistungen [1].

Schulische Berufsausbildung
Die schulische Berufsausbildung findet im Vollzeitunterricht an Berufs-fachschulen, Fachakademien oder Ähnlichem statt und kann durch Pflichtpraktika ergänzt werden. Man lernt also – wie in der Schule – durch Zuhören, Kommunikation mit Mitschülern und Lehrern, aber auch durch Recherche, Gruppenarbeiten und eigene Vorträge. In vielen Fällen wird für die schulische Berufsausbildung mindestens der mittlere Schulabschluss/Realschulabschluss verlangt, dies kann jedoch je nach Schule und Ausbildungsrichtung variieren. Nach zwei bis drei Jahren wird bei der schulischen Ausbildung ein staatlich anerkannter Berufs-abschluss erworben. Diese Ausbildungsform findet sich häufig in der

Gesundheitsbranche, im Sozialwesen, sowie dem künstlerischen und informationstechnologischen Bereich. Zu den beliebtesten Ausbildungsberufen der schulischen Berufsausbildung zählen Kranken- und Altenpfleger, Ergotherapeut, Erzieher und Kinderpfleger sowie Dolmetscher und Fremdsprachenkorrespondent [1].

7.1.2 Aufbau und Ablauf

Der Ablauf der Berufsausbildung kann, je nach Ausbildungsrichtung stark variieren.

Betriebliche/Duale Berufsausbildung
Bei der betrieblichen Berufsausbildung werden dir im Ausbildungsbetrieb die praktischen Kenntnisse und Fähigkeiten vermittelt, die für den Beruf nötig sind. Der entsprechende Ablauf ist bei allen Ausbildungsberufen in der gesetzlichen Ausbildungsverordnung festgelegt. Zudem sind im Ausbildungsplan die zu vermittelnden Inhalte genau aufgelistet. In der Regel beginnst du mit den Grundlagen, wie dem richtigen Umgang mit den typischen Werkzeugen und Arbeitsutensilien und gehst im Laufe der voranschreitenden Ausbildungszeit über zu komplexeren Tätigkeiten. Im Berichtsheft oder Ausbildungsnachweis musst du als Auszubildender schriftlich festhalten, was du im Rahmen deiner Ausbildung alles getan und gelernt hast. Die Ausbilder kontrollieren diese Nachweise regelmäßig. Eine Zulassung zur Prüfung ist nur möglich, wenn alle geforderten Ausbildungsinhalte und entsprechenden Nachweise vorliegen.

Für den Besuch der Berufsschule wirst du als Auszubildender (Azubi) von deinem Ausbildungsbetrieb freigestellt. Jeder Ausbildungsberuf verfolgt dabei einen eigenen Lehrplan für den Berufsschulunterricht. Auf diese Weise möchte man sichergehen, dass jeder mit Abschluss der Ausbildung über das gleiche theoretische Wissen verfügt, das für die Ausübung des jeweiligen Berufs erforderlich ist. Zusätzlich werden auch Fähigkeiten in allgemeinbildenden Fächern wie Deutsch, Mathematik und Englisch vermittelt. Im Rahmen der betrieblichen Ausbildung musst du in der Regel zwei Prüfungen ablegen, die Zwischenprüfung nach circa der Hälfte der Zeit und die Abschlussprüfung am Ende deiner Ausbildung. Die entsprechende Ausbildungsordnung legt fest, ob es sich dabei um theoretische, praktische oder mündliche Prüfungen handelt. Wenn du eine Prüfung nicht bestehen solltest, hast du in der Regel die Möglichkeit diese bis zu zweimal zu wiederholen. Mit dem Bestehen beider Prüfungen bist du im Besitz eines staatlich anerkannten Berufsabschlusses [2].

Die Industrie- und Handelskammer (IHK) überwacht die Einhaltung des Berufsbildungsgesetzes und stellt sicher, dass die Betriebe zur Berufsausbildung geeignet sind. Hierzu müssen diese vorab zahlreiche Voraussetzungen erfüllen. Die IHK ist im Ausbildungsverlauf Ansprechpartner für alle Fragen rund um die Ausbildung und organisiert die Zwischen- und Abschlussprüfungen, sowie die anschließende Bewertung durch einen geeigneten Prüfungsausschuss. Dabei wird streng darauf geachtet, dass eine betriebliche Ausbildung einschließlich Prüfung deutschlandweit identisch ist. Zudem schlichtet die Industrie- und Handelskammer auch im Bedarfsfall zwischen den einzelnen Parteien und stellt nach bestandener Abschlussprüfung das offizielle Prüfungszeugnis aus [3].

Von einer betrieblichen Ausbildung kannst du als Azubi ebenso profitieren, wie dein Ausbildungsbetrieb. Denn dadurch sichert sich das Unternehmen den Zugang zu qualifizierten Nachwuchskräften. Das kann gerade in weniger verbreiteten Berufen und Branchen überlebenswichtig werden. Unter gewissen Voraussetzungen werden Ausbildungsberufe auch vom Staat bezuschusst und die Unternehmen genießen Vorteile dadurch, dass sie Ausbildungsplätze anbieten. Ganz zu schweigen von der positiven öffentlichen Wahrnehmung. Natürlich sind Auszubildende in gewissen Grenzen auch günstige Arbeitskräfte, die im Laufe der Zeit und unter Anleitung eines Ausbilders mehr und mehr Aufgaben und Verantwortung eigenständig übernehmen können. Dies gilt besonders für die späteren Lehrjahre. Ein weiterer Vorteil für einen Ausbildungsbetrieb ist die Möglichkeit, den eigenen Nachwuchs ganz gezielt (innerhalb der jeweiligen Ausbildungsverordnung) entsprechend der eigenen Vorstellungen auszubilden und in die unternehmensinternen Prozesse einzuarbeiten. Bei einer anschließenden Übernahme profitiert man so von einer besonders kurzen Einarbeitungsphase. Zudem hat das Unternehmen während der Ausbildung viel Zeit seine Auszubildenden kennenzulernen und sich ein Bild über Fähigkeiten,

Charakter und Entwicklung jedes Einzelnen zu machen. Meist bleibt jemand, der bereits in seiner Ausbildung positive Erfahrungen mit einer Firma machen konnte, auch langfristig ein loyaler Mitarbeiter. Und nicht selten schaffen es frühere Azubis im Laufe der Jahre sogar bis weit an die Spitze des Unternehmens.

Schulische Berufsausbildung
Die schulische Berufsausbildung findet in Vollzeit an der Berufsfachschule statt, wo auch der Unterricht abgehalten wird. Im Gegensatz zur betrieblichen Ausbildung wird hier kein Ausbildungsvertrag mit einem Unternehmen abgeschlossen, weshalb auch keine Vergütung erfolgt, stattdessen muss in vielen Fällen Schulgeld entrichtet werden.

Die schulische Ausbildung findet besonders in Pflege und Gesundheitsberufen Anwendung, aber auch durchaus in den Bereichen, Kunst, Technik und Wirtschaft. So gibt es beispielsweise auch Schulen für Medizinisch-technische Assistenten, Erzieher, Fremdsprachenkorrespondenten oder Krankenpfleger. Die theoretische Wissensvermittlung erfolgt dabei in der Schule und wird durch entsprechende Praxisphasen ergänzt. In einem Pflegeberuf beispielsweise in einem Krankenhaus oder Altersheimen, zu denen viele Pflegeschulen gehören. Praktika in entsprechenden Einrichtungen sind in der Regel fester Bestandteil der schulischen Ausbildung, beispielsweise im Kindergarten für angehende Kinderpfleger und Erzieher. Neben dem fachlichen Wissen werden auch allgemeinbildende und fachübergreifende Kenntnisse gelehrt. [4].

7.1.3 Vorteile und Nutzen

Mit dem erfolgreichen Abschluss einer Ausbildung hast du ein solides Fundament, um einen qualifizierten Beruf ausüben zu können. Wenn du möchtest, kannst du dich anschließend auch noch weiterbilden. So kannst du beispielsweise nach einer abgeschlossenen technischen Berufsausbildung, die Meister- oder Technikerschule besuchen oder studieren, wenn du die Hochschulberechtigung hast. Das musst du aber nicht. Es spricht auch nichts dagegen, nach der Ausbildung zu arbeiten. Das Wissen um die grundsätzlichen Möglichkeiten kann die Sorgen um eine vermeintliche Fehlentscheidung enorm lindern. Was ich damit sagen will: Wenn du Lust auf eine Ausbildung hast, kannst du damit, unabhängig von deinem Schulabschluss, nichts falsch machen. Es stehen dir auch danach noch alle Wege offen.

Vorteile

* Gute berufliche Grundlage mit allen Möglichkeiten anschließend.
* Zahlreiche Weiterbildungsoptionen.
* Qualifizierte Fachkräfte haben hohen Wert für den Arbeitsmarkt.
* Geregelter Alltag, durch klaren Rahmen und Struktur der Ausbildung.
* Ausbildungen auch in kleineren Orten und auf dem Land möglich (kein Umzug erforderlich).

Weitere Vorteile speziell bei der beruflichen Ausbildung:

* Regelmäßiges Gehalt während der Ausbildung und Einzahlung in die Rentenkasse.
* Finanzielle Eigenbestimmung und Unabhängigkeit.
* Direkter Start ins Berufsleben mit viel Praxisbezug und Abwechslung.
* Persönliche Kontakte in die Firma und zu erfahrenen Experten.
* Hohe Übernahmechancen.

Nachteile

* Während der Ausbildung weniger individuelle Gestaltungsfreiheit hinsichtlich des Inhalts als während eines Studiums.
* Häufig später festgelegter Tätigkeitsbereich und Einsatzmöglichkeiten mit wenig Spielraum.
* Womöglich schwieriger in der Firma aufzusteigen, da höhere Positionen häufig ein Studium voraussetzen.
* Oftmals später weniger Gehalt als Akademiker.
* Oft Weiterbildungen nötig, um eine höhere Position mit mehr Verantwortung zu bekommen.

7.1.4   Rechtliche Grundlagen

Wenn du eine betriebliche oder schulische Berufsausbildung beginnst, bekommst du vorab einen Ausbildungs- beziehungsweise Schulvertrag, der alle Rahmenbedingungen deiner Ausbildung regelt. Dieser wird sowohl von dir, als auch deinem Ausbildungsbetrieb beziehungsweise deiner Berufsfachschule unterschrieben. Wenn du zum Zeitpunkt deines Ausbildungsstarts noch minderjährig bist, müssen deine Eltern stellvertretend für dich unterschreiben. Im Ausbildungsvertrag sind unter anderem deine Rechte und Pflichten als Auszubildender festgelegt, ebenso wie Beginn und Dauer deiner Ausbildung, die täglichen Arbeitszeiten, Vergütungshöhe, Urlaubsanspruch, Probezeitdauer, Kündigungsvoraussetzungen und so weiter, alles gemäß dem Berufsbildungsgesetz. Für minderjährige Auszubildende gilt darüber hinaus das Jugendarbeitsschutzgesetz (JArbSchG) [5].

Am Beispiel der betrieblichen Ausbildung schauen wir uns einmal die Pflichten aller Beteiligten an. Wobei die Rechte des Auszubildenden gleichzeitig die Pflichten des Ausbildungsbetriebes sind und umgekehrt:

Pflichten des Ausbildungsbetriebs [5]

* Ausbildungspflicht.
* Freistellung des Azubis zum Besuch der Berufsschule.
* Bereitstellung von (kostenlosen) Arbeitsmitteln, z. B. Werkzeuge, Werkstoffe, Sicherheitsschuhe.
* Zeugnispflicht nach Beendigung der Ausbildung.

Zudem hat der Auszubildende einen Anspruch auf eine angemessene, jährlich ansteigende Vergütung.

Pflichten des Auszubildenden [7.5]

* Lernpflicht.
* Verpflichtender Besuch der Berufsschule.

* Gehorsamspflicht/Weisungspflicht (Anordnungen der Ausbilder müssen befolgt werden, solange sie sich im Rahmen der Berufsausbildung bewegen).
* Sorgfaltspflicht (Aufgaben müssen sorgfältig ausgeführt werden und der Umgang mit Arbeitsmitteln muss pfleglich erfolgen).
* Verpflichtende Einhaltung der Betriebsordnung (z. B. Schutzkleidung, Rauchverbot).
* Schweigepflicht über Geschäfts- und Betriebsgeheimnisse (z. B. bestimmte Rezepturen).

7.1.5 Stellensuche

Wenn du dich für eine Ausbildung entschieden hast, solltest du so früh wie möglich anfangen, nach passenden Stellen Ausschau zu halten. In der Regel beginnen Berufsausbildungen am 1. August oder 1. September. Die entsprechenden Bewerbungsphasen finden oft bereits im Mai, Juli oder August des Vorjahres (!) statt. Zwar kann es – besonders bei kleineren Betrieben – durchaus vorkommen, dass die Bewerbungsphasen erst ein halbes Jahr vor Ausbildungsbeginn stattfinden, aber davon solltest du nicht ausgehen.

Spezifisch für die betriebliche Berufsausbildung
Bei kleineren lokalen Unternehmen, Geschäften oder Praxen, die womöglich keine eigene Webseite haben, kann es sich lohnen, direkt vor Ort oder telefonisch nach entsprechenden Ausbildungsmöglichkeiten zu fragen. Vielleicht siehst du sogar einen entsprechenden Aushang in einem Geschäft oder Schaufenstern, auf dem: *„Wir bilden aus"* oder Ähnliches geschrieben steht. Bei größeren Firmen solltest du die entsprechende Firmenwebseite nach passenden Stellen durchforsten. Normalerweise werden dort alle angebotenen Stellen, vom Praktikum bis zur Festanstellung, veröffentlicht. Das gilt natürlich auch für freie Ausbildungsplätze. Wenn du keine finden solltest, würde ich auch hier den Griff zum Telefon empfehlen. Alternativ kann auch eine freundliche E-Mail Klarheit verschaffen:

Beispiel

Sehr geehrte Damen und Herren,
ich interessiere mich sehr für eine Ausbildung in Ihrem Unternehmen. Leider habe ich auf Ihrer Webseite keine offenen Stellen gefunden und wollte deshalb nachfragen, ob Sie geplant haben, im nächsten Jahr auszubilden.
Über eine Antwort würde ich mich sehr freuen
Vielen Dank
Mit freundlichen Grüßen

Gut möglich, dass das Unternehmen ausbildet, aber entweder schon alle Ausbildungsplätze besetzt hat oder diese noch nicht veröffentlicht wurden. Egal ob du *„zu spät"* oder *„zu früh"* dran bist, ist es völlig legitim, freundlich nachzufragen, wenn du online keine Ausbildungsplätze finden kannst. Eine weitere gute Idee kann es sein, sich mit der Berufsberatung oder dem Jobcenter der Bundesagentur für Arbeit in Verbindung zu setzen. Viele Ausbildungsbetriebe lassen sich von diesen potenzielle Kandidaten vorschlagen. Wenn du eine konkrete Vorstellung davon hast, welche Art von Ausbildung du in welcher Branche machen möchtest, dann kann dir eine allgemeine Internetrecherche dabei helfen, potenzielle Arbeitgeber zu finden. Womöglich wirst du so auch auf Firmen aufmerksam, an die du gar nicht gedacht hättest, oder noch nicht kennst. Es gibt im Internet zahllose Job- und Ausbildungsbörsen, die du bei deiner Suche nutzen solltest. Selbiges gilt für entsprechende Apps. In der Stellenbörse der lokalen Zeitung kannst du eventuell auch passende Optionen für dich finden. Zudem würde ich dir empfehlen, im Bekanntenkreis nachzufragen und diesen darüber zu informieren, dass du auf der Suche nach einer passenden Ausbildungsstelle bist. Je mehr Augen und Ohren bei der Suche offengehalten werden, desto höher stehen deine Chancen.

Auch Ausbildungs- und Karrieremessen in der Umgebung können in dieser Phase enorm hilfreich sein, da du dort viele Ausbildungsbetriebe aus der Umgebung ganz einfach und unverbindlich ansprechen kannst. Das ist eine tolle Möglichkeit, schnell und mit wenig Aufwand sehr viele potenzielle Ausbildungsbetriebe kennenzulernen und mehr über deren Ausbildungsberufe zu erfahren. Außerdem kannst du dabei wertvolle Kontakte für dein Anschreiben knüpfen. Meist sind auf diesen Messen Führungskräfte oder Vertreter der Personalabteilung anwesend, denen du auch beim Bewerbungsgespräch begegnen kannst. Wenn du mit einem Firmenvertreter auf der Messe ins Gespräch kommst, solltest du unbedingt nach einer Visitenkarte oder zumindest dem Namen fragen (oder vom Namensschild ablesen) und notieren. Manchmal kann es auch vorkommen, dass dich jemand dazu auffordert, deine Bewerbungsunterlagen direkt an ihn persönlich zu schicken. Diese Chance solltest du unbedingt nutzen und dies idealerweise binnen ein bis zwei Wochen auch tun. Natürlich direkt an deinen Ansprechpartner adressiert. Mit etwas Glück erinnert er sich noch an dich.

Wenn du feststellen solltest, dass sich die Suche als sehr schwierig herausstellt, obwohl du rechtzeitig dran bist, könnte es eine Option sein, den Suchradius auf die weitere Umgebung auszudehnen oder alternative Berufe mit in Betracht zu ziehen.

Spezifisch für die schulische Berufsausbildung
Wenn du eine schulische Berufsausbildung machen möchtest, solltest du dich ebenfalls rechtzeitig informieren. Häufig sind die Plätze begrenzt, heiß begehrt und schnell weg. Analog zur betrieblichen Ausbildung kann auch hier der Bewerbungsprozess über ein Jahr im Voraus beginnen. Auch ist es nicht unüblich, dass du bereits vor deiner Bewerbung gewisse Zulassungsvoraussetzungen erfüllen musst. Beispielsweise wird häufig ein Pflichtpraktikum im Ausbildungsbereich verlangt, welches du bereits bei deiner Bewerbung nachweisen musst oder ein gewisser Notendurchschnitt im Abschlusszeugnis wird verlangt. Es ist wirklich wichtig, dass du derartige Bedingungen früh genug erfährst, damit du diese noch rechtzeitig zur Bewerbungsfrist erfüllen kannst. Erfahrungsgemäß lernt es sich auch in der Schule gleich ganz anders (und deutlich motivierter), wenn man auf ein ganz konkretes Ziel hinarbeitet, wie beispielsweise den ersehnten Ausbildungsplatz.

Bei der Suche nach schulischen Ausbildungsplätzen kann dir das Internet eine große Hilfe sein. Dabei sind sowohl die allgemeine Internetrecherche zu empfehlen als auch entsprechende Webseiten, wie beispielsweise von der Bundesagentur für Arbeit. Sie liefert unter anderem sehr schön nach Regionen sortiert diverse Anbieter schulischer Ausbildungen sowie die entsprechenden Zugangsvoraussetzungen etc. (https://www.arbeitsagentur.de/bildung/ausbildung).

Wenn du eine (oder mehrere) Berufsfachschulen für dich identifiziert hast, solltest du, wenn möglich, den dortigen Tag der offenen Tür nutzen, um dich zu informieren und sowohl die Einrichtung als auch Lehrer und Betreuer kennenzulernen. Nichts geht über einen persönlichen Eindruck. Gerade bei der schulischen Ausbildung ist es häufig nicht möglich, sich eine Einrichtung auszusuchen, da es im weiteren Umfeld vielleicht nur die eine gibt. Auch in diesem Fall würde ich an deiner Stelle versuchen, so viele Informationen wie möglich vorab zu bekommen.

7.1.6 Bewerbungsunterlagen

Aufbauend auf den allgemeinen Informationen über den Inhalt der Bewerbungsmappe aus Abschn. 3.1 werden auch die Bewerbungsunterlagen für einen Berufsausbildungsplatz erstellt.

Spezifisch für die betriebliche Berufsausbildung
Bei der Bewerbung um einen Ausbildungsplatz in einem Betrieb solltest du sowohl einen Lebenslauf als auch ein Anschreiben einreichen. Im Idealfall enthält dein Lebenslauf zu diesem Zeitpunkt auch bereits erste Berufserfahrungen in Form von (mindestens) einem Praktikum, einem Schülerjob oder einem Gap-Jahr. Alle Tätigkeiten, die belegen, dass du neben dem Schulalltag bereits erste Erfahrungen in der Arbeitswelt gesammelt hast, können deine Chancen bei der Bewerbung um eine betriebliche Ausbildung erhöhen. Besonders gut macht sich ein

Praktikum in der angestrebten Branche oder Berufsrichtung, wobei das Nonplusultra ein Praktikum in genau der Firma wäre, bei der du dich jetzt um einen Ausbildungsplatz bewirbst. Womöglich sogar noch in der gleichen Abteilung? In diesem Fall kennst du vielleicht schon den richtigen Ansprechpartner. Das kann deine Chancen auf eine Einladung zum Vorstellungsgespräch ungemein steigern. Auch hilft es dir die klassische Frage im Bewerbungsgespräch, nach dem Grund für deine Ausbildungs- beziehungsweise Unternehmenswahl, zu beantworten, zum Beispiel so: *„Ich möchte diesen Ausbildungsberuf erlernen, weil ich im Praktikum in den Arbeitsalltag und Aufgabenbereich schnuppern konnte und mir das sehr gefallen hat. Es soll genau diese Firma sein, weil ich sie sehr positiv erlebt habe und von den Kollegen und dem Betriebsklima angetan bin."* Dabei wird diese Argumentation umso stärker, je länger dein Praktikum gedauert hat. Mindestens zwei bis drei Wochen sollten es schon gewesen sein, im Idealfall noch länger.

Wenn du unbedingt in einem bestimmten Unternehmen eine Berufsausbildung machen möchtest, tust du gut daran, frühzeitig, vor deiner Bewerbung ein entsprechendes Praktikum dort zu absolvieren. Das ist der wertvollste Tipp, den ich dir geben kann, wenn es darum geht, deine Chancen, um einen ganz konkreten Ausbildungsplatz in deinem Wunschunternehmen zu steigern.

Praktikumsbescheinigungen und Empfehlungsschreiben, die etwas Positives über deinen Charakter oder vielleicht sogar dessen Eignung für die entsprechende Position aussagen, sind an dieser Stelle Gold wert.

Spezifisch für die schulische Berufsausbildung

In der Regel benötigst du auch bei der Bewerbung um eine schulische Ausbildung Lebenslauf (Abb. 7.1) und Anschreiben (Abb. 7.2). Ich habe auch schon gehört, dass es reichen kann, das Zeugnis einzusenden beziehungsweise die Noten anzugeben, aber davon solltest du besser nicht ausgehen.

Lebenslauf
Klaus Blum

Persönliche Daten

Anschrift:	Musterweg 1, 12345 Musterstadt
Telefon:	0111/ 11111
E-Mail:	Klaus.Blum@musteremail.de
Geburtsdatum:	09.03.1998
Geburtsort:	Musterstadt

Schulbildung

09/04 - 07/08	Grundschule Musterstadt
09/08 - heute	Friedrich Schiller Realschule, Musterstadt
	Technischer Zweig
Angestrebter Abschluss:	Mittlere Reife im Juni 2014
Lieblingsfächer:	Physik (sehr gut), Mathematik (gut)

Berufserfahrung

10/12	Einwöchiges Schülerpraktikum bei der
	123 GmbH, Musterstadt
Tätigkeiten:	Unterstützung im Büro der Angebotsabteilung
08/13	Vierwöchige Ferienarbeit in der Stahl AG, Musterstadt
Tätigkeiten:	Fertigung von kleineren Stahlkomponenten

Zusatzqualifikationen

Computerkenntnisse:	Maschinenschreiben, MS Office
Sprachkenntnisse:	Deutsch (Muttersprache), Englisch (fließend)

Sonstige Aktivitäten

01/10 - heute	Ehrenamtliche Mitarbeit in der Bücherei, Musterstadt
03/08 - heute	Sportverein Musterstadt, Fußball, aktiver Mittelfeldspieler
01/11 - heute	Aktives Mitglied der Freiwilligen Feuerwehr Musterstadt
	regelmäßige Übungen, Unterstützung bei Festen

Lesen, Skifahren, Radsport, Gitarre spielen

Musterstadt, 01.09.2013

Klaus Blum

Abb. 7.1 Beispiellebenslauf Berufsausbildung

Klaus Blum
Musterweg 1
12345 Musterstadt
01111/ 11111
Klaus.Blum@musteremail.de

Stahl AG
z.Hd. Herr Franz Gelb
Stahl Straße 1
12345 Musterstadt

Musterstadt, 01.09.2013

Bewerbung um einen Ausbildungsplatz zum Industriemechaniker

Sehr geehrter Herr Gelb,

in der „Musterstädter Zeitung" bin ich auf Ihre Stellenanzeige für einen Ausbildungsplatz zum Industriemechaniker gestoßen. Die beschriebenen Aufgabenbereiche und Tätigkeiten entsprechen meinen Fähigkeiten und ich würde gerne Teil Ihres Teams werden. Zu meiner Person: Ich heiße Klaus Blum und besuche derzeit die 10te Klasse der Friedrich Schiller Realschule in Musterstadt und werde im Sommer mit der Mittleren Reife abschließen. Der Beruf des Industriemechanikers interessiert mich aufgrund der Vielfältigkeit und Komplexität an Tätigkeiten, Aufgaben und Einsatzgebieten.

Seit meiner frühen Kindheit fasziniert und begeistert mich Mechanik und Technik und seit ich denken kann, schraube und tüftle ich leidenschaftlich gerne mit meinem Opa in dessen Werkstatt. Bohren, Drehen und Schweißen habe ich bereits sehr früh gelernt. Mit zunehmendem Verständnis der theoretischen Hintergründe in der Schule, besonders in meinem Lieblingsfach Physik, wurde mir immer mehr klar, dass ich auch beruflich in diesem Bereich arbeiten möchte. Auch die Berufseignungstests, die ich im Rahmen meiner Berufsorientierung gemacht habe, haben mir immer wieder technische Berufe als passende Option für mich bescheinigt. Um meine Entscheidung zu konkretisieren, habe ich 4 Wochen in Ihrem Unternehmen als Ferienarbeiter gearbeitet.
Die Arbeit im Team, das kreative Schaffen und die Struktur haben mir sehr gefallen. Ich habe durch mein Praktikum bei Ihnen in einigen technischen Bereichen wertvolle Einblicke bekommen, doch nichts hat mich so fasziniert, wie der Beruf des Industriemechanikers. Besonders WIG Schweißen und CNC Programmieren haben es mir angetan. Teamfähigkeit und Verantwortungsbewusstsein stelle ich seit 2 Jahren regelmäßig als Fußballtrainer der Kinderfußballmannschaft meines Sportvereins unter Beweis.

Über eine positive Rückmeldung und eine Einladung zum persönlichen Gespräch würde ich mich sehr freuen.

Beste Grüße aus Musterstadt

Klaus Blum

Klaus Blum

Abb. 7.2   Beispielanschreiben Berufsausbildung

7.1.7 Bewerbungsschritte

Spezifisch für die betriebliche Berufsausbildung
Besonders bei größeren Betrieben läuft der Auswahlprozess oftmals nach einem festen Schema ab, worüber du dich auf der jeweiligen Firmenwebseite informieren kannst. Etwa jedes Jahr um die gleiche Zeit werden die freien Ausbildungsstellen veröffentlicht, womit das offizielle Bewerbungsverfahren beginnt. Du solltest dich unbedingt frühzeitig informieren und bewerben, da in vielen Fällen die Plätze besetzt werden, sobald passende Kandidaten gefunden wurden. Das heißt, wenn alle Plätze bereits vergeben sind, ist es egal wie gut du bist, deine Bewerbung kann nicht mehr erfolgreich sein. Frühzeitig kann in diesem Zusammenhang übrigens auch durchaus ein Jahr vor dem geplanten Start deiner Ausbildung bedeuten.

Viele Unternehmen erwarten von ihren Bewerbern, dass sie die Bewerbungsmaske auf der Firmenwebseite ausfüllen und ihre Bewerbungsunterlagen dort hochladen. Gerade große Unternehmen setzen dabei häufig sogar ausschließlich auf die Onlinebewerbung. Es kann aber auch vorkommen, dass du es dir aussuchen kannst, ob du deine Unterlagen online oder postalisch einreichen möchtest. Gut möglich, dass die postalisch erhaltenen Unterlagen dann manuell ins System eingetragen werden, beziehungsweise die Onlinebewerbungsunterlagen ausgedruckt werden. So oder so bringt es dir in der Regel keinen Vorteil, egal für welchen Weg du dich entscheidest. Ich persönlich bevorzuge die Onlinebewerbung, da sie schneller geht und Geld im Sinne von Bewerbungsmappe, Bild und Porto spart. Alle wichtigen Informationen rund um die Online- und Papierbewerbung siehe Abschn. 3.2.

Es ist sehr wichtig, dass du bei deiner Bewerbung alle geforderten Daten und Unterlagen bereitstellst. Auf diese Weise unterstützt du einen möglichst reibungsfreien und zügigen Ablauf und die rasche Bearbeitung vonseiten der Firma. Fehlen wichtige Informationen, muss das Unternehmen nachfragen, was Zeit kostet. Im schlimmsten Fall wird deine Bewerbung deshalb sogar aussortiert. Grund dafür kann die schiere Menge an Bewerbungen sein, die ein Unternehmen jedes Jahr bekommt.

Nach dem Absenden deiner Bewerbungsunterlagen kann der weitere Prozess je nach Größe des Betriebs, Anzahl der erhaltenen Bewerbungen und zu besetzenden Ausbildungsplätzen, stark variieren. In der Regel findet immer ein Vorstellungsgespräch statt. Manchmal wird dieses noch mit einem Einstellungstest und gegebenenfalls einem (mehr oder weniger ausführlichem) Assessment Center kombiniert. Alles rund um den Bewerbungsprozess, siehe Kap. 4.

Beispiele
Nachfolgend ein paar Beispiele für reale Bewerbungsprozesse, die so abgelaufen sind:

Beispiel 1: Bewerbung um einen Ausbildungsplatz bei Firma 1 (sehr großes internationales Unternehmen, welches jedes Jahr viele unterschiedliche Ausbildungsberufe an mehreren Standorten deutschlandweit ausbildet):

* **Onlinebewerbung:** Eintragen der persönlichen Daten über die Eingabemaske sowie Hochladen von Lebenslauf, Anschreiben, den letzten beiden Zeugnissen und allen Praktikumsnachweisen.
* Kurzer **Onlinetest** (Einladung via E-Mail binnen weniger Tage).
* Nach Auswertung der Daten Einladung zum Auswahltag via E-Mail (vorab Information über dessen Ablauf und Dauer).
* **Auswahltag** (Einstellungstest mit vielen anderen Bewerbern in Papierform, danach Assessment Center mit den anderen Bewerbern, Selbstpräsentation vor der Gruppe und den Beobachtern, Gruppendiskussion, anschließend hat jeder Bewerber separat ein Vorstellungsgespräch), Dauer circa 4 bis 5 h.
* Nach einigen Wochen kommt eine E-Mail mit der **Zusage des Unternehmens** und einem Vertragsangebot.

Beispiel 2: Bewerbung um einen Ausbildungsplatz bei Firma 2 (mittelständisches Unternehmen, mehrere freie Ausbildungsplätze und Ausbildungsrichtungen pro Jahr)

* Wahlweise **Papier- oder Onlinebewerbung:** Versenden der Bewerbungsmappe via E-Mail oder auf dem postalischen Weg.

* Nach einigen Wochen postalische Einladung zum Vorstellungs-gespräch (vorab Information, dass eine 15-minütige Selbst-präsentation vorbereitet werden soll).
* Klassisches **Vorstellungsgespräch** (inklusive Selbstpräsentation), Dauer circa 1,5 bis 2 h.
* Nach einigen Wochen Zusage des Unternehmens und Vertrags-angebot per Post.

Beispiel 3: Bewerbung um einen Ausbildungsplatz bei Firma 3 (lokaler Betrieb, 1 bis 3 Ausbildungsplätze in einer Ausbildungsrichtung pro Jahr)

1. **Papierbewerbung:** Versenden der Bewerbungsmappe auf dem postalischen Weg.
2. **Telefonische Rückfrage** der direkten Führungskraft zur Klärung einiger offener Punkte und direkte **Einladung zum Vorstellungs-gespräch** sowie entsprechende Terminvereinbarung.
3. Klassisches **Vorstellungsgespräch** (Dauer circa 1 bis 1,5 h).
4. Nach einigen Wochen **Zusage des Unternehmens** und Vertrags-angebot per Post.

Natürlich lässt sich nicht grundsätzlich sagen, dass größere Firmen immer einen standardisierten und gegebenenfalls aufwendigeren Bewerbungsprozess haben als mittelständische oder kleinere Betriebe. Auch veranstalten nicht alle größeren Firmen grundsätzlich immer einen Auswahltag mit mehreren Bewerbern und einem ausführlichen Assessment Center. Allerdings ist dies bei einem großen Unternehmen sehr viel wahrscheinlicher als bei einem kleinen, regionalen Betrieb. Zudem ist es möglich, dass in Folge der Pandemie Teile des Prozesses virtuell stattfinden. Das macht im Grunde keinen Unterschied. Du tust in diesem Fall gut daran, dich so zu verhalten, als wärst du vor Ort. Tipps hierzu findest du in Abschn. 4.1.2.

In der Regel wirst du bereits bei der Einladung zum Auswahltag oder Vorstellungsgespräch über den genauen Ablauf informiert. Falls nicht, kann dir die geplante Dauer der Veranstaltung Rückschlüsse zu deren Umfang ermöglichen. Auch kannst du in diesem Fall nach Erhalt deines

Einladungsschreibens telefonisch nachfragen, wie der Ablauf sein wird und ob du etwas Spezielles vorbereiten solltest. In jedem Fall empfiehlt es sich, Kap. 4 mit den Allgemeinen Informationen und Grundlagen zum Bewerbungsprozess vorab gründlich durchzulesen. Auch wenn es eher unwahrscheinlich ist, dass du für eine Berufsausbildung ein mehrtägiges, voll aufgeblasenes Assessment Center absolvieren musst, kann das Wissen darum, gut vorbereitet und gewappnet zu sein, eine große Erleichterung bedeuten. Selbst wenn du am Ende vielleicht wirklich *„nur"* ein ganz normales Bewerbungsgespräch absolvieren musst.

Wenn dein Bewerbungsprozess erfolgreich verläuft und du eine Zusage bekommst, könnte der weitere Ablauf wie folgt aussehen:

* **Zusage des Bewerbers** (häufig via E-Mail).
* **Vertragserstellung** und postalischer **Versand** innerhalb einiger Wochen (Unterschrift der Firma bereits vorhanden).
* Nach genauem Durchlesen und Prüfen folgt die **Vertragsunterschrift durch den Bewerber** (beziehungsweise dessen Eltern bei Minderjährigkeit).
* Postalische **Rücksendung des unterschriebenen Vertrags** an das Unternehmen.
* In vielen Fällen wird noch ein vom Betriebsarzt (falls vorhanden) durchgeführter und bestandener Gesundheitscheck vorausgesetzt sowie natürlich die erfolgreich bestandenen Schulabschlussprüfungen, falls noch nicht geschehen.

Vor dem Ausbildungsstart erhältst du rechtzeitig weitere Informationen über Beginn und Ablauf deiner ersten Arbeitstage.

Spezifisch für die schulische Berufsausbildung

Bei der Bewerbung für eine schulische Berufsausbildung musst du deine Unterlagen mit Lebenslauf, Anschreiben und Anlagen in der Regel direkt an die entsprechende Berufsfachschule schicken. Auf der Webseite der jeweiligen Einrichtung findest du alle Informationen dazu. Dort erfährst du auch, ob eine Onlinebewerbung oder das Einsenden der physischen Unterlagen gewünscht ist. Wenn du alle geforderten Auswahlkriterien erfüllst, erhältst du in der Regel die Einladung zum

Vorstellungsgespräch. Meine Cousine hat eine schulische Ausbildung zur Kinderpflegerin absolviert. Sie hat berichtet, dass sie direkt beim Bewerbungsgespräch die Zusage erhalten hat und einige Wochen später, der Vertrag im Briefkasten war. Schön, dass es manchmal auch ganz einfach und unkompliziert laufen kann.

7.1.8   Erfahrungen und Tipps

Gerade sehr große Unternehmen haben häufig für die Besetzung von Ausbildungs- oder dualen Studienplätzen (siehe Abschn. 7.3) standardisierte Bewerbungsprozesse. Das schafft eine gewisse Vergleichbarkeit und spart Zeit, wenn es jedes Jahr viele Stellen zu besetzen gilt. Als Bewerber erhältst du auf diese Weise Transparenz, weißt was dich erwartet und kannst dich entsprechend vorbereiten. Natürlich kann es auch hier im Einzelfall zu kleineren Abwandlungen kommen. In jedem Fall kann es sich lohnen, bereits vorab einen Blick auf die Firmenwebseite zu werfen. Dort findest du meist Informationen zum Prozess. Manche Unternehmen geben sogar detaillierte Hinweise und Tipps zum Bewerbungsverfahren. Auch eine allgemeine Internetrecherche kann dich weiterbringen. Auf diversen Foren gibt es häufig Erfahrungsberichte von ehemaligen Bewerbern.

In der Regel bewirbst du dich über ein Jahr vor Ausbildungsstart auf einen Ausbildungsplatz. Das bedeutet auch, dass du das nicht mit deinem Abschlusszeugnis tust, sondern mit den letzten beiden Zeugnissen, die du zu diesem Zeitpunkt besitzt. Der Betrieb entscheidet also auf Basis dieser Noten. Wer denkt, die Vorjahresnoten zählen nicht, weil es einzig und allein auf die Abschlusszeugnisnote ankommt, hat falsch gedacht. Deshalb an dieser Stelle ein dringender Tipp: Gib unbedingt bereits ein Jahr vor deinem geplanten Abschluss in der Schule dein Bestes. Unter Umständen zählt dieses Zeugnis mehr als dein finales Abschlusszeugnis. Wenn du erst einmal eine Zusage bekommen hast, ist diese normalerweise an die Bedingung geknüpft, dass du deine Prüfungen auch alle bestehst. Die finale Note ist normalerweise kein Kriterium dafür, eine Ausbildungsstelle wieder zu verlieren. (Natürlich solltest du trotzdem dein Bestes geben, da deine Abschlussnote unter

Umständen dein Leben lang im Lebenslauf angegeben wird. Dann interessiert sich wiederum niemand mehr für die Vorjahresnote, die jetzt so wichtig ist.)

Empfehlungen für Zusatzinformationen zur Berufsausbildung

- https://www.arbeitsagentur.de/jobsuche/ (Ausbildungsjobbörse nach Berufsfeld der Bundesagentur für Arbeit)
- www.ihk.de (Webseite der Industrie- und Handelskammer mit zahlreichen Infos rund um Ausbildung, Ausbildungsvertrag etc.)
- www.gesetze-im-internet.de/bbig_2005 (Berufsbildungsgesetz mit allen rechtlichen Details zur Berufsausbildung)

7.2   Studium

7.2.1 Definition

Ein Studium bezeichnet die wissenschaftliche Ausbildung an einer Hochschule. Die Studierenden (oder Studenten) befassen sich inhaltlich mit einem bestimmten wissenschaftlichen Fachgebiet mit dem Ziel, sich darin Kenntnisse anzueignen, dieses also zu *„studieren"*. Mit einem Studienabschluss bist du nicht auf einen einzigen Beruf festgelegt. Stattdessen stehen dir meistens verschiedene berufliche Möglichkeiten offen [6].

In Deutschland gibt es gegenwärtig circa 350 Hochschulen. Dazu zählen unter anderem die Universitäten (Wissenschaftliche Hochschulen), Technische Universitäten, Fachhochschulen (Hochschulen für angewandte Wissenschaften), Technische Fachhochschulen, Fachspezifische Hochschulen, wie Kunst- und Musikhochschulen, Pädagogische Hochschulen und Verwaltungsfachhochschulen. Des Weiteren gibt es duale Hochschulen (Berufsakademien) und Fernuniversitäten. Beim Studium musst du eine vorgeschriebene Anzahl festgelegter Prüfungsleistungen erbringen, um einen international anerkannten Hochschulabschluss zu erwerben. Der Bachelor ist der erste akademische Abschluss und dauert in der Regel sechs bis acht Semester (ein Semester enspricht dabei sechs Monaten), also drei bis vier Jahre. Daran anknüpfend kannst du einen Beruf ergreifen oder weiterstudieren, um das im Bachelor erworbene Wissen weiter zu vertiefen oder dich zu spezialisieren. Nach weiteren ein bis zwei Jahren kannst du so den Masterabschluss erwerben. Anschließend kannst du in die Berufswelt starten, oder alternativ den Doktortitel anstreben [1].

Bereits vor Beginn des Studiums musst du dir die Frage stellen, welche Hochschulform es sein soll. Während eine duale Hochschule ausschließlich duale Studenten mit einem betrieblichen Partner aufnehmen, sind Universitäten und Fachhochschulen grundsätzlich öffentlich zugänglich. Sie stellen jedoch unterschiedliche Anforderungen an die Schulabschlüsse der Bewerber. Eine Übersicht über die verschiedenen Hochschulzugangsberechtigungen und deren Möglichkeiten findest du in Abschn. 2.1.

7.2.2 Aufbau und Ablauf

Ein Studienjahr unterteilt sich in ein Sommer- und ein Winterhalbjahr, oder -semester. Die Vorlesungszeit dauert dabei jeweils circa 14 Wochen. Die vorlesungsfreie Zeit wird auch Semesterferien genannt. In den Semesterferien haben die wenigsten Studenten Zeit, sich auszuruhen, da es je nach Studiengang (verpflichtende und manchmal auch benotete) Hausarbeiten zu schreiben gilt oder für die Prüfungen gelernt werden muss. Bei einigen Hochschulen finden diese nicht am Ende eines Semesters, sondern zu Beginn des neuen Semesters statt. Viele Studenten arbeiten in den Semesterferien, um sich das Studium zu finanzieren oder absolvieren ein Praktikum, um praktische Berufserfahrung zu sammeln und ihre Chancen auf dem Arbeitsmarkt nach Studienende zu verbessern. Mehr Informationen dazu findest du in Kap. 8.

In einem Studium werden Informationen und Wissen in der Regel durch Vorlesungen vermittelt. Der Professor trägt den Lerninhalt vor und die Studenten hören dabei (oft in sehr großer Zahl von einigen hundert Studenten) zu, schreiben mit und machen sich Notizen. Anschließend gilt es den Inhalt zu wiederholen, zu vertiefen und gegebenenfalls zu üben. Das kann im Selbststudium nach der eigentlichen Vorlesung erfolgen oder (ergänzend dazu) in – von der Hochschule organisierten und teilweise verpflichtenden – Übungen, Seminaren oder Ähnlichem. In der Regel besuchst du als Student in jedem Semester eine vorgegebene – aber nicht verpflichtende – Anzahl an unterschiedlichen Studienfächern, die jeweils auf unterschiedliche Teilaspekte des gewählten Studiengangs eingehen. Beispielsweise habe ich im Maschinenbaustudium Vorlesungen zu Themen wie Mathematik, Werkstofftechnik, Festigkeitslehre, Turbomaschinen, Elektrotechnik etc. besucht. Bei meinem MBA Studium gab es dagegen Vorlesungen zu Leadership, Finance, Innovation etc.

Bei jedem Studiengang wird eine gewisse Anzahl an Seminaren, Vorlesungen und Prüfungen zum Erhalt des Abschlusses vorausgesetzt. Um innerhalb der Regelstudienzeit zu bleiben, solltest du diese entsprechend den Hochschulempfehlungen absolvieren. Das kann unter Umständen auch heißen, dass du in einem Semester sechs Prüfungen oder mehr antreten und bestehen musst. Als Student hast du grundsätzlich die Möglichkeit weniger Prüfungen zu schreiben und dadurch die Studienzeit zu verlängern. Andersherum kannst du auch Prüfungen aus höheren Semestern vorziehen, um mit deinem Studium schneller fertig zu werden. Dabei gilt es jedoch zu beachten, dass häufig die Teilnahme an Seminaren oder Übungen als Zugangsberechtigung für eine Prüfung vorgeschrieben wird.

Wenn du studieren möchtest, solltest du eigenständig und selbstverantwortlich arbeiten und lernen können. Anders als bei der Ausbildung, bei der die Lehrer oder Betreuer im Betrieb darauf achten, dass du die nötigen Inhalte in der vorgegebenen Zeit beherrscht, bist du im Studium dafür selbst verantwortlich. Auch die Anwesenheit in Vorlesungen wird (mit Ausnahme weniger Pflichtveranstaltungen) nicht überprüft. Es gibt unter dem Semester in der Regel auch keine Tests und Teilnoten, stattdessen wird das gesamte Wissen eines Faches am Semesterende in einer großen Prüfung abgefragt. Wenn du diese nicht bestehst, hast du die Möglichkeit diese in begrenzter Anzahl zu wiederholen. In der Regel hast du maximal drei Versuche, später auch mal vier, dann wird das Studium vonseiten der Hochschule zwangsläufig beendet. Wenn du dann nicht das Studienfach oder in ein anderes Bundesland wechselst, verlierst du deine bisher erbrachten Studienleistungen.

Universität oder Fachhochschule?
Eine Frage, die du dir stellen musst, ist die, ob du an einer Universität oder Fachhochschule studieren möchtest. Nur weil du womöglich am Gymnasium das Allgemeine Abitur erworben hast und somit an der Universität studieren darfst, muss das nicht automatisch die beste Wahl für dich sein. Es gibt Studiengänge, die ausschließlich an der Universität angeboten werden, wie beispielsweise Medizin und Jura. Die meisten Studiengänge werden jedoch auch an der Fachhochschule angeboten. Im Vergleich zur Universität, die mehr Freiheit und Optionen bei der Fächergestaltung bietet, ist die Fachhochschule deutlich verschulter und gibt teilweise sogar *„Stundenpläne"* für jedes Semester heraus. Zudem legt die Fachhochschule ihren Fokus auf die praktische Umsetzung des gelernten Wissens während die Universität sich mehr auf die theoretische Wissensvermittlung sowie die Forschung konzentriert. Der höhere Praxisbezug der Fachhochschule wird durch Dozenten verstärkt, die meist selbst einige Jahre in der Wirtschaft im konkreten Fachbereich gearbeitet haben und so ihre eigenen Erfahrungen in die Vorlesungen einfließen lassen können. Letztlich ist es Geschmacksache und auch eine Frage, wo man zugelassen wird. Wer allerdings von Anfang an weiß, dass er eine wissenschaftliche Laufbahn einschlagen und später in der Forschung arbeiten möchte, für den könnte die Universität tatsächlich die bessere Wahl sein. Es ist auch möglich, den Bachelor an der Fachhochschule zu machen und den Master anschließend an der Universität oder andersherum.

7.2.3 Vorteile und Nutzen

Wie alles im Leben hat ein Studium seine Vor- und Nachteile und ist damit nicht per se besser oder schlechter als eine Berufsausbildung.

Vorteile

* Häufig viele Bereiche und Branchen für späteren Berufseinstieg möglich.
* Möglichkeit, sich ganz auf das gewählte Fachgebiet zu konzentrieren und dabei von Gleichgesinnten und Experten umgeben zu sein.
* Große Auswahl an Studiengängen und hohe Flexibilität und Gestaltungsfreiheit des Studieninhalts (besonders an der Universität).
* Auslandsaufenthalte realisierbar (beispielsweise Auslandssemester).
* Praktika während des Studiums möglich, um Praxiserfahrung zu gewinnen und verschiedene Bereiche kennenzulernen.
* Anschließende Karriere in Forschung und Wissenschaft möglich.
* In der Regel höheres Einstiegsgehalt als nach einer Berufsausbildung.
* Einige Positionen setzen ein abgeschlossenes Studium voraus.
* Führungskräfte sind oftmals Akademiker.
* Gegebenenfalls später größere Chancen in der Firma aufzusteigen.

Nachteile

* Viel Eigenverantwortung und Selbstdisziplin erforderlich.
* Kein geregeltes Einkommen, Nebenjobs oder Unterstützung aus der Familie nötig (ggf. auch Stipendien oder anderweitige Förderung).
* Relativ wenig Praxisbezug im Studium (besonders an der Universität).
* Nicht jeder Studiengang wird an jeder Universität angeboten, ein Umzug kann erforderlich sein.
* Gefahr, einen Studiengang zu wählen, der anschließend nur sehr geringe Jobchancen bietet (*„brotlose Kunst"*).

7.2.4 Rechtliche Grundlagen

Auf der Internetseite der Kultusministerkonferenz kannst du Informationen zu den geltenden Gesetzen rund um das Studium finden. Auf Bundesebene greifen das Hochschulrahmengesetz, das Professorenbesoldungsreformgesetz, das Professorenbesoldungsneuregelungsgesetz,

das Bundesausbildungsförderungsgesetz (BAföG) und das Stipendien-
programmgesetz. Ferner gelten die Staatsverträge über die gemeinsame
Einrichtung hinsichtlich der Hochschulzulassung sowie über die
Organisation eines gemeinsamen Akkreditierungssystems zur Quali-
tätssicherung in Studium und Lehre an den deutschen Hochschulen.
Jedes Bundesland hat zudem seine eigenen gesetzlichen Regelungen für
Hochschulen, Berufsakademien und Graduiertenförderung. Bayern
beispielsweise befolgt das Bayerische Hochschulgesetz, das Bayerische
Hochschulpersonalgesetz und das Bayerische Eliteförderungsgesetz [7].

7.2.5 Wahl der richtigen Hochschule

Bei der Wahl einer konkreten Universität oder Fachhochschule musst du
eventuelle Beschränkungen (Schulabschluss, Studienangebot, zulassungsbeschränkte Studiengänge, etc.) beachten. Viele wählen eine Hochschule
in der Nähe ihres Elternhauses, um während des Studiums dort wohnen
zu können. Das spart Geld und bringt Annehmlichkeiten wie warmes
Essen und gewaschener Wäsche. In diesem Fall bleibt man auch im
gewohnten sozialen Umfeld. Manche Studenten wählen eine weiterent-
fernte Hochschule, gerade weil sie von zu Hause ausziehen wollen und
ein unabhängigeres, selbstbestimmteres Leben in einer Wohngemeinschaft (WG) oder einem Zimmer im Studentenwohnheim bevorzugen
    Ein anderer Grund für die Wahl einer bestimmten Hochschule
kann deren Ruf oder fachliche Spezialisierung sein. Wenn du schon
weißt, dass du dich im Studium auf einen ganz bestimmten Bereich
fokussieren möchtest, solltest du bereits bei der Wahl deiner Hochschule darauf achten und vorab die entsprechenden Lehrpläne und
Modulhandbücher prüfen. Je nach gewünschtem Studiengang hast du
womöglich gar keine wirklich freie Wahl an welche Universität oder
Fachhochschule du gehen kannst. Dennoch solltest du dir darüber
Gedanken machen. Dabei kann sich auch ein Besuch der potenziellen
Hochschule anbieten, ebenso wie Gespräche mit derzeitigen Studenten.
Auch die Stadt, in der sich die Hochschule befindet, kann ein wichtiges
Kriterium sein. Besonders Faktoren wie Miete und Lebenshaltungs-
kosten spielen häufig eine nicht unerhebliche Rolle bei der Ent-
scheidung.

7.2.6 Bewerbungsunterlagen

Bei der Bewerbung um einen Studienplatz benötigst du keine klassischen Bewerbungsunterlagen, wie bei der Bewerbung in einem Unternehmen. Vielmehr gilt es, die von der Hochschule gestellten Unterlagen auszufüllen und fristgerecht einzusenden. Dies kann einen Einschreibeantrag und gegebenenfalls (bei einem zulassungsbeschränkten Studiengang) einen Zulassungsantrag beziehungsweise die Anmeldung zum Auswahlverfahren beinhalten. Weitere wichtige Unterlagen sind deine Zeugnisse, welche deine Hochschulzugangsberechtigung nachweisen, eventuell auch Bescheinigungen für ein Freiwilliges Jahr oder eine bereits abgeschlossene Berufsausbildung. Viele Hochschulen oder Studiengänge verlangen vor Studienbeginn ein entsprechendes Vorpraktikum. In diesem Fall solltest du den erforderlichen Nachweis deiner Bewerbung beilegen. Dasselbe gilt, wenn ein Sprachnachweis oder dergleichen verlangt wird. Im künstlerischen Bereich werden zudem entsprechende Arbeitsproben verlangt.

An meiner Hochschule wurde beispielsweise bei der Einschreibung für ein Maschinenbaustudium ein 12-wöchiges Industriepraktikum verlangt (welches aufgeteilt werden konnte, solange vor Studienbeginn sechs Wochen davon abgeleistet wurden). Die Hochschule hatte genaue Vorgaben zu Inhalt und Praktikumsablauf, sowie dem Praktikumsbericht. Alle Informationen hierzu waren auf der Hochschulwebseite öffentlich zugänglich.

7.2.7 Bewerbungsschritte

Die Bewerbung um einen Studienplatz erfolgt in der Regel online, auch wenn einige Hochschulen zusätzlich eine postalische Bewerbung verlangen. Es ist auch möglich, dass du dich parallel an mehreren Hochschulen bewirbst. Wenn du bei zulassungsbeschränkten Studiengängen mehr als eine Zusage bekommst, kannst du dich für einen Studienplatz entscheiden [8].

Die Bewerbungs- und Anmeldefristen können je nach Hochschule unterschiedlich sein und nach zulassungsbeschränkten und freien Studiengängen variieren. Zudem kann es vorkommen, dass ein und derselbe Studiengang an einer Hochschule zugangsbeschränkt ist und an einer anderen nicht. In beiden Fällen findest du alle Informationen auch zu eventuellen hochschuleigenen Auswahlverfahren online auf der Webseite der entsprechenden Hochschule.

„Nicht zulassungsbeschränkte" Studiengänge
Bei einem *„nicht zulassungsbeschränkten"* oder *„freien"* Studiengang gibt es keine Einschränkungen hinsichtlich der Zahl der Studienanfänger. Jeder, der die Zulassungsvoraussetzungen erfüllt und sich fristgerecht und formal korrekt bewirbt, erhält einen Studienplatz. Informationen zu den Fristen, Voraussetzungen und geforderten Unterlagen findest du auf den Webseiten der jeweiligen Hochschule [8].

„Zulassungsgeschränkte" Studiengänge
Wenn du einen sehr beliebten Studiengang an einer beliebten Hochschule ins Auge fasst, reicht möglicherweise die vorhandene Studienplatzanzahl nicht aus für alle Bewerber. Diese werden dann anhand der Abiturnote vergeben. *„Zulassungsbeschränkt"* bedeutet, dass an der entsprechenden Hochschule nur eine begrenzte Anzahl an Studienplätzen zur Verfügung steht.

Bei den *„zulassungsbeschränkten"* Studiengängen wird unterschieden, ob die Beschränkung nur an einigen Hochschulen vorliegt oder bundesweit an allen Hochschulen. An dieser Stelle kommt der berühmte Numerus Clausus (NC) ins Spiel, welcher den Abiturnotendurchschnitt des letzten angenommenen Bewerbers aus dem Vorjahr entspricht. Er wird jedes Semester rückwirkend nach Studienfach und Hochschule neu bestimmt. Wenn der NC für dein gewünschtes Studienfach an deiner Wunschuni im letzten Jahr beispielsweise 1,8 betragen hat, dann bedeutet das, der *„schlechteste"* Abiturient, der noch einen Studienplatz bekommen hat, hatte diesen Schnitt. Je nach Anzahl der Bewerber und ihren Abiturnoten kann der NC in diesem Jahr auch geringer oder höher liegen. Der NC gibt dir nur Orientierung keine Garantie. Eine Übersicht über die NCs der Vorjahre findest du online [8].

> „In örtlich zulassungsbeschränkten Studiengängen werden 65 Prozent der verfügbaren Studienplätze nach dem (hochschul- und studiengangspezifischen) ergänzenden Hochschulauswahlverfahren, 25 Prozent nach der Durchschnittsnote der Hochschulzugangsberechtigung und 10 Prozent nach dem Kriterium Wartezeit vergeben." [8]

Als Wartezeit wird die Summe der Halbjahre bezeichnet, welche seit dem Erwerb der Hochschulzugangsberechtigung vergangen sind, an denen man an keiner Hochschule eingeschrieben war. Details hierzu findest du auf den Hochschulwebseiten oder der Stiftung für Hochschulzulassung [8].

Bei den hochschulinternen Auswahlverfahren spielt der Abiturnotendurchschnitt immer eine entscheidende Rolle (mindestens 51 % der Gewichtung). Zudem können beispielshalber die Abiturnoten in bestimmten Fächern, sowie Freiwilligendienste, Berufsausbildungen, Praktika, Auslandsaufenthalte oder aber spezielle Auswahlgespräche, Tests oder ein Motivationsschreiben wichtig werden. Bei künstlerischen Fächern, wie Musik, Sport oder Kunst gehört in der Regel eine entsprechende Aufnahmeprüfung mit zum Auswahlverfahren [9].

Es gibt Studiengänge, die bundesweit *„zulassungsbeschränkt"* sind, da es regelmäßig mehr Bewerber als freie Plätze gibt. Dies gilt speziell für die Fächer Pharmazie, Zahn-, Tier- und Humanmedizin. Wenn du einen Studiengang in diesen Fächern anstrebst, musst du dich über die Webseite der Stiftung für Hochschulzulassung zentral bewerben [8].

Das Bewerbungsportal zur Antragstellung für die bundesweit zulassungsbeschränkten Studiengänge *„AntOn"* (Antrag Online) verspricht die unkomplizierte und schnelle Erstellung des Studienantrags. Es ist nur möglich, sich für einen dieser bundesweit zulassungsbeschränkten Studiengänge zu bewerben. Neben dem online ausgefüllten und unterschriebenen Formular musst du zusätzlich eine amtlich beglaubigte Kopie deiner Hochschulzugangsberechtigung einreichen [10].

„Im bundesweiten zentralen Vergabeverfahren der Stiftung für Hochschulzulassung (Nachfolgeinstitution der ZVS) gehen 20 Prozent der
Studienplätze an die Abiturbesten, 20 Prozent der Studienplätze werden
nach Wartezeit vergeben und 60 Prozent der Studienplätze werden im
sogenannten Auswahlverfahren der Hochschulen durch die Hochschulen
selbst besetzt." [8]

Um eine Vorstellung über die verschiedenen Zulassungsverfahren zu
bekommen, nachfolgend zwei Beispiele, einmal im Falle eines freien
und eines zulassungsbeschränkten Studiengangs.

Beispiel 1: Zulassungsverfahren für einen *„nicht zulassungsbeschränkten"*, *„zulassungsfreien"* Studiengang an der Friedrich-Alexander-
Universität (FAU) Erlangen-Nürnberg [11]

* Selbstregistrierung auf der Online-Serviceplattform und Frei-
  schaltung durch E-Mail-Bestätigung.
* Ausfüllen des Onlinebewerbungsformulars.
* Sofortige Onlineimmatrikulation.
* Einschreibeantrag mit Angaben über eventuell benötigte Dokumente
  herunterladen und zur Einschreibung vor Ort mitbringen.
* Persönliche Einschreibung an einem Einschreibetermin vor Ort im
  Büro der Studentenkanzlei [11].

Beispiel 2: Zulassungsverfahren für einen örtlich *„zulassungsbeschränkten"* Studiengang an der Friedrich-Alexander-Universität (FAU)
Erlangen-Nürnberg [11]

* Selbstregistrierung auf der Online-Serviceplattform und Frei-
  schaltung durch E-Mail-Bestätigung.
* Ausfüllen des Onlinebewerbungsformulars.
* Erstellung des Zulassungsantrags (online, nur ein Antrag möglich).
* Angaben kontrollieren und Antrag absenden (keine Änderungen
  mehr möglich).
* (Nur, wenn verlangt: Zusätzlich Unterlagen an die Universität
  senden).

* Vervollständigen der Daten (u. a. für die amtliche Statistik nach dem Hochschulstatistikgesetz HStatG).
* E-Mail-Benachrichtigung über das positive Ergebnis des Vergabeverfahrens.
* Einschreibeantrag mit Angaben über eventuell benötigte Dokumente herunterladen und zur Einschreibung vor Ort mitbringen.
* Persönliche Einschreibung an einem Einschreibetermin vor Ort im Büro der Studentenkanzlei [11].

Wenn du einen Freiwilligendienst abgeleistet hast, wirst du bei sonst gleichen Noten und Wartezeit gegenüber anderen Bewerbern bei der Studienplatzvergabe bevorzugt. Eine Studienzulassung, die du vor Antritt eines Freiwilligendienstes erhältst, bleibt bis nach deinem Freiwilligendienst weiterhin bestehen [10, 11].

7.2.8 Erfahrungen und Tipps

Die Bewerbungsfristen an Hochschulen stehen meist lange im Voraus fest und können online auf der Internetseite der angestrebten Hochschule nachgelesen werden. Sie sind in der Regel unumstößlich. Wenn beispielsweise gesagt wird, die Bewerbungsfrist endet um Mitternacht am 15.03., dann ist es nicht möglich die Onlinebewerbung auch nur ein paar Minuten später abzuschicken. Hier sind Hochschulen sehr viel strikter als Unternehmen. Dafür werden die Plätze nicht wie bei einer Ausbildung vergeben, sobald sich passende Kandidaten melden, sondern erst nach Ablauf der Bewerbungsfrist, wenn alle Bewerbungen vorliegen. Alle Bewerber haben somit die gleichen Chancen. Eine besonders frühzeitige Bewerbung bringt dabei keine Vorteile.

Gerade wenn du keine Bestnoten im Abitur vorweisen kannst und dich auf zulassungsbeschränkte Studiengänge bewirbst, ist es gut möglich, dass du nicht auf Anhieb eine Zusage für deinen Wunschstudiengang an deiner Wunschhochschule bekommst. Allein schon deshalb solltest du dich an mehreren Hochschulen bewerben (wenn es sich um örtlich beschränkte Studiengänge handelt, da die Bewerbung von bundesweit beschränkten Studiengängen ohnehin zentral abläuft). Es kann in diesem Fall eine Alternative sein, zunächst an einer anderen Hochschule den gewünschten Studiengang zu beginnen und nach ein, zwei Semester an die Wunschhochschule zu wechseln. Ich habe auch Studierende gesehen, die ihren Wunschstudiengang durch einen Studienplatztausch erhalten haben oder in das (deutschsprachige) Ausland ausgewichen sind, wenn sie keine Zusage für einen bundesweit beschränkten Studiengang, wie Medizin bekommen haben. Du solltest nicht sofort aufgeben, nur weil es mit dem Wunschstudium nicht auf Anhieb klappt. Eventuell kann es auch eine Option sein, auf einen nah verwandten Studiengang auszuweichen.

Wenn du vor deinem Studium bereits eine fachlich passende Ausbildung absolviert hast, kannst du gegebenenfalls durch den Wissensvorsprung bei deiner Bewerbung von dieser profitieren. Zudem kannst du in diesem Fall in den Semesterferien direkt in deinem erlernten Beruf arbeiten und ganz andere Stundenlöhne bekommen, als bei einem normalen Studentenjob üblich wäre. Nach meiner Erfahrung nehmen Studierende mit einer zuvor abgeschlossenen Berufsausbildung, das Studium oft sehr viel ernster als einige, die frisch von der Schule kommen. Und wenn ich mich richtig erinnere, war sogar ein Industriemechanikermeister in meinem Abschlussjahr deutlich besser als so mancher Gymnasiast. Zudem kann eine Berufsausbildung Sicherheit geben, sollte im Studium etwas schieflaufen. Das bedeutet nicht, dass du jetzt unbedingt vor dem Studium eine Ausbildung machen solltest. Wenn du von Anfang an weißt, dass du studieren möchtest, solltest du auch den direkten Weg gehen und nicht nur aus den genannten Gründen eine Ausbildung vorher anstreben. Eine gute Alternative ist deshalb auch das Duale Studium.

Empfehlungen für Zusatzinformationen zum Studium

- https://ranking.zeit.de/che/de/ (Hochschulranking nach Hochschule, Fachbereich und Studiengang)
- www.hochschulkompass.de/studium (Informationen über das aktuelle Studienangebot an Hochschulen der Hochschulrektorenkonferenz)
- https://unicheck.unicum.de/studiengangssuche (Studiengangsuche u. a. nach Ort und Umkreis, sowie Studienratgeber und Ranking)

7.3 Duales Studium

Da ich nach meinem Au-pair-Jahr ein Duales Studium einschließlich Berufsausbildung gemacht habe, möchte ich in diesem Abschnitt neben den allgemeinen Informationen zu Ablauf und Bewerbungsprozess auch meine persönlichen Erfahrungen dazu teilen.

7.3.1 Definition

Ein Duales Studium kombiniert ein (Bachelor-)Studium mit einer Anstellung in einem Betrieb. Je nach Art des Dualen Studiums beinhaltet dies eine zeitgleiche Berufsausbildung oder intensive Praxiseinsätze. Wichtige Voraussetzung dafür ist die inhaltliche und organisatorische Abstimmung und Verzahnung zwischen Betrieb und Hochschule. Das Studiengangskonzept muss deutlich machen, welche Ausbildungsleistung von welcher Seite erbracht wird, um den Studenten zu befähigen, die geforderten Ziele in Studium und Ausbildung zu erreichen. Dies beinhaltet auch die Anerkennung der Praxisphasen als Studienleistungen. Ist dies nicht der Fall, handelt es sich nicht um ein Duales Studium, sondern vielmehr um ein berufs- oder praxisbegleitendes Studium. Der Vertrag zwischen dem dualen Studenten und dem Unternehmen regelt den zeitlichen Ablauf von Studien- und Praxisphasen, alle Rahmenbedingungen sowie das monatliche Entgelt, das auch in den reinen Studienphasen bezahlt wird. Zuweilen kommen neben der Hochschule und dem Betrieb noch weitere Lernorte zum Einsatz, wie z. B. eine Berufsschule oder überbetriebliche Berufsbildungsstätten. Entstanden sind die dualen Studiengänge in den 1970er Jahren an den Berufsakademien in Baden-Württemberg. Der treibende Gedanke dahinter war, der beruflichen Ausbildung mehr Qualifikation und dem Studium mehr Praxisbezug zu gegeben. Seitdem sind diese aufgrund der großen Nachfrage dynamisch gewachsen und mittlerweile in allen Bundesländern etabliert. Im Jahr 2004 wurden die akkreditierten Bachelorausbildungsgänge der Berufsakademien den Bachelorabschlüssen an den Hochschulen gleichgestellt [12].

Man unterscheidet bei den dualen Studiengängen direkt nach der Schule das ausbildungs- und praxisintegrierende Duale Studium. Dabei gibt es zum Teil große Unterschiede im jeweiligen Ablauf:

Praxisorientierendes Duales Studium

Das praxisorientierende Duale Studium sieht keine Berufsausbildung vor, sondern beinhaltet dafür längere, vertiefende Praxisphasen im Unternehmen. Es findet meist an einer dualen Hochschule, auch Berufsakademie genannt, statt. An dieser studieren ausschließlich duale Studenten aus verschiedenen Unternehmen. Das Gehalt fällt beim praxisorientierenden Dualen Studium häufig etwas höher aus als bei der Variante mit Berufsausbildung.

Es gibt duale Studienformate, die in die gleiche Richtung greifen, wie etwa ein praxisorientierendes Duales Studium, ein Verbund-studium oder ein Studium mit vertiefter Praxis. Diese kannst du unter Umständen auch an einer Fachhochschule oder Universität absolvieren [12].

Ausbildungsintegrierendes Duales Studium

Ein ausbildungsintegrierendes Duales Studium kombiniert ein Studium an der Universität oder Fachhochschule mit einer anerkannten Berufs-ausbildung im Betrieb, welches aufgrund der fachlichen Überein-stimmungen mit dem im Studium vermittelten Wissen verkürzt werden kann. Die Höhe der Vergütung ist dabei vergleichbar mit dem jeweiligen Ausbildungsgehalt.

Die Vielzahl an dualen Studiengängen nimmt immer mehr zu, die beliebtesten sind jedoch die ingenieurwissenschaftlichen und wirt-schaftswissenschaftlichen Studiengänge, sowie Informatik. Die überwiegend größte Anzahl an dualen Studenten findet sich in Baden-Württemberg [13].

7.3.2 Aufbau und Ablauf

Beim Dualen Studium unterzeichnest du einen Vertrag mit einem Unternehmen, welcher alle Details zu Studiengang, Hochschule und den Ausbildungsberuf beinhaltet.

Das Unternehmen stimmt sich, bevor es ein Duales Studium anbietet und die dazugehörige Stellenausschreibung veröffentlicht, organisatorisch und inhaltlich mit der entsprechenden Hochschule ab. In der Regel erfolgt die Umsetzung der dualen Studienorganisation im Blockmodell, was bedeutet, dass sich die Lernorte (Hochschule und Unternehmen) abwechseln. Andere Organisationsmodelle sind dagegen eher selten, wie etwa die vorgeschaltete Ausbildung (mindestens das erste Jahr in Vollzeitausbildung bevor es an die Hochschule geht) oder das Fernlernen (hauptsächlich Fernstudium) [12].

Praxisorientierendes Duales Studium

Beim praxisorientierenden Dualen Studium an der Berufsakademie wechseln sich jeweils 12 Wochen Studium und 12 Wochen Praxisphase im Betrieb ab. Die jeweiligen Lerninhalte sind dabei idealerweise inhaltlich aufeinander abgestimmt. Durch diesen intensiven Blockunterricht ist es möglich, nach drei Jahren den Bachelor zu erreichen und zusätzlich viel Zeit im Betrieb zu verbringen. An der dualen Hochschule werden Vorlesungen in kleinen Klassen abgehalten, was eine sehr gute Betreuung jedes Einzelnen ermöglicht. Du kannst nur mit einem betrieblichen Partner und als dualer Student an der dualen Hochschule studieren.

Ausbildungsintegrierendes Duales Studium

Beim ausbildungsintegrierenden Dualen Studium verbringst du die Studienphasen mit den „normalen" Studenten an der Fachhochschule oder Universität. Am Ende jedes Semesters geht es dann direkt nach den Prüfungen in den Betrieb. Am ersten Tag des neuen Semesters geht es zurück an die Hochschule. Häufig wird zudem unter dem Studium ein sogenanntes Urlaubssemester eingelegt, währenddessen man von der Hochschule freigestellt wird, um sich im Betrieb auf die Zwischen- und Abschlussprüfung der Berufsausbildung vorbereiten zu können. Durch das Urlaubssemester dauert das Duale Studium mit Ausbildung in der Regel etwas länger als ohne Ausbildung.

Studiengang und Berufsausbildung passen beim ausbildungs-integrierenden Dualen Studium inhaltlich zusammen, wie beispiels-weise:

* Das Studium des Maschinenbaus und die Ausbildung zum Industrie-mechaniker.
* Das Studium der Betriebswirtschaftslehre und die Ausbildung zum Industriekaufmann.
* Das Studium der Informatik und die Ausbildung zum Informatiker.
* Das Studium der Elektrotechnik und die Ausbildung zum Elektro-techniker.

Mittlerweile wird auch immer öfter ein Duales Studium für den Master angeboten, auf das man sich als normaler Student nach dem Bachelor ebenso bewerben kann, wie als ehemaliger dualer Student mit Bachelorabschluss.

Erfahrungsbericht Duales Studium
Als ich mich bei Siemens für ein Duales Studium beworben habe, konnte ich zwischen dem Maschinenbaustudium mit oder ohne Berufsausbildung wählen. Es war entweder möglich an der dualen Hochschule (Berufsakademie) in drei Jahren den Bachelor anzustreben, ohne zusätzlich eine Ausbildung zu machen, oder in vier Jahren an der Fachhochschule zu studieren und parallel die Berufsausbildung zum Industriemechaniker abzuschließen. Das Gehalt lag bei der Variante mit Berufsausbildung in Höhe des Ausbildungsentgelts eines entsprechenden Azubis und war für ein Studium an der Berufsakademie ohne Ausbildung etwas höher. Mittlerweile sind die monatlichen Gehälter jedoch gleich. Die Vorlesungen an der dualen Hochschule hatten in etwa Schulklassengröße, wohingegen man an der Fachhochschule in weitaus volleren Vorlesungsräumen saß. Trotzdem habe ich mich für ein Duales Studium an der Fachhochschule mit Berufsausbildung entschieden. Der Gedanke parallel zwei Abschlüsse zu erzielen hat mich gereizt, ebenso wie die Herausforderung.

Als dualer Student an der Fachhochschule sitzt du als einer von vielen Studenten in der Vorlesung, legst die gleichen Prüfungen ab und besuchst die gleichen Labore und Übungen wie jeder andere Student auch. Einen Tag nach der letzten Prüfung jedoch, wenn offiziell Semesterferien sind, geht es in die Ausbildungswerkstatt oder zum Praxiseinsatz ins Büro oder auf die Baustelle. Auch auf den Studentenpartys zum Semesterende hat man beim ausgelassenen Feiern durchaus im Hinterkopf, dass man am nächsten Morgen um sieben Uhr in der Ausbildungswerkstatt zu sein hat. Ganz nach dem Motto: *„Wer feiern kann, kann auch arbeiten."* Das war natürlich stressiger als bei vielen anderen Studenten, die zwar oftmals in den Semesterferien gearbeitet oder Praktika absolviert haben, jedoch etwas freier in deren Taktung waren. Ich kenne jedoch auch Studenten, die kein Duales Studium gemacht haben, aber trotzdem aufgrund diverser Nebenjobs unter der Woche, am Wochenende und den Semesterferien den gleichen – wenn nicht sogar mehr – Stress und Druck hatten und sich eigenständig ihr Studium finanzieren mussten. Als dualer Student bekommst du jeden Monat ein verlässliches festes Einkommen, nicht nur, wenn du im Betrieb arbeitest, sondern auch dann, wenn du *„nur"* studierst. Auf diese Weise konnte ich mir bereits im Studium ein (von den Eltern) finanziell unabhängiges – wenn auch bescheidenes – Studentenleben finanzieren, ohne zusätzlich am Wochenende arbeiten zu müssen. In der Vorlesung waren wir in den ersten Semestern im Maschinenbaustudium knapp 300 Studenten, deren Zahl sich erst in den späteren Semestern durch Wiederholer und die Wahl der verschiedenen Schwerpunkte reduziert hat. Zuletzt waren wir nur noch 30–40 Studenten in einem Kurs.

Das von der Hochschule geforderte Vorpraktikum, haben wir als duale Studenten direkt in der Werkstatt als Teil der Ausbildung absolviert und konnten es dadurch quasi doppelt nutzen. In den Semesterferien sowie einem extra dafür eingelegten Urlaubssemester sind wir dann in die Werkstatt zurückgekehrt, um uns auf die Zwischen- und Abschlussprüfung vorzubereiten. Die Ausbildungszeit ist beim Dualen Studium verkürzt, das heißt auch, dass man weniger Zeit hat, um sich die notwendigen handwerklichen Fähigkeiten anzueignen und sich in den Fertigkeiten zu üben. Wir standen dabei

immer unter dem Druck, die gleichen Prüfungen wie ein „*normaler*"
Azubi bestehen zu müssen. Diese Doppelbelastung aus Ausbildung
und Studium war kein Zuckerschlecken und zeitweise wirklich sehr
anspruchsvoll. Allerdings war gerade der Wechsel von der Hochschule
in die Ausbildungswerkstatt und zur Praxisphase auf die Baustelle
oder ins Büro auch sehr angenehm. Auf diese Weise wird man bereits
während des Studiums intensiv an das echte Arbeitsleben gewöhnt
und dabei konstant gefördert und unterstützt. Das hat mir persönlich
sehr gut gefallen. Nach Studienende und erfolgreicher Übernahme ins
Unternehmen kann es sehr gut möglich sein, dass du sogar die Tätigkeiten weiterführst, die du bereits in deinen Praxisphasen während des
Studiums begonnen hast.

Rückblickend war das Duale Studium für mich genau der richtige
Weg. Ich habe diese Entscheidung nie bereut und kann dir nur
empfehlen, diese Möglichkeit für dich in Erwägung zu ziehen. Meiner
Meinung nach ist es das Beste aus beiden Welten.

7.3.3 Vorteile und Nutzen

Wie bei einer Ausbildung können auch bei einem Dualen Studium
beide Seiten davon profitieren. Die Unternehmen lernen auf diese
Weise ihre Studenten sehr gut kennen und können entscheiden, ob
und wo sie diese langfristig einsetzen wollen und bereits während
des Studiums in die entsprechende Richtung entwickeln. Die Studenten
bekommen ihrerseits durch ein Duales Studium die Möglichkeit, in den
Praxisphasen verschiedene Stationen im Unternehmen zu durchlaufen,
interne Prozesse und Abläufe kennenzulernen und nützliche Kontakte
zu knüpfen. Sie erhalten vom ersten Tag an – auch während der reinen
Studienphasen – ein monatliches Gehalt und bezahlten Urlaub und
haben sehr gute Chancen auf eine spätere Übernahme. Allerdings haben
duale Studenten in der Regel auch weniger Freizeit und mehr Druck
als Normalstudierende, die anderweitig finanzielle Unterstützung
bekommen. Dafür erwarten die Firmen den regelmäßigen Besuch der
Vorlesungen, das Erbringen der verlangten Studienleistungen und
die Einhaltung der Regelstudienzeit. Treten während des Studiums

Probleme auf, wird der duale Student von seiner Firma unterstützt. Immerhin haben beide ein Interesse daran, dass das Studium erfolgreich verläuft. Das kann soweit gehen, dass das Unternehmen sogar Nachhilfe in einzelnen Problemfächern organisiert. Wenn ein dualer Student öfter als erlaubt bei einer Prüfung durchfällt und das Studium infolgedessen vonseiten der Hochschule zwangsläufig beendet wird, endet damit auch automatisch der Vertrag mit dem Unternehmen. Ich habe jedoch auch schon erlebt, dass in diesem Fall der entsprechende Kandidat als reiner Auszubildender im Betrieb bleiben konnte.

Wenn du es schaffst, Studium und Ausbildung erfolgreich abzuschließen, kannst du am Ende den Bachelorabschluss sowie eine vollwertige Berufsausbildung oder aber sehr viel praktische Arbeitserfahrung vorweisen.

Vorteile

* Kombination von Studium und Ausbildung bzw. erhöhtem Praxiseinsatz und dadurch umfassendere Einblicke in ein Berufsfeld.
* Geregeltes monatliches Einkommen und Einzahlung in die Rente (auch während der reinen Studienphasen).
* Anstellung bei der Firma (Kontakte und hohe Übernahmechancen).
* Sehr gute Einblicke in das Unternehmen und verschiedene Bereiche.
* Anschließend in der Regel gute Aufstiegschancen.
* Gute Studienbedingungen und kleine Gruppen, wenn an der dualen Hochschule studiert wird.

Nachteile

* Hoher zeitlicher Aufwand und viel Druck.
* Doppelbelastung.
* Viel Selbstdisziplin erforderlich.
* (In der Regel) keine Möglichkeit, das Studium zu verlängern, wenn Prüfungen nicht bestanden werden.
* Wenig Freizeit.

7.3.4 Rechtliche Grundlagen

Der Deutsche Gewerkschaftsbund (DGB) schreibt über das Duale Studium:

> „Duale Studiengänge sind ihrem Anspruch nach ein besonderes Studienformat, in dem unter Aufrechterhaltung des Anspruchs der Wissenschaftlichkeit lange betriebliche Praxisphasen in das Studium integriert werden. Hochschule und Praxispartner sollen eng zusammenarbeiten und die Studierenden nicht nur in der Hochschule eingeschrieben, sondern auch vertraglich an den Praxispartner gebunden sein." [12]

Es gibt keine länderübergreifenden Standards für das Duale Studium. Die Vorgaben und Anforderungen für duale Studiengänge unterscheiden sich deshalb, je nach Bundesland und Hochschule. Die klassischen Regulierungs- und Qualitätssicherungssysteme der beruflichen und hochschulischen Bildungsbereiche sind nicht auf die spezifischen Anforderungen eines Dualen Studiums ausgerichtet. Der Deutsche Gewerkschaftsbund (DGB) setzt sich deshalb für eine bundesweite gesetzliche Definition von besonderen Studienformaten, wie etwa dem erhöhten Praxisanteil, ein [12].

Es gelten bis zur bestandenen Abschlussprüfung der Berufsausbildung auch beim Dualen Studium die landesrechtlichen Regelungen vollschulischer Ausbildungen, das Berufsbildungsgesetz (BBiG) und je nach Ausbildung auch die Handwerksordnung (HWO). Für alle dualen Studenten gelten außerdem die sozial- und arbeitsrechtlichen Standards des Betriebsverfassungsgesetzes (BetrVG). Darüber hinaus verfügen duale Studenten, wie *„normale"* Studierende auch über den Studentenstatus, solange sie an der Hochschule eingeschrieben sind. Laut dem Sozialgesetzbuch (SGB) sind duale Studenten, die zusätzlich eine Ausbildung absolvieren, den *„normalen"* Auszubildenden gleichgestellt und demnach sozialversicherungspflichtig. Dagegen sind duale Studenten, die das praxisorientierte Model gewählt haben, während ihrer betrieblichen Praxisphasen weder Auszubildende noch stehen sie in einem anderen Ausbildungsverhältnis. Es handelt sich um ein Vertragsverhältnis eigener Art, dessen Einzelheiten vom Betrieb festgelegt werden können [12].

7.3.5 Stellensuche

Bei der Suche nach einem dualen Studienplatz können dir Online-Jobbörsen und eine allgemeine Internetrecherche helfen. Wenn du bereits ein konkretes Unternehmen ins Auge gefasst hast, kannst du auch auf der entsprechenden Webseite Informationen dazu finden. Gerade größere Firmen listen dort ihr gesamtes Angebot an dualen Studiengängen deutschlandweit auf, mitsamt detaillierten Angaben zum Studiengang, der Hochschule und gegebenenfalls dem Ausbildungsstandort. Gut möglich, dass ein großes Unternehmen auch mehrere Standorte hat. Auch findest du dort meist weitere Informationen zum Programmablauf und dem dazugehörigen Bewerbungsprozess. Dabei hilft es natürlich, wenn du bereits eine Firma im Auge hast.

Eine andere gute Möglichkeit passende Unternehmen zu finden, die ein Duales Studium an der Wunschhochschule anbieten, ist die entsprechenden Webseite der Hochschule oder auch der dualen Hochschulen. In der Regel listen diese ihre jeweiligen Partner auf. An manchen dualen Hochschulen ist es sogar möglich, sich als Interessent zu registrieren und sich quasi von einem Unternehmen finden zu lassen.

Sehr wertvoll können bei der Suche nach einem dualen Studienplatz auch Karrieremessen sein. Dort kannst du entsprechende Firmen kennenlernen und Möglichkeiten für dich entdecken, an die du womöglich zuvor gar nicht gedacht hättest. Außerdem ist es eine tolle Chance, mit derzeitigen dualen Studenten ins Gespräch zu kommen, offene Fragen zu stellen und von deren Erfahrungsschatz zu profitieren. Der Messebesuch ist also nicht nur dazu da, Kugelschreiber, Lineale und andere Werbegeschenke abzustauben, stattdessen solltest du die Gelegenheit nutzen, dich zu informieren, Fragen zu stellen, und Kontakte zu knüpfen. Dabei kann es sich lohnen, wenn du dir bereits vorab anschaust, welche Firmen auf der Messe vertreten sind, damit du dir überlegen kannst, mit wem du unbedingt sprechen möchtest. Nach einem Gespräch mit einem Firmenvertreter solltest du unbedingt nach dessen Visitenkarte fragen, oder zumindest den Namen (in korrekter Schreibweise) notieren, um dich später bei deiner Bewerbung darauf beziehen zu können, oder deine Unterlagen sogar direkt an diesen Ansprechpartner zu schicken. Ich habe auf Karrieremessen schon Bewerber gesehen, die mit Anzug und Krawatte von einem Stand zum nächsten gegangen sind. Das bleibt natürlich Geschmacksache, aber der Grundgedanke ist richtig. Bitte nicht zu leger, etwa im T-Shirt oder Kapuzenpullover, an potenzielle zukünftige Führungskräfte herantreten. Es sollte schon mindestens ein Hemd oder eine Bluse sein.

Eine weitere schöne Möglichkeit, viele Informationen über eine bestimmte Firma und deren verschiedene duale Studiengänge zu erfahren, sind Events und Veranstaltungen direkt auf dem Firmengelände, wie etwa einem Tag der offenen Tür. Hier kannst du dich nicht nur informieren, sondern auch einen Blick auf den Ausbildungsort werfen und einen persönlichen Eindruck gewinnen. Diese Erfahrung kannst du dann wiederum in deinem Anschreiben und im späteren Bewerbungsprozess erwähnen. Darüber hinaus kann dir auch der Tag der offenen Tür einer dualen Hochschule eine gute Gelegenheit bieten, potenzielle Unternehmen kennenzulernen und sich über den Ablauf des praxisorientierenden Dualen Studiums zu informieren.

7.3.6 Bewerbungsunterlagen

Wenn du dich für ein Duales Studium bewirbst, beinhaltet dein Lebenslauf an dieser Stelle idealerweise schon (mindestens) ein Praktikum. Im Grunde sieht dieser ansonsten so aus wie auch für die Ausbildung (siehe Abb. 7.3).

Ein gutes Anschreiben (siehe Abb. 7.4) ist bei der Bewerbung für ein Duales Studium enorm wichtig. In der Regel gibt es für einen dualen Studienplatz sehr viele Bewerber und dein Anschreiben kann dir dabei helfen aus der Masse herauszustechen. Gerade wenn kein Anschreiben

Lebenslauf

Persönliche Daten
Name:	**Peter Blum**
Anschrift:	Musterweg 1, 12345 Musterstadt
Telefon:	0111/ 11111
E-Mail:	Peter.Blum@musteremail.de
Geburtsdatum:	09.03.1998
Geburtsort:	Musterstadt

Schulbildung
09/04 - 07/08	Grundschule Musterstadt
09/08 - heute	Goethe Gymnasium, Musterstadt
	Mathematischer Zweig
Angestrebter Abschluss:	Allgemeine Hochschulreife im Juni 2016
Lieblingsfächer:	Physik (sehr gut), Mathematik (gut)

Berufserfahrung
08/14	Dreiwöchiges freiwilliges Schülerpraktikum
	123 GmbH, Musterstadt
Tätigkeiten:	Unterstützung im Büro der Angebotsabteilung

Zusatzqualifikationen
Führerschein:	Klasse B (Begleitetes Fahren)
Computerkenntnisse:	Maschinenschreiben, MS Office
Sprachkenntnisse:	Deutsch (Muttersprache), Englisch (fließend)

Sonstige Aktivitäten
01/10 - heute	Ehrenamtliche Mitarbeit in der Bücherei, Musterstadt
03/08 - heute	Sportverein Musterstadt, Fußball, aktiver Mittelfeldspieler
01/11 - heute	Aktives Mitglied der Freiwilligen Feuerwehr Musterstadt
	regelmäßige Übungen, Unterstützung bei Festen

Lesen, Skifahren, Radsport, Gitarre spielen

Musterstadt, 01.08.2015

Peter Blum

Abb. 7.3   Beispiellebenslauf Duales Studium

Peter Blum
Musterweg 1
12345 Musterstadt
01111/ 11111
Peter.Blum@musteremail.de

Delta AG
z.Hd. Frau Dr. Franziska Lila
Delta Straße 3
12345 Musterstadt

Musterstadt, 01.08.2015

Bewerbung um ein Duales Maschinenbaustudium einschließlich Ausbildung zum Industriemechaniker

Sehr geehrte Frau Dr. Lila,

vielen Dank, dass Sie sich auf der „12. Ausbildungsmesse Musterstadt" die Zeit genommen haben, mit mir die unterschiedlichen Möglichkeiten, bei Ihnen nach der Schule Fuß zu fassen, zu besprechen. Sie haben mich in meinem Wunsch noch gestärkt, bei Ihnen ein Duales Studium des Maschinenbaus einschließlich Ausbildung zum Industriemechaniker zu beginnen. Deshalb reiche ich hiermit, wie besprochen, meine Bewerbung ein. Ich bin 17 Jahre alt und besuche derzeit den mathematischen Zweig des Goethe Gymnasiums in Musterstadt. Bereits bei Ihrem Tag der Offenen Tür im letzten Jahr hat mich die Ausbildungswerkstatt, sowie die Freundlichkeit und Professionalität der Ausbilder und Azubis fasziniert. Hier konnte ich meine Fragen stellen und einen guten Einblick in den Ablauf des Dualen Studiums gewinnen.

Seit meiner Kindheit bin ich ausgesprochen von Technik, Mechanik und besonders Fahrzeugen fasziniert und Autos waren schon immer mein Lieblingsspielzeug. Ich brenne schon immer für alles, was vier Räder hat. Mein Vater ist Berufslastwagenfahrer und wenn mich dieser ab und zu in die Arbeit mitgenommen hat und mir dabei die Funktionsweise und verschiedenen Teile des LKWs erklärt hat, war das für mich das Größte. In der Schule habe ich begeistert das Hintergrundwissen zu meiner Leidenschaft im Physikunterricht gelernt und mir war schnell klar, dass ich ein Studium des Maschinenbaus, idealerweise mit Schwerpunkt Fahrzeugtechnik, absolvieren möchte. Da ich auch ausgesprochen gerne mit den Händen arbeite und schon früh mit meinem Opa in dessen Werkstatt geschraubt habe, ist die Kombination von Ausbildung und Studium für mich ideal.
Aus meiner Tätigkeit als aktiver Mittelfeldspieler und in der Freiwilligen Feuerwehr bin ich es gewohnt, im Team zu agieren und allzeit zuverlässig zu handeln.

Ich würde mich sehr freuen, von Ihnen zu hören und stehe jederzeit für ein persönliches Gespräch zur Verfügung.

Mit freundlichen Grüßen

Peter Blum

Peter Blum

Abb. 7.4   Beispielanschreiben Duales Studium

gefordert wird, reichen viele Bewerber auch keines ein. Das ist deine Chance positiv aufzufallen und von deiner Eignung zu überzeugen.

Wie bereits erwähnt, gibt es Aspekte, die besonders positiv in der Bewerbung gesehen werden. Dazu gehören zum Beispiel:

- Praktikum im angestrebten Bereich, noch besser im angestrebten Unternehmen.
- Besuch der Firma am Tag der offenen Tür oder am Stand einer Karrieremesse und eventuelles Kennenlernen eines direkten Ansprechpartners.
- Fremdsprachenkenntnisse und internationale (Arbeits-)Erfahrung, beispielsweise durch ein Gap-Jahr im Ausland etc.
- Soziales Engagement, beispielsweise durch die ehrenamtliche Mitarbeit in einer gemeinnützigen Organisation oder der Freiwilligen Feuerwehr.
- Beispiele dafür, dass du bereits Verantwortung übernommen hast, etwa als Trainer in der Jugendfußballmannschaft.

Vielleicht hast du schon einmal den englischen Ausdruck *„Pimp my CV"* gehört. Damit ist die gezielte Verbesserung des Lebenslaufs gemeint. Er wird quasi *„aufgemotzt"* und so modifiziert, dass er möglichst ansprechend aussieht. Es geht dabei nicht darum zu lügen. Vielmehr wird kurz vor dem Bewerbungsstart noch schnell ein Praktikum, ein Sprachkurs oder Ähnliches absolviert, um die eigenen Chancen zu erhöhen. Dem ist absolut nichts entgegenzusetzen, solange es in einem vernünftigen Rahmen bleibt. Wenn du unbedingt ein Duales Studium in einem bestimmten Unternehmen machen möchtest, kann es durchaus helfen dort vorab noch ein Praktikum zu machen, auf das du dich in deiner Bewerbung beziehen kannst. Auf diese Weise kannst du auch so manche vermeintliche Schwachstelle in deinem Lebenslauf ausgleichen, wie beispielsweise eine suboptimale Abschlussnote. Wenn du beispielsweise ein Gap-Jahr im englischsprachigen Ausland verbringst, musst du dir keine Sorgen machen, dass deine Englischnote aus der Schule noch viel Gewicht haben wird.

7.3.7 Bewerbungsschritte

Neben den Zulassungsvoraussetzungen der entsprechenden Hochschule haben Firmen meist noch ihre ganz eigenen Anforderungen an die Bewerber für ein Duales Studium. Da das Unternehmen sehr viel Zeit und Geld investiert und es meist sehr viele Kandidaten gibt, ist der Auswahlprozess für einen dualen Studienplatz einer der anspruchsvollsten und umfangreichsten, welcher in diesem Ratgeber besprochen wird.

Grundsätzlich können dabei alle in Kap. 4 zum Allgemeinen Bewerbungsprozess enthaltenen Schritte in den unterschiedlichsten Kombinationen zum Einsatz kommen. Oft kannst du auf den Webseiten Informationen über den genauen Bewerbungsablauf bekommen. Spannend kann auch eine Internetrecherche mit eventuellen Erfahrungsberichten von früheren Kandidaten sein. Bei deren Betrachtung solltest du jedoch deinen gesunden Menschenverstand einsetzen, gerade angesichts allzu negativer oder positiver Bewertungen.

Nachfolgend einige Beispiele für mögliche Bewerbungsabläufe:

Beispiel 1: Bewerbung um einen dualen Studienplatz bei Firma 1 (sehr großes internationales Unternehmen, welches jedes Jahr viele unterschiedliche duale Studiengänge an mehreren Standorten deutschlandweit anbietet):

* **Onlinebewerbung:** Eintragen der persönlichen Daten über die Eingabemaske sowie Hochladen von Lebenslauf, Anschreiben, den letzten beiden Zeugnissen und allen Praktikumsnachweisen.
* Sofortige Einladung zum **Onlinetest** via E-Mail. Dauer circa 60 min (muss innerhalb von 2 Wochen gemacht werden).
* Nach Auswertung der Daten Einladung zum **Eignungstest vor Ort** circa 2 h (in der Gruppe in Papierform, keine weiteren Gespräche an diesem Tag).
* Nach Auswertung der Daten Einladung zum **Auswahltag/Assessment Center** via E-Mail mit konkreten Informationen über den Ablauf.
* **Auswahltag/Assessment Center** (10 Bewerber, 4 Beobachter).

Kurze Selbstvorstellung (je 3 min).

Präsentation zu einem frei gewählten Thema (30 min Vorbereitungszeit, 10 min Präsentation, 5 min Fragen, Flipchart verfügbar).

Mittagessen.

Gruppendiskussion zu einem vorgegebenen Thema (60 min, 15 min Ergebnisvorstellung).

Einzelvorstellungsgespräche (60 min mit Fallstudie).

Ende des Auswahltages.

Nach einigen Wochen kommt eine E-Mail mit der **Zusage des Unternehmens** und einem Vertragsangebot.

Beispiel 2: Bewerbung um einen dualen Studienplatz bei Firma 2 (mittelständiges Unternehmen, mehrere freie duale Studienplätze pro Jahr)

* Wahlweise **Papier- oder Onlinebewerbung:** Versenden der Bewerbungsmappe via E-Mail oder auf dem postalischen Weg.
* Kurzer **Onlinetest** (Einladung via E-Mail binnen weniger Tage).
* Nach Auswertung der Daten Einladung zum **Auswahltag/Assessment Center** via E-Mail (inklusive Eignungstest).
* **Auswahltag/Assessment Center** (8 Bewerber, 3 Beobachter).

Eignungstest am Computer.

Kurze Selbstvorstellung (je 3 min) in der Gruppe.

Gruppendiskussion zu einem vorgegebenen Thema (60 min, 15 min Ergebnisvorstellung).

Mittagessen.

Einzelvorstellungsgespräche (60 min).

Ende des Auswahltages.

Nach einigen Wochen kommt eine E-Mail mit der **Zusage des Unternehmens** und einem Vertragsangebot.

Beispiel 3: Bewerbung um einen dualen Studienplatz bei Firma 3 (mittelständiges Unternehmen, mehrere freie duale Studienplätze pro Jahr)

* **Papierbewerbung:** Versenden der Bewerbungsmappe auf dem postalischen Weg.
* Nach einigen Wochen postalische Einladung zum **Vorstellungsgespräch** (inklusive Einstellungstest).
* Klassisches **Vorstellungsgespräch** (inklusive Einstellungstest), Dauer circa 4 h.
* Nach einigen Wochen **Zusage des Unternehmens** und Vertragsangebot per Post.

7.3.8 Erfahrungen und Tipps

Da ich diesen Ratgeber Großteils in England geschrieben habe, hat mein Vater den Dachboden nach meinen Bewerbungsunterlagen zum Dualen Studium durchstöbert. Wenn ich mir heute meinen damaligen Lebenslauf und das Anschreiben anschaue, muss ich sagen, dass diese alles andere als perfekt waren. Die Vorschläge, die ich dir in diesem Buch gebe, enthalten meine gesammelten Erfahrungen im Laufe der Zeit sowie viel Feedback, dass ich selbst seitdem bekommen habe. Somit sind die hier vorgestellten Beispiellebensläufe und Anschreiben (deutlich) besser als die Unterlagen, die ich damals selbst erstellt und verschickt habe. Trotzdem war ich damit erfolgreich. Das macht dir hoffentlich Mut. Denn wenn ich es geschafft habe, kannst du das auch. Besonders wenn du dir die Tipps zu Herzen nimmst.

Ich habe damals mehr als nur eine Bewerbung für einen dualen Studienplatz verschickt und das kann ich dir auch nur empfehlen. Zwar hatte ich von Anfang an meinen Favoriten, der es dann glücklicherweise auch wurde, doch wie so oft kann es auch einmal nicht klappen. Neben mehreren Bewerbungen für ein duales Maschinenbaustudium, habe ich alternativ auch Bewerbungen für Elektrotechnik versendet. Die Bewerbungen habe ich vor meiner Abreise nach Amerika zu meinem Au-pair-Jahr abgeschickt und in die Anschreiben geschrieben, dass ich nur per E-Mail erreichbar bin. Trotzdem kamen mehrere Antworten und Einladungen zum Vorstellungsgespräch und zum Test per Post. Für meinen Favoriten Siemens (der mich übrigens via E-Mail kontaktiert hat) bin ich tatsächlich zum Bewerbungsgespräch nach Deutschland zurückgeflogen. Die Firma kam mir dabei wunderbar entgegen und hat alle Bewerbungsschritte in eine Woche gepackt. Ein zweites Mal hätte ich allein schon aus finanzieller Sicht unmöglich zurückfliegen können. Ein Bewerbungsgespräch ist aufregend genug, doch dafür extra aus Amerika nach Deutschland zurückgeflogen zu sein, mit Jetlag, macht die Sache nicht leichter. Ich weiß noch, dass ich vor lauter Nervosität ohne es zu merken im Gespräch zum Englischen gewechselt habe. Trotzdem kam einige Tage später die Zusage telefonisch. Es war ein wunderbares Gefühl, mit einer Zusage nach Amerika zurückzufliegen und das Au-pair-Jahr wie geplant zu beenden.

Mittlerweile sind duale Studiengänge weitaus verbreiteter als noch vor dreizehn Jahren und das Angebot entsprechend höher. Das ist ein großer Vorteil, denn dadurch sind deine Chancen auf einen dualen Studienplatz sehr viel höher. Ob dies jedoch die richtige Ausbildungsform für dich ist, kannst du nur selbst entscheiden.

Empfehlungen für Zusatzinformationen zum dualen Studium

- http://mein-duales-studium.de/erfahrungsberichte (Erfahrungsberichte dualer Studenten)
- https://www.wegweiser-duales-studium.de/studiengaenge (Duales Studium Datenbank)
- https://www.wegweiser-duales-studium.de/hochschulen-unternehmen-finden/ (Ermöglicht die Suche nach Hochschulen und Unternehmen, die ein Duales Studium anbieten)

Literatur

1. familie redlich AG Agentur für Marken und Kommunikation Berlin (2017) Ausbildung oder Studium? Tipps und Informationen für Schulabgängerinnen und Schulabgänger. Bundesministerium für Bildung und Forschung (BMBF). https://www.bavaria-regensburg.de/eh-content/pages/8061/files/download/ausbildung_studium.pdf. Zugegriffen: 6. Juni 2022.
2. o. V. (kein Datum) Ausbildungsablauf und Prüfungen in der betrieblichen Ausbildung. Bundesagentur für Arbeit. https://www.arbeitsagentur.de/bildung/ausbildung/ausbildungsablauf-pruefungen. Zugegriffen: 6. Juni 2022.

3. o. V. (kein Datum) Industrie- und Handelskammer Nürnberg für Mittelfranken. Ausbildung. www.ihk-nuernberg.de/de/Geschaeftsbereiche/Berufsbildung/Ausbildung. Zugegriffen: 6. Juni 2022.

4. o. V. (kein Datum) Schulische Ausbildung: Von der Schulbank direkt in den Beruf. Abi. https://abi.de/ausbildung/ausbildungswege/schulische-ausbildungen. Zugegriffen: 6. Juni 2022.

5. o. V. (kein Datum) Berufsbildungsgesetz. Bundesministerium der Justiz. Bundesamt der Justiz. www.gesetze-im-internet.de/bbig_2005. Zugegriffen: 6. Juni 2022.

6. o. V. (kein Datum) Was ist ein Studium – und was ist es nicht? Justus-Liebig-Universität Giessen. https://www.uni-giessen.de/studium/askjustus/was/faq/studium. Zugegriffen: 6. Juni 2022.

7. o. V. (2021) Grundlegende rechtliche Regelungen zu Hochschulen und anderen Einrichtungen des Tertiären Bereichs in der Bundesrepublik Deutschland. Kultusminister Konferenz. https://www.kmk.org/de/dokumentation-statistik/rechtsvorschriften-lehrplaene/uebersicht-hochschulgesetze.html. Zugegriffen: 6. Juni 2022.

8. o. V. (kein Datum) FAQ Fragen und Antworten. Studieren in Bayern. http://www.studieren-in-bayern.de/fussnavigation/faq/. Zugegriffen: 6. Juni 2022.

9. o. V. (kein Datum) Das Auswahlverfahren der Hochschulen. Studienwahl-Deutschland. https://studienwahl-deutschland.de/2012/06/zulassungsverfahren-auswahlverfahren-zum-studium-erklart. Zugegriffen: 6. Juni 2022.

10. o. V. (kein Datum) Das Informations- und Bewerbungsportal. Hochschulstart.de. https://zv.hochschulstart.de. Zugegriffen: 6. Juni 2022.

11. o. V. (kein Datum) HISinOne Informationen zur Studienbewerbung. Campo-Friedrich-Alexander-Universität Erlangen-Nürnberg. www.campo.fau.de/qisserver/pages/cm/app/app_help.faces. Zugegriffen: 6. Juni 2022.

12. Bolenius S, Braun S, Bulang T, Kassebaum B, Singvogel R, Staack S (2017) Position des DGB zum Dualen Studium. DGB Bundesvorstand. https://www.bibb.de/dokumente/pdf/Position_DGB60033.pdf. Zugegriffen: 6. Juni 2022.

13. Rohner I, Schröder-Kralemann A (2018) Erfolgsmodell Duales Studium: Leitfaden für Unternehmen. Stifterverband, BDA Die Arbeitgeber. https://arbeitgeber.de/www/arbeitgeber.nsf/res/A62F023938200413C125796C0053568B/$file/Duales-Studium.pdf. Zugegriffen: 6. Juni 2022.

8

Konkrete Bewerbungen während des Studiums

Zusammenfassung Dieses Kapitel behandelt die gängigsten Bewerbungssituationen, die dir während des Studiums begegnen können. Darunter die Bewerbung um ein Praktikum, Praxissemester, einen Studentenjob, wie beispielsweise einer Werkstudentenstelle und der Abschlussarbeit. Dabei wird jeweils kurz auf die Vorteile einer solchen Tätigkeit eingegangen und diese unter rechtlichen Rahmenbedingungen beleuchtet. Du erhältst Tipps zur Stellensuche, dem Erstellen deiner Bewerbungsunterlagen und erfährst, wie die Bewerbungsschritte hierzu aussehen können. Abschließend folgen einige Gedanken zum Thema Auslandsaufenthalt während des Studiums und was es dabei zu beachten gilt.

© Springer Fachmedien Wiesbaden GmbH, ein Teil von Springer Nature 2023
T. Schrammel, *Die ersten Bewerbungen für Schüler und Studierende*,
https://doi.org/10.1007/978-3-658-37932-2_8

8.1   Studierendenpraktikum und Praxissemester

8.1.1   Definition

Bei einem Studierendenpraktikum auch Studienpraktikum genannt, verbringst du als Student während, vor oder nach deiner Immatrikulation einige Zeit in einem Betrieb. Man unterscheidet ein Praktikum vor Beginn oder nach Abschluss des Studiums (Vor-/Nachpraktikum) oder in den Semesterferien (Zwischenpraktikum). Besonders an der Fachhochschule wird ein Praktikum häufig als Teil des Studienplans vorgeschrieben, dann musst du dieses absolvieren, um dein Studium überhaupt beginnen oder fortsetzen zu dürfen. Dort ist sogar ein ganzes Praxissemester üblich, also der Aufenthalt in einem Betrieb für die Dauer eines ganzen Semesters (oft vier bis sechs Monate).

Eine Übersicht über die unterschiedlichen Möglichkeiten für ein Praktikum im Studium:

* Verpflichtendes Vorpraktikum.
* Verpflichtendes Praktikum während des Studiums.
* (Meist vorgeschriebenes) Praxissemester.
* Freiwilliges Vor-/Nachpraktikum.
* Freiwilliges Praktikum in den Semesterferien.

Verpflichtendes Studierendenpraktikum als Teil des Studiums
Pflichtpraktika im Studium werden von der jeweiligen Prüfungs- und Studienordnung festgelegt und müssen für einen erfolgreichen Studienabschluss nachgewiesen und vom jeweiligen Prüfungsamt anerkannt werden. Die Vorgaben zu Inhalt, Dauer und Art des Pflichtpraktikums sowie ein eventuell erforderlicher Praktikumsbericht und Vortrag werden von der Hochschule verpflichtend vorgegeben und können je nach Studienfach und Hochschule variieren. Pflichtpraktika können durchaus mehrere Monate dauern. Häufig besteht die Möglichkeit diese aufzuteilen [1].

Freiwilliges Studierendenpraktikum
Dagegen bist du bei einem freiwilligen Studierendenpraktikum frei in dessen Gestaltung und kannst dieses ganz nach Wunsch in den Semesterferien sowie vor oder nach dem Studium ableisten. Es gibt keinerlei Vorgaben vonseiten der Hochschule gemäß Inhalt oder Dauer des Inhalts oder der zu verrichtenden Aufgaben [1].

8.1.2 Vorteile und Nutzen

Bei einem Studierendenpraktikum kannst du das im Studium erworbene theoretische Wissen in der Praxis anwenden und gleichzeitig potenziell interessante Berufsrichtungen, Branchen und Unternehmen kennenlernen. Da dich ein Studium – wie in Abschn. 7.2 besprochen – nicht nur für einen einzigen Beruf qualifiziert, sondern es dir ermöglicht, in diversen Berufsrichtungen Fuß zu fassen, kann dir ein Praktikum dabei helfen, das passende zu finden. Wenn du beispielsweise Maschinenbau studierst, kannst du anschließend in der Fertigung, Konstruktion, aber auch im Vertrieb oder der Beratung diverser Branchen und Unternehmen arbeiten. Neben der Orientierungshilfe kann dir ein Praktikum auch Klarheit über deine eigenen Interessen und Präferenzen geben.

Besonders wertvoll sind auch Praktikumsbescheinigungen und Empfehlungsschreiben, die du deiner Bewerbungsmappe beifügen kannst. Wenn du dich später (in diesem Unternehmen) bewirbst, ist eine Empfehlung von deinem früheren Chef Gold wert. Außerdem hast du mit einem erfolgreich absolvierten Studierendenpraktikum bereits einen ersten Fuß in der Tür zu deinem Wunschunternehmen. Es ist nicht unüblich nach einem Praktikum anschließend als Werkstudent oder für die Abschlussarbeit dort zu bleiben.

Ein Praktikum kann für beide Seiten ein unverbindliches Beschnuppern ermöglichen. Das ist gerade angesichts des baldigen Studienabschlusses interessant, da die ehemaligen Praktikanten, auch zeitnah zu künftigen Mitarbeitern werden können. Studentenpraktika sind eine sehr gute Möglichkeit für Unternehmen, potenzielle künftige Mitarbeiter zu finden und diese bereits (für deutlich weniger Geld als nach dem Studienabschluss) einzulernen.

Vorteile

* Pflichtpraktikum als erforderliche Studienleistung nötig zum Abschluss des Studiums.
* Kennenlernen unterschiedlicher Anwendungsbereiche des im Studium erlernten Wissens.
* Hilfe bei der Berufsorientierung durch Einblick in den Arbeitsalltag verschiedener Berufsgruppen.
* Erkunden der eigenen Stärken und Interessen.
* Steigerung des Selbstbewusstseins.
* In der Regel finanzielle Entlohnung.
* Knüpfen wertvoller Kontakte, die eventuell bei einer späteren Festanstellung nützlich werden können.
* Praxiserfahrung.
* Eventuell besteht die Möglichkeit, anschließend als Werkstudent auch während des Studiums dort zu arbeiten und/oder die Abschlussarbeit dort zu schreiben.

Da du während eines Praxissemesters noch mehr Zeit im Unternehmen verbringst als bei einem Praktikum, bekommst du nicht nur tiefere Einblicke in den Berufsalltag, sondern auch die Möglichkeit, mehr Verantwortung zu übernehmen. Manche Firmen haben interne Bindungsprogramme für talentierte, studentische Praktikanten, um mit diesen auch nach dem Praktikum in Kontakt zu bleiben und beim Einstieg in das Unternehmen nach dem Studienabschluss zu unterstützen. Die Aufnahme in ein solches Förderprogramm erfolgt nur, wenn du als Praktikant überzeugst und dein Chef dich dafür vorschlägt. Demnach ist es auch ein Beleg für deine gute Arbeit und dein Potenzial, weshalb du es schon allein deshalb unbedingt in deinen Lebenslauf aufnehmen sollst. Ob dein Unternehmen ein solches Programm anbietet oder nicht, kannst du auf der Firmenwebseite recherchieren. Wenn du trotz eines sehr gut verlaufenden Feedbacks von deiner Führungskraft nicht von selbst vorgeschlagen wirst, kannst du auch proaktiv nachfragen. Manche Chefs wissen womöglich auch einfach nicht, dass es ein solches Programm gibt, oder denken schlichtweg nicht daran.

Je nach Firma und Branche wird ein Studentenpraktikum unterschiedlich hoch und teilweise sogar gar nicht vergütet. Natürlich ist es nicht ideal besonders nach dem Studienabschluss nur unbezahlte oder gering bezahlte Praktika aneinanderzureihen. Wenn du allerdings mit Studienende nicht sofort eine passende Stelle finden solltest, kann dir ein Praktikum weitaus mehr bringen als *„nur"* das Praktikumsgehalt, nämlich die Möglichkeit von deinen Fähigkeiten zu überzeugen und die richtigen Leute kennenzulernen. Ich habe schon oft gesehen, dass nach Ablauf eines solchen Praktikums ein Angebot für die Festanstellung gemacht wurde.

8.1.3 Rechtliche Grundlagen

Die rechtlichen Regelungen im Rahmen eines Studierendenpraktikums sind stark von der Art des Praktikums abhängig sowie von einer eventuellen Bezahlung. Auch macht es einen großen Unterschied, ob du das Praktikum absolvierst, während du noch studierst, beziehungsweise noch nicht oder nicht mehr eingeschrieben bist.

Verpflichtendes Studierendenpraktikum als Teil des Studiums
Bei einem Pflichtpraktikum sind die Verordnungen deiner Hochschule und der Praktikumsvertrag deine Rechtsgrundlage. Pflichtpraktika im Studium sind nicht von der Regelung des Mindestlohns betroffen. Häufig bekommst du als Studenten jedoch trotzdem eine finanzielle Vergütung. Zum einen wollen sich Unternehmen dadurch die besten Kandidaten sichern, zum andern kannst du als Student aufgrund deiner Vorbildung nach der Einarbeitung einen wertvollen Beitrag leisten. Als Pflichtpraktikant hast du in der Regel keinen Urlaubsanspruch, das kann auch durch die Prüfungsordnung deiner Hochschule festgelegt sein [1].

* Verpflichtendes Vorpraktikum (Teil des Studiums).

Mit Entgelt: Arbeitgeber bezahlt Sozialversicherungsbeiträge bis zu 325 EUR im Monat, bei höherem Gehalt muss der Student einen Teil bezahlen.

Ohne Entgelt: Kranken- und Pflegeversicherungsbeiträge müssen alleine getragen werden. (Ausnahme: Studierende unter 25 Jahre, die bei den Eltern in der Familienversicherung mitversichert sind) [2].

* Verpflichtendes Praktikum während des Studiums (auch Praxissemester).

Mit Entgelt: Versicherungspflichtig, bei einer Praktikumsdauer über 3 Monate und einem Einkommen über 435 EUR im Monat (da dieses über der Grenze der Familienversicherung liegt).

Ohne Entgelt: Versicherungsfreiheit in den Zweigen der Sozialversicherung [2].

Freiwilliges Studierendenpraktikum

Beim freiwilligen Studierendenpraktikum stellt der Praktikumsvertrag die Rechtsgrundlage dar. Gerade sehr kurze Praktika werden häufig nur sehr gering oder gar nicht vergütet. Beim freiwilligen Praktikum hast du als Student ab einer Praktikumsdauer von einem Monat Anspruch auf zwei Tage Urlaub pro Monat [1].

Der gesetzliche Mindestlohn beträgt seit dem 1. Juli 2022 10,45 EUR pro Stunde. Zuvor lag dieser bei 9,82 EUR. Praktikanten, die verpflichtet sind, ein solches im Rahmen ihres Studiums zu absolvieren und freiwillige Praktikanten, die weniger als drei Monate in einem Betrieb bleiben, sind davon ausgenommen. Erst ab der Dauer von drei Monaten muss einem Praktikanten der Mindestlohn gezahlt werden [3].

* Freiwilliges Praktikum vor, nach und während des Studiums.

Mit Entgelt: Weniger als 450 EUR pro Monat: Versicherungsfreiheit für die Sozialversicherungen (Kranken-, Pflege- und Arbeitslosen- und Rentenversicherung), wenn der Praktikumszeitraum maximal drei Monate beziehungsweise 70 Tage beträgt. Bei einer längeren Dauer müssen Beiträge zur gesetzlichen Rentenversicherung abgeführt werden. Bei mehr als 450 EUR pro Monat besteht die Sozialversicherungspflicht.

Ohne Entgelt: Versicherungsfreiheit in den Zweigen der Sozialversicherung [2].

8.1.4 Bewerbungsprozess

Auch beim Studentenpraktikum gilt, je genauer du vorab weißt, was du kennenlernen und machen möchtest, desto höher sind deine Chancen, das Richtige zu finden. Handelt es sich um ein verpflichtendes Praktikum, solltest du dich unbedingt über die Vorgaben vonseiten der Hochschule informieren und diese bei der Stellensuche entsprechend berücksichtigen.

Stellensuche

Eine allgemeine Internetrecherche kann dir dabei helfen, einen Praktikumsplatz zu finden. Im Internet gibt es zudem entsprechende Portale oder Praktikumsbörsen. Auch ein Blick auf die Webseiten der Unternehmen kann dich weiterbringen, da gerade größere Unternehmen auf ihren Webseiten manchmal auch gezielt Pflichtpraktikumsplätze anbieten. Gerade Unternehmen im direkten Umfeld deiner Hochschule sind es womöglich schon gewohnt, jedes Jahr entsprechende Anfragen von Studenten zu bekommen. Wenn du auf der Webseite keine Informationen findest, oder der Betrieb keine eigene Webseite hat, kann es auch immer eine Option sein, einfach direkt bei einem Unternehmen nachzufragen, ob es möglich wäre, bei diesem ein Praktikum zu absolvieren. Wenn ein Arbeitgeber bereits positive Erfahrungen mit den Studenten einer gewissen Hochschule oder Fachrichtung gemacht hat, stellt es diese in der Regel auch gerne wieder ein und ist entsprechenden Praktikumsanfrage gegenüber aufgeschlossener.

Häufig kannst du auch auf dem Schwarzen Brett deiner Hochschule entsprechende Aushänge für freie Praktikumsplätze finden. Gut möglich, dass auch Professoren, Lehrbeauftragte und Dozenten Kontakte in Unternehmen haben und von Praktikumsmöglichkeiten wissen. Entsprechend den vorherigen Bewerbungen kann es sich auch anbieten

Ausbildungs- und Karrieremessen zu besuchen. Auch der Bekannten-
und Verwandtenkreis können eventuell bei der Praktikumssuche hilfreich sein.

Bewerbungsunterlagen

Bei der Bewerbung für ein Studierendenpraktikum sollten deine
Bewerbungsunterlagen einen Lebenslauf mit all deinen bisherigen
Erfahrungen und Stationen enthalten (siehe Abb. 8.1 und Abb. 8.2) sowie
ein Anschreiben (siehe Abb. 8.3 und Abb. 8.4), das deine Motivation für
eine bestimmte Branche und Firma widerspiegelt. Dabei solltest du auf
die Inhalte, Schwerpunkte sowie deine Lieblingsbereiche im Studium eingehen, die einen Bezug zur Stelle haben und detailliert erklären, was du
daran so interessant findest. Zeige deine Begeisterung, ohne dabei jedoch
zu übertreiben oder etwas zu erfinden.

Einem Arbeitgeber ist es in der Regel besonders wichtig, dass du als
zukünftiger Praktikant motiviert und engagiert bist und dich sowohl
allgemein für das Berufsfeld als auch die Arbeit des Unternehmens im
speziellen interessierst. Du solltest deshalb eine gute Begründung auf
die Frage haben, warum es genau dieses Unternehmen und diese Stelle
sein soll. Gerade bei der Bewerbung für ein Praktikum zählen deine
Persönlichkeit und Motivation häufig mehr als lediglich deine bisherigen Studienleistungen und Noten. Besonders gerne gesehen wird in
diesem Zusammenhang auch Engagement mit Bezug zur Stelle.

8.1.5 Bewerbungsschritte

Der Bewerbungsprozess für ein Studierendenpraktikum kann je nach
Unternehmen völlig unterschiedlich aussehen. Bei kleineren Firmen
reicht es häufig schon, wenn du deine Bewerbungsunterlagen einsendest
und ein anschließendes Telefongespräch gut verläuft. Manchmal kann
es aber auch zu einem Assessment Center und Auswahltag kommen.
Das hängt auch immer von der Größe und Beliebtheit des Unternehmens ab. Bei manchen Beratungsfirmen ist es beispielsweise üblich,
dass nach einem erfolgreichen dreimonatigen Praktikum direkt ein

Lebenslauf

Persönliche Daten
Name: **Peter Blum**
Anschrift: Musterweg 1, 12345 Musterstadt
Telefon: 0111/ 11111
E-Mail: Peter.Blum@musteremail.de
Geburtsdatum: 09.03.1998
Geburtsort: Musterstadt

Schulbildung
09/04 - 07/08   Grundschule Musterstadt
09/08 - 06/16   Goethe Gymnasium, Musterstadt
                       Mathematischer Zweig
Abschluss: Allgemeine Hochschulreife (Note 2,0)
Lieblingsfächer: Physik (sehr gut), Mathematik (gut)

Studium
09/16 - heute   Technische Fachhochschule Musterstadt
                       Maschinenbaustudium
Angestrebter Abschluss: Bachelor of Engineering in Maschinenbau im Juli 2019

Berufserfahrung
08/14   Dreiwöchiges freiwilliges Schülerpraktikum
                       123 GmbH, Musterstadt
Tätigkeiten: Unterstützung im Büro der Angebotsabteilung

Zusatzqualifikationen
Führerschein: Klasse B
Computerkenntnisse: Maschinenschreiben, MS Office
Sprachkenntnisse: Deutsch (Muttersprache), Englisch (fließend)

Sonstige Aktivitäten
01/10 - heute   Ehrenamtliche Mitarbeit in der Bücherei, Musterstadt
03/08 - heute   Sportverein Musterstadt, Fußball, aktiver Mittelfeldspieler
01/11 - heute   Aktives Mitglied der Freiwilligen Feuerwehr Musterstadt
                       regelmäßige Übungen, Unterstützung bei Festen

Lesen, Skifahren, Radsport, Gitarre spielen

Musterstadt, 01.01.2017

Peter Blum

Abb. 8.1   Beispiellebenslauf Studentenpraktikum

Lebenslauf

Persönliche Daten

Name:	**Peter Blum**
Anschrift:	Musterweg 1, 12345 Musterstadt
Telefon:	0111/ 11111
E-Mail:	Peter.Blum@musteremail.de
Geburtsdatum:	09.03.1998
Geburtsort:	Musterstadt

Schulbildung

09/04 - 07/08	Grundschule Musterstadt
09/08 - 06/16	Goethe Gymnasium, Musterstadt
	Mathematischer Zweig
Abschluss:	Allgemeine Hochschulreife (Note 2,0)
Lieblingsfächer:	Physik (sehr gut), Mathematik (gut)

Studium

09/16 - heute	Technische Fachhochschule Musterstadt
Angestrebter Abschluss:	Bachelor of Engineering in Maschinenbau im Juli 2019
Studienschwerpunkt:	Fahrzeugtechnik

Berufserfahrung

08/14	Dreiwöchiges freiwilliges Schülerpraktikum
	123 GmbH, Musterstadt
Tätigkeiten:	Unterstützung im Büro der Angebotsabteilung
08/17 - 09/17	Vierwöchiges freiwilliges Studentenpraktikum
	in der ABC Firma GmbH, Musterstadt
Tätigkeiten:	Mitarbeit in der Fertigung und Materialverarbeitung
10/17 - 04/18	Werkstudent, ABC Firma GmbH, Musterstadt
Tätigkeiten:	Mitarbeit in der Fertigung und Materialverarbeitung

Zusatzqualifikationen

Führerschein:	Klasse B
Computerkenntnisse:	Maschinenschreiben, MS Office
Sprachkenntnisse:	Deutsch (Muttersprache), Englisch (fließend)

Sonstige Aktivitäten

01/10 - heute	Ehrenamtliche Mitarbeit in der Bücherei, Musterstadt
03/08 - heute	Sportverein Musterstadt, Fußball, aktiver Mittelfeldspieler
01/11 - heute	Aktives Mitglied der Freiwilligen Feuerwehr Musterstadt
	regelmäßige Übungen, Unterstützung bei Festen

Lesen, Skifahren, Radsport, Gitarre spielen

Musterstadt, 01.01.2019

Peter Blum

Abb. 8.2   Beispiellebenslauf Praxissemester

Peter Blum
Musterweg 1
12345 Musterstadt
01111/ 11111
Peter.Blum@musteremail.de

ABC Firma GmbH
z.Hd. Herrn Tim White
ABC Straße 1
12345 Musterstadt

Musterstadt, 01.01.2017

Bewerbung um ein Studentenpraktikum in der Fertigung und Materialverarbeitung

Sehr geehrter Herr White,

auf dem schwarzen Brett der Fachhochschule Musterstadt habe ich Ihren Aushang für ein Studentenpraktikum in der Fertigung und Materialverarbeitung gelesen und mich sofort angesprochen gefühlt. Ich habe im September mein Studium begonnen und würde gerne in den Sommersemesterferien im August und September ein dreiwöchiges Praktikum bei Ihnen machen, da mich die beschriebenen Prozesse der Materialverarbeitung sehr interessieren und faszinieren und ich gerne mein theoretisches Wissen aus dem Studium mit Einblicken in die Praxis ergänzen möchte. Sehr gerne würde ich den realen Betrieb in einer so großen Materialverarbeitung kennenlernen, aus diesem Grund bewerbe ich mich hiermit um ein Praktikum bei Ihnen.

Seit ich ein kleiner Junge bin, brenne ich für alles, was vier Räder hat. Auch wenn mich mein Vater, ein Berufslastwagenfahrer, mich ab und zu mitgenommen und mir dabei die Funktionsweise und verschiedenen Teile des LKWs erklärt hat, war das für mich das Größte. In der Schule habe ich begeistert das Hintergrundwissen zu meiner Leidenschaft gelernt und als ich das Abitur in der Tasche hatte, war mir klar, dass ich ein Maschinenbaustudium mit Schwerpunkt Fahrzeugtechnik machen möchte. Das Studium fokussiert sich momentan auf die ingenieurwissenschaftlichen Grundlagen und die Theorie. Das ist sehr spannend, reicht mir jedoch nicht. Mein Zwillingsbruder macht gerade eine Ausbildung zum Industriemechaniker und wenn er davon erzählt, wie er jeden Tag mit anpacken und wirklich etwas erreichen kann, reizt es mich, es ihm gleich zu tun. Aus diesem Grund möchte ich gerne im Sommer freiwillig ein Praktikum machen und die richtige Arbeitswelt kennenlernen. Neben sehr viel Motivation bringe ich echtes Interesse mit. Aus meiner Tätigkeit als aktiver Mittelfeldspieler und in der Freiwilligen Feuerwehr bin ich es gewohnt, im Team zu agieren und allzeit zuverlässig und verantwortungsbewusst zu handeln.

Ich würde mich sehr freuen, von Ihnen zu hören und stehe jederzeit für ein persönliches Gespräch zur Verfügung.

Mit freundlichen Grüßen

Peter Blum

Peter Blum

Abb. 8.3   Beispielanschreiben Studentenpraktikum

Peter Blum
Musterweg 1
12345 Musterstadt
01111/ 11111
Peter.Blum@musteremail.de

ABC Firma GmbH
z.Hd. Herrn Fritz Orange
ABC Straße 1
12345 Musterstadt

Musterstadt, 01.06.2018

Bewerbung um ein Praxissemester in der Konstruktion

Sehr geehrter Herr Orange,

vielen Dank, dass sie sich letzte Woche Zeit genommen haben, mit mir über die Möglichkeiten, ein Praxissemester in Ihrer Abteilung zu machen, zu sprechen. Es hat mich sehr gefreut, dass Sie auf meine Anfrage hin Zeit für ein Telefongespräch hatten. Wie besprochen, reiche ich hiermit meine Bewerbungsunterlagen ein. Ich studiere derzeit im vierten Semester Maschinenbau. Wenn möglich, würde ich gerne ab Oktober diesen Jahres mein Praxissemester in Ihrer Abteilung verbringen.

Seit meiner Kindheit bin ich ausgesprochen von Technik, Mechanik und besonders Fahrzeugen fasziniert und Autos waren schon immer mein Lieblingsspielzeug. Da mich auch in der Schule Physik sehr fasziniert hat, habe ich mich nach der Schule für ein Maschinenbaustudium mit Schwerpunkt Fahrzeugtechnik entschieden. In der Fabrik und Fertigung Ihres Unternehmens habe ich bereits ein Studentenpraktikum und anschließend eine Werkstudententätigkeit absolviert. Die präzise und komplexe Materialbearbeitung entsprechend der vorgegebenen Pläne fasziniert und beeindruckt mich sehr. Im Studium habe ich gelernt, diese Planzeichnungen zu lesen und selbst mit CAD zu erstellen. Aus diesem Grunde bewerbe ich mich um ein Praxissemester in Ihrer Abteilung. Ich möchte gerne in der Abteilung arbeiten, in welcher die Teile, die ich bereits mitfertigen durfte, erstellt werden. Ich bringe ein gutes technisches Verständnis, die Kenntnisse über CAD aus dem Studium, sowie die Erfahrungen aus ihrem Unternehmen mit, gepaart mit meiner Begeisterung für Fahrzeugtechnik. Bereits in meiner jetzigen Rolle als Werkstudent bin ich es gewohnt, verlässlich, pünktlich und gewissenhaft innerhalb vorgegebener Zeitvorgaben zu arbeiten.
Herr White aus der Fabrik hat zugestimmt, Ihnen gerne seine Einschätzung zu meiner Arbeitsweise und meinen Leistungen zu geben.

Ich würde mich sehr freuen, wenn es klappt und stehe jederzeit für ein weiteres Gespräch zur Verfügung.

Mit freundlichen Grüßen

Peter Blum

Abb. 8.4   Beispielanschreiben Praxissemester

Angebot für eine Festanstellung nach Studienende ausgestellt wird. In diesem Fall ist das Praktikum quasi eine Art Testarbeiten für die Festanstellung und entsprechend hart ist das Bewerbungsverfahren für ein Praktikum. In der Regel findet jedoch „nur" ein Vorstellungsgespräch statt. Durch die befristete Anstellung gehen Firmen kein besonders großes Risiko ein, wenn sie einen Praktikanten einstellen. Trotzdem wollen sie natürlich idealerweise jemanden, der im Anschluss als potenzieller Mitarbeiter für eine Festanstellung infrage kommt. Deshalb ist es, wie gesagt wichtig, dass du bei deiner Bewerbung nicht nur durch deine Eignung, sondern auch durch deine Persönlichkeit und Motivation überzeugst.

8.1.6 Erfahrungen und Tipps

Die Tätigkeiten, die du im Rahmen deines Praktikums verrichtest, können je nach Branche, Betrieb und sogar innerhalb eines Unternehmens je nach Abteilung und Chef variieren. Ich habe mit ehemaligen Praktikanten gesprochen, die – nach ihren eigenen Worten zu schließen – ganze Projekte eigenständig geleitet haben, während andere berichten, während ihres Praktikums in erster Linie zugearbeitet zu haben. Das Klischee eines Praktikums, bei welchem du lediglich Kaffee holen und kopieren darfst, sollte nicht die Regel sein. Trotzdem kann es natürlich vorkommen, dass du auch weniger beliebte und eher uninteressante Aufgaben als Teil des Berufsalltags übernehmen musst. Ganz gleich worin deine Aufgaben letztlich liegen, ich kann dir nur ans Herz legen, dich dabei anzustrengen und stets engagiert, zuverlässig und proaktiv an die Arbeit zu gehen. Selbst wenn ein Praktikum einmal nicht wie erwartet verläuft, so kannst du trotzdem etwas für dich mitnehmen. Nämlich die Erkenntnis, dass diese Branche, diese Berufsgruppe oder auch nur diese Abteilung oder Firma nicht das Richtige für dich ist. Nach deinem Studienabschluss brauchst du dich dann erst gar nicht darauf bewerben.

Erfahrungsgemäß wird besonders das verpflichtende Praktikum oder Praxissemester von Studierenden häufig eher als Belastung denn als Chance gesehen. Hier gilt jedoch das Gleiche wie auch für das verpflichtende Schülerpraktikum: Wenn du ohnehin ein Praktikum machen musst, solltest du diese Zeit gleich sinnvoll nutzen. Anders als beim Schülerpraktikum bist du als Studenten (meist) volljährig und kannst die Chancen eines Praktikums sehr viel besser einschätzen. Und während du als Schüler bei der Wahl deines Praktikums eher in der direkten Umgebung geblieben bist, kannst du dich als Student durchaus freier entscheiden und auch in einer anderen Stadt, oder einem anderen Land (siehe Abschn. 8.4) nach einer passenden Praktikumsstelle suchen.

Empfehlungen für Zusatzinformationen zum Studentenpraktikum

- www.meinpraktikum.de (Praktikantenbörse u. a. auch nach Studienfächern, Stadt, Bereich, Unternehmen und Branche. Teilweise mit Bewertungen vorheriger Praktikanten)
- www.studentjob.de/praktikum (Praktikantenbörse u. a. nach Ort)
- www.jobsuma.de/praktikum (Praktikantenbörse u. a. nach Ort und Umkreis)

8.2   Studentenjob und Werkstudententätigkeit

8.2.1 Definition

Ein Studentenjob, auch studentischer Nebenjob genannt, ist eine bezahlte Tätigkeit, die du als Student neben deinem Studium, etwa nach der Vorlesung, am Wochenende oder in den Semesterferien ausübst. In erster Linie geht es dabei um das Geldverdienen. Es gibt eine große Auswahl an möglichen bezahlten Tätigkeiten, sei es in einem Betrieb oder einem Privathaushalt, sowohl in einer fachspezifischen als auch einer fachfremden Tätigkeit. Wichtig ist, dass die Arbeitszeit flexibel quasi *„um die Vorlesung herum"* gelegt werden kann, da es den Studienerfolg nicht behindern sollte.

Werkstudent

Eine besondere Form des Studentenjobs ist die Werkstudententätigkeit. Ein Werkstudent ist ein in einer Hochschule immatrikulierter Student, der regelmäßig – maximal jedoch 26 Wochen pro Jahr 20 h pro Woche – in einem Unternehmen arbeitet. In der Regel passt der Studiengang dabei zur ausgeübten Tätigkeit [4].

Häufig werden Werkstudenten erst ab dem zweiten oder dritten Semester eingestellt.

Wissenschaftliche und studentische Hilfskraft („Hiwi")

Wenn du neben dem Studium als wissenschaftliche oder studentische Hilfskraft an der Hochschule arbeitest, wirst du auch *„Hiwi"* genannt. In dieser Position unterstützt du die Professoren und wissenschaftlichen Mitarbeiter bei ihrer täglichen Arbeit in der Forschung und Lehre. Hiwi-Verträge werden gewöhnlich für mindestens ein Semester abgeschlossen und sind auf maximal sechs Jahre begrenzt. Analog zur Werkstudententätigkeit darfst du als Hiwi nur maximal 20 h in der Woche arbeiten [5].

Hiwis können beispielsweise Tutorien abhalten, im Labor oder in der Bibliothek der Hochschule aushelfen.

Zu den beliebtesten Studentenjobs gehören

* Arbeit in der Gastronomie, z. B. als Kellner oder Barkeeper.
* Studentische Hilfskraft an der Hochschule (*„Hiwi"*).
* Bürojobs.
* Verkäufer im Einzelhandel.
* Branchenspezifische Studentenjobs (häufig besser bezahlt).
* Promotion, etwa auf Messen, an einer Hochschule oder auf Einkaufsstraßen.
* Animateur, eventuell auch im Ausland.
* Nachhilfelehrer.
* Babysitter.
* Statist oder Komparse, z. B. im Fernsehen [6, 8].

8.2.2 Vorteile und Nutzen

Vorteile

* Geld verdienen, Studium finanzieren und gegebenenfalls finanzielle Freiheiten.
* Einblicke in die Arbeitswelt und Berufserfahrung.
* Steigerung des Selbstvertrauens und Verantwortungsbewusstseins.
* Aneignung weiterer Fähigkeiten sowie gegebenenfalls Persönlichkeitsentwicklung.
* Abwechslung und Ausgleich zum Studium.
* Teilweise flexible Arbeitszeiten, die sich gut um die Vorlesungen legen lassen (z. B. in der Gastronomie oder als Hilfskraft an der Hochschule).
* Meist gibt es die Möglichkeit, in der Prüfungszeit die Arbeit zu reduzieren und in den Semesterferien zu erhöhen.

Weitere Vorteile speziell bei fachspezifischen Tätigkeiten:

* Branchenspezifische Anstellungen häufig besser bezahlt.
* Anwendung des theoretischen Wissens aus dem Studium in der Praxis.
* Praxiserfahrung und Einblicke in das jeweilige Fachgebiet, z. B. als studentische Hilfskraft oder Werkstudent.
* Durch die langfristige Anstellung Übernahme von eigenen Aufgaben und Projekten möglich.
* Netzwerk ins Unternehmen aufbauen und eventuell gute Chancen auf einen anschließenden Direkteinstieg (besonders als Werkstudent).
* Praxiserfahrung wird von Unternehmen auch für die spätere Bewerbung um eine Festanstellung sehr positiv bewertet.
* Besonders fachspezifische Tätigkeiten machen sich sehr gut im Lebenslauf.

Nachteile

* Zusatzbelastung neben dem Studium.
* Zeitaufwand und möglicherweise Stress.
* Gefahr, dass das Studium darunter leidet: Schlechtere Noten oder Verlängerung der Studiendauer.

8.2.3 Rechtliche Grundlagen

Rechtlich gesehen unterscheidet das Deutsche Studentenwerk neben dem Studium vier grundsätzliche Beschäftigungsformen, die jeweils ihre eigenen Regeln haben:

* Geringfügig entlohnte, kurzfristige Beschäftigung (450-Euro-Job, *„Minijob"*).
* Kurzfristige Beschäftigung (Semesterferienjob).
* Beschäftigung als Werkstudent.
* Gleitzonenfall, auch *„Midijob"* genannt [7].

Für alle anderen Tätigkeiten bist du als Student ein *„normaler"* Arbeitnehmer und somit sozialversicherungspflichtig. Es gelten grundsätzlich für Studenten die gleichen Gesetze wie für alle anderen Arbeitnehmer auch. Dazu gehört auch der Anspruch auf einen schriftlichen Arbeitsvertrag, die Einhaltung des Mindestlohns und der Kündigungsfristen, sowie das Recht auf Urlaub und die Gehaltsfortzahlung für sechs Wochen nach einer ärztlich ausgestellten Arbeitsunfähigkeitsbescheinigung [7]. Als Student musst du gesetzlich oder privat krankenversichert sein. Dabei kannst du unter bestimmten Voraussetzungen in der Familienversicherung deiner Eltern mitversichert bleiben, allerdings nur bis zu einem maximalen monatlichen Einkommen von 470 EUR (Stand 2022). Im Zweifelsfall kannst du dich auch von deiner Krankenkasse dazu beraten lassen. Wenn du mit deinen jährlichen Einkünften unter dem Grundfreibetrag von 9.984 EUR im Jahr (Stand 2022) bleibst, bist du nicht steuerpflichtig. Bereits abgeführte Steuern werden dir gegebenenfalls sogar durch die Einkommenssteuererklärung zurück-erstattet [9].

Geringfügig entlohnte, kurzfristige Beschäftigungen (450-Euro-Job, „Minijob")

Die Regelungen für einen 450-Euro-Job gelten für Studenten ebenso wie für alle anderen Arbeitnehmer. Mit einem Entgelt unter 450 EUR monatlich werden keine Steuerzahlungen oder Beiträge zur Arbeits-losen- und Pflegeversicherung fällig, jedoch wird ein reduzierter Eigen-anteil für die Rentenversicherung verlangt. Der Arbeitgeber entrichtet pauschale Abgaben an die Minijob-Zentrale u. a. für Lohnsteuer, Solidaritätszuschlag und Kirchensteuer. Dabei wird zwischen einer langfristigen Beschäftigung im gewerblichen oder privaten Bereich und kurzfristigen Jobs, wie zum Beispiel die Arbeit in den Semester-ferien unterschieden. Wenn du mehrere Tätigkeiten ausübst, ist die Summe all deiner Einkünfte maßgeblich (inklusive eventueller Sonder-zahlungen wie Urlaubsgeld). Solltest du insgesamt den Betrag von 450 EUR im Monat überschreiten, greifen die „Minijob" Regelungen nicht mehr. Das gilt für eine Beschäftigung im gewerblichen, ebenso wie im privaten Umfeld [8].

Kurzfristige Beschäftigungen (Semesterferienjob)

Bei der kurzfristigen Beschäftigung in den Semesterferien ist die finanzielle Entlohnung nicht von Bedeutung, solange das Beschäftigungsverhältnis maximal drei Monate oder 70 Arbeitstage im Kalenderjahr andauert. Diese muss vorab vertraglich festgelegt werden oder durch die Art der Beschäftigung begrenzt sein. Für deine Einnahmen daraus musst du Steuern bezahlen, die du jedoch mit der Lohnsteuererklärung zurückerstattet bekommst, wenn sie unter dem jährlichen Grundfreibetrag bleiben. Bei dieser Beschäftigungs-form musst du keine zusätzlichen Kranken-, Pflege- und Arbeits-losenversicherungsbeiträge abführen. Zudem bist du als Student mit einer kurzfristigen Beschäftigung, von der Rentenversicherung befreit. Berufsmäßig ausgeübte Tätigkeiten, also die Arbeit in einem zuvor erlernten Beruf, sind dagegen sozialversicherungspflichtig [8].

Werkstudentenprivileg (20-Stundenregel)

Wenn du als Werkstudent wöchentlich maximal 20 h arbeitest, musst du unabhängig von deinem Einkommen keine zusätzlichen Kranken-, Pflege- und Arbeitslosenversicherungsbeiträge entrichten. Lediglich die Rentenversicherungsbeiträge müssen abgeführt werden. Dieses *„Werkstudentenprivileg"* gilt jedoch nur, wenn Studieren weiterhin deine Haupttätigkeit bleibt und dein Fokus auf dem Studium und nicht dem bezahlten Job liegt. Als Werkstudent hast du keinen Anspruch auf Arbeitslosengeld und im Krankheitsfall beschränkt sich die Fortzahlung deines Entgelts auf maximal sechs Monate. Es gilt zudem das Bundesurlaubsgesetz. Wenn du mehrere Tätigkeiten, unter Umständen sogar bei verschiedenen Arbeitgebern ausübst, ist die Gesamtarbeitszeit maßgeblich. Hierzu werden auch *„Minijobs"* und kurzfristige Beschäftigungen zusammengezählt. Vorausgesetzt du bist als Student an der Hochschule immatrikuliert und dir liegt noch keine offizielle schriftliche Bescheinigung deiner Prüfungsleistungsgesamtergebnisse vor. Sobald du dein Studienabschlusszeugnis in der Hand hältst, bist du als *„normaler"* Arbeitnehmer sozialversicherungspflichtig [9].

Duale Studenten, Studenten in der Promotionsphase, Teilzeitstudenten und Studenten während eines Urlaubssemesters sind grundsätzlich nicht von der Werkstudentenregel betroffen und somit sozialversicherungspflichtig. Das ist auch dann der Fall, wenn du voll arbeitest und nebenbei berufsbegleitend studierst. Anders sieht es jedoch aus, wenn du in Vollzeit ein Zweit- oder Masterstudium absolvierst. In diesem Fall gelten die Werkstudentenregelungen wieder [9].

8.2.4 Bewerbungsprozess

Stellensuche

Viele Studenten berichten, dass bei ihrer Suche nach einem Studentenjob immer auch Glück ein entscheidender Faktor war. Gerade bei Jobs in Privathaushalten erfährt man häufig von Verwandten oder Bekannten. Wenn du also eine solche Tätigkeit suchst, solltest du dich in deinem persönlichen Umfeld umhören. Auch im Internet kannst du entsprechende Möglichkeiten finden, beispielsweise auf Jobportalen oder in den sozialen Netzwerken. Nachhilfe lässt sich erfahrungsgemäß auch hervorragend durch Mund-zu-Mund-Propaganda oder auf entsprechenden (regionalen) Webseiten anbieten. Wenn du beispielsweise in der Gastronomie jobben möchtest, kannst du auch direkt in Restaurants, Kneipen oder Clubs vor Ort nachfragen. Häufig weisen auch entsprechende Aushänge auf eine offene Stelle hin.

Wenn du einen Studentenjob in einem Unternehmen suchst, tust du gut daran, direkt auf der Firmenwebseite nach entsprechenden Stellen zu suchen. Gerade große Betriebe veröffentlichen häufig eine solche Stelle, ebenso wie alle anderen zu besetzenden Positionen direkt auf der Firmenwebseite. Auch (lokale) Karrieremessen können eine gute Gelegenheit bieten, gleich mehrere Firmen auf entsprechende Möglichkeiten anzusprechen. Du kannst auch Unternehmen direkt kontaktieren und je nach Größe via E-Mail, telefonisch oder vor Ort einfach nachfragen, ob grundsätzliche die Möglichkeit bestünde, als Werkstudent oder in den Semesterferien dort zu arbeiten. Erfahrungsgemäß werden viele Studierende dort als Werkstudent tätig, wo sie bereits zuvor ein Praktikum absolviert haben. Das bietet sich an, weil man sich bereits kennt und auch keine Einarbeitung erforderlich wird. Viele kommen auch durch Bekannte und Mitstudenten (Kommilitonen) an eine Werkstudentenstelle. Womöglich kennst du auch jemanden, der bereits in einer Abteilung oder Firma als solcher gearbeitet hat und diese nun – vielleicht aufgrund eines beendeten Studiums – abgibt. Ich konnte schon beobachten, dass das Unternehmen einen Werkstudenten, mit dem es lange zusammengearbeitet hat, gefragt hat, ob dieser einen potenziellen Nachfolger empfehlen kann. Vitamin B kann dir bei der Suche nach einer Werkstudentenstelle helfen. Viele Hochschulen haben auch ein sogenanntes *„Schwarzes Brett"*, an dem du verschiedene Aushänge zu Studentenjobs, Werkstudentenstellen und dergleichen finden kannst. Auch in der Fachschaft oder einer anderen Studentenvertretung kannst du nachfragen, da diese häufig ebenfalls entsprechende Informationen dazu haben. Für *„Hiwi"*-Stellen an der Hochschule kann es auch vorkommen, dass du bei entsprechend guten Leistungen direkt von einem Professor darauf angesprochen wirst.

Bewerbungsunterlagen

Wenn du bereits in einem Unternehmen als Praktikant gearbeitet hast und diese Tätigkeit als Werkstudent fortführst, gibt es in der Regel keinen offiziellen Bewerbungsprozess. Bewirbst du dich dagegen auf einer Webseite oder auf einen Aushang hin, musst du meist einen Lebenslauf einreichen. Wie so oft, kann auch hier ein gutes Anschreiben deine Chancen steigern. Gerade wenn es nicht verlangt wird, machen sich die wenigsten Bewerber die Arbeit ein solches zu erstellen. In diesem Fall lässt dich dein Anschreiben positiv aus der Masse an Bewerbern hervorzustechen.

Für einen studentischen Nebenjob und besonders bei fachspezifischer Arbeit wie einer Werkstudententätigkeit, solltest du immer den fachlichen Bezug deiner Studieninhalte zur Stelle betonen. Darüber hinaus spielen dein Interesse und deine Motivation eine wichtige Rolle.

Bei der Bewerbung um einen Studentenjob in einem Privathaushalt werden häufig keine Bewerbungsunterlagen benötigt und wenn dann maximal ein Lebenslauf. Viel verbreiteter ist auch hier – analog zum Schülerjob – das Probearbeiten. Auch Empfehlungen und Referenzen von früheren Arbeitgebern, die mit deiner Arbeit zufrieden waren, können in diesem Zusammenhang sehr wertvoll sein.

Bewerbungsschritte

Ich habe bereits selbst Werkstudenten eingestellt. Darüber hinaus habe ich im Rahmen der Recherche für dieses Buch mit vielen Werkstudenten und Praktikanten gesprochen, um ein Gefühl für die verschiedenen Bewerbungsschritte zu bekommen, ebenso wie mit Führungskräften und Vertretern der Personalabteilung. Für einen Job im Betrieb ist ein Bewerbungsgespräch sehr geläufig. Bei einem Job in einem Privathaushalt wird dagegen eher ein etwas lockeres Kennenlerngespräch geführt.

Häufig werden für eine solche Stelle nicht mehrere Bewerber gleichzeitig interviewt. Eher wird vorab eine Vorauswahl getroffen und der bevorzugte Kandidat interviewt und bei Erfolg direkt eingestellt.

Der Bewerbungsprozess für eine Studententätigkeit ist häufig nicht besonders umfangreich. In der Regel wollen Unternehmen möglichst schnell und ohne großen Aufwand jemand Passendes finden. Wenn du beim Gespräch einen guten Eindruck machst und dich höflich, motiviert und interessiert zeigst, hast du gute Chancen. Neben deinen fachlichen Qualifikationen und deiner Erfahrung kannst du hier besonders mit deiner Motivation punkten.

8.2.5 Erfahrungen und Tipps

Wie dieses Kapitel zeigt, gibt es viele Möglichkeiten, als Student Praxiserfahrung zu bekommen und Geld zu verdienen. Dabei gibt es jedoch einiges zu beachten. Gerade wenn du neben dem Studium Geld verdienen möchtest, solltest du dich vorab mit den rechtlichen Regelungen auseinandersetzen und darauf achten, dass sich Einkünfte und Arbeitszeiten in den vorgegebenen Grenzen bewegen. Auf diese Weise können die Abgaben für Steuern und Sozialversicherungsbeiträge möglichst geringgehalten werden. Das Internet kann dir dabei eine gute Informationsquelle sein. Besonders, wenn du BAföG (nach dem Bundesausbildungsförderungsgesetz) beziehst, solltest du unbedingt beachten innerhalb der entsprechenden Regelungen zu bleiben, um finanzielle Kürzungen der Förderung zu vermeiden.

Ich persönlich bin ein großer Fan von Studentenjobs im passenden Fachbereich. Auf diese Weise gewinnst du einfach so viel mehr als nur die finanzielle Entlohnung. Wenn du dich in deinem Interessensbereich bewegen kannst, um dabei Einblicke in für dich interessante Branchen zu gewinnen, kann dies die Arbeit ungemein versüßen und leichter von der Hand gehen lassen. Es ist einfach eine fantastische Lösung, wenn du neben dem Geld auch noch Berufserfahrung sammeln und nützliche Kontakte für deinen späteren Berufseinstieg knüpfen kannst. Besser geht es im Grunde gar nicht. Deshalb kann ich dir nur empfehlen eine Tätigkeit in einem Unternehmen in Betracht zu ziehen, welches du dir auch gut als potenziellen künftigen Arbeitgeber vorstellen kannst.

In diesem Zusammenhang noch ein Wort der Warnung: Trotz all der Vorteile und Möglichkeiten, die dir ein Studentenjob bringen kann, solltest du stets darauf achten, dass dir diese Nebentätigkeit nicht zu viel Kraft und Energie kostet. Das Studium sollte deine oberste Priorität bleiben. Dieses unnötig zu verlängern, nur wegen einem Job oder zu riskieren, Prüfungen deshalb nicht zu bestehen, steht tatsächlich in keinem Verhältnis.

Empfehlungen für Zusatzinformationen zum Studentenjob

- www.absolventa.de/werkstudentenjobs/ (Jobbörse für Werkstudentenjobs)
- www.haushaltsjob-boerse.de (Jobbörse für Tätigkeiten in Privathaushalten)
- www.deutsche-rentenversicherung.de (U. a. Tipps für Studenten: Jobben und studieren)
- www.bafög.de und www.meinbafoeg.de (Informationen zu den Bestimmungen für BAföG und eigenes Einkommen inkl. Beispiele)

8.3 Abschlussarbeit

Aus der *„Allgemeinen Prüfungsordnung für die Bachelor- und Masterstudiengänge an der Technischen Fakultät der Friedrich-Alexander-Universität Erlangen-Nürnberg"*:

„Die Bachelorarbeit soll nachweisen, dass die Studierenden im Stande sind, innerhalb einer vorgegebenen Frist eine Fragestellung selbstständig mit wissenschaftlichen Methoden zu bearbeiten und die Ergebnisse sachgerecht darzustellen. [...]

Soweit die Fachprüfungsordnung nichts anderes regelt, sind die an der Technischen Fakultät hauptberuflich im jeweiligen Studiengang tätigen Hochschullehrerinnen oder Hochschullehrer (Betreuer) zur Vergabe einer Bachelorarbeit berechtigt. [...]

Der Prüfungsausschuss kann auch die Anfertigung der Bachelorarbeit in einer Einrichtung außerhalb der Universität gestatten, wenn dort die Betreuung gesichert ist." [10]

8.3.1 Definition

Um dein Studium erfolgreich abschließen zu können, musst du eine Bachelor- beziehungsweise Masterarbeit verfassen. Die jeweilige Prüfungsordnung deiner Hochschule legt die Rahmenbedingungen hierzu fest, u. a. zu Inhalt, Aufbau, Bearbeitungszeit usw. Je nach Hochschule, Studienfach und Prüfungsordnung können diese Vorgaben stark variieren.

8.3.2 Vorteile und Nutzen

Abhängig von den Vorgaben deiner Hochschule kannst du deine Studienabschlussarbeit grundsätzlich dort oder mit einem Unternehmen schreiben. Erfahrungsgemäß sind besonders an Fachhochschulen Abschlussarbeiten in Kooperation mit einer außeruniversitären Einrichtung oder einem Betrieb sehr beliebt und verbreitet. Du hast als Student keinen grundsätzlichen Anspruch darauf, deine Abschlussarbeit außerhalb deiner Hochschule schreiben zu dürfen.

Abschlussarbeit in einem Unternehmen
Vorteile

* Finanzielle Entlohnung.
* Bearbeitung realer, praxisrelevanter Themen, Probleme und Fragestellungen.
* Einblicke in die Arbeitswelt und Berufserfahrung.
* Kontakte im Unternehmen und unter Umständen anschließend gute Übernahmechancen.

Nachteile

* Planung und Vorbereitung erforderlich, um die Voraussetzungen von Hochschule und Unternehmen zu vereinbaren.
* (Oft) keine freie Themenwahl aufgrund der häufig sehr konkreten Vorgaben des Unternehmens.
* Trotz der großen Praxisnähe muss auch ein ausreichendes Level an Wissenschaftlichkeit gewährleistet sein.
* Eventuell sehr unternehmensspezifische Themen, die sich nicht ohne Weiteres auf einen anderen Arbeitgeber übertragen lassen.

Wenn du dir eine Zukunft im wissenschaftlichen Umfeld vorstellen kannst und nach dem Bachelor auch den Master und womöglich eine Promotion anstrebst, kann es sinnvoll sein, deine Abschlussarbeit an der Hochschule zu schreiben, dort wertvolle Kontakte zu knüpfen und tief in das wissenschaftliche Arbeiten und entsprechende Fragestellungen einzutauchen. In diesem Fall kannst du die Hochschule wie deinen künftigen Arbeitgeber betrachten. Wenn du dagegen bereits weißt, dass du nach deinem Studienabschluss in einem Unternehmen arbeiten möchtest, kann die Abschlussarbeit eine gute Möglichkeit sein, dort einen Fuß in die Tür zu bekommen.

8.3.3 Rechtliche Grundlagen

Die Abschlussarbeit gilt als benotete Prüfungsleistung, weshalb du auf jeden Fall die Vorgaben deiner Studien- und Prüfungsordnung dazu beachten solltest. Hinsichtlich der Themenwahl hat letztlich die Hochschule das letzte Wort und im Grunde steht und fällt alles mit einem Professor, der sich bereit erklärt, deine Arbeit zu betreuen und zu bewerten. Bevor du mit dem Schreiben beginnst, sollte das Thema, dein Vorgehen und die Schwerpunkte sowohl mit dem betreuenden Professor als auch dem Unternehmen abgestimmt und am besten schriftlich festgehalten werden. In erster Linie dient die Abschlussarbeit dazu den Hochschulabschluss zu erreichen, weshalb selbige auch eine gewisse Wissenschaftlichkeit vorweisen muss, selbst dann, wenn du sie in einer Firma schreibst. Je nach Thema kann es passieren, dass das Unternehmen auf Geheimhaltung besteht und einer anschließenden Veröffentlichung deiner Arbeit nicht zustimmt. Das ist nicht ungewöhnlich. In diesem Fall wird deiner Arbeit ein Sperrvermerk hinzugefügt.

Wenn du deine Abschlussarbeit in einem Unternehmen schreibst, bekommst du in der Regel einen zeitlich befristeten Arbeitsvertrag, der alle relevanten Details über das Thema und den Inhalt sowie zu Gehalt, Arbeitszeit, Urlaub und Kündigungsfrist beinhaltet.

8.3.4 Bewerbungsprozess

Stellensuche

Idealerweise machst du dir frühzeitig, also bereits einige Monate vor dem geplanten Startdatum Gedanken über den Themenbereich und die Branche, in der du deine Abschlussarbeit schreiben möchtest und schaust dich entsprechend um. In der Regel haben Unternehmen, die ein Abschlussarbeitsthema zu vergeben haben, bereits eine konkrete Vorstellung davon, was sie erwarten. Entsprechend detailliert ist das Thema auch formuliert und beispielsweise auf der firmeneigenen Webseite, auf Online-Jobbörsen oder durch Aushänge in der Hochschule veröffentlicht. Alternativ kannst du auch hier potenziell interessante Unternehmen direkt ansprechen, sei es auf einer Job- oder Karrieremesse oder via E-Mail oder einem Telefonanruf. Auch wenn du bereits Praktikant, studentische Hilfskraft oder Werkstudent in einem Unternehmen warst oder derzeit bist, kannst du deinen (ehemaligen) Chef nach entsprechenden Möglichkeiten fragen. Gegebenenfalls kannst du auch ein eigenes Thema vorschlagen.

Wenn du die Abschlussarbeit dagegen an deiner Hochschule schreiben möchtest, kannst du entsprechende Themen über den jeweiligen Lehrstuhl, die Fachschaft oder als Aushang am *„Schwarzen Brett"* finden. Möglicherweise stellen Professoren ihre Themen auch direkt in der Vorlesung vor. Alternativ kannst du auch proaktiv auf den jeweiligen Professor zugehen und nach potenziellen Abschlussarbeitsthemen fragen. Dabei kann es helfen, wenn du dir bereits vorab Gedanken dazu gemacht hast welche Bereiche und Themen dich besonders interessieren. In diesem Fall reichen meist ein Lebenslauf und ein Gespräch mit dem Professor, um eine entsprechende Stelle zu bekommen. Ein ausgiebiges Bewerbungsverfahren mit Bewerbungsmappe und mehreren Bewerbungsschritten ist in der Regel nicht erforderlich.

Die anschließenden Informationen zu den Bewerbungsunterlagen und dem Bewerbungsprozess konzentrieren sich auf Bewerbungen um eine Abschlussarbeit in einem Unternehmen.

Bewerbungsunterlagen

Wenn du bereits Kontakte in ein Unternehmen hast und dort persönlich bekannt bist, brauchst du häufig keine Bewerbungsunterlagen einzureichen, um auch die Abschlussarbeit dort schreiben zu können. Anders sieht es aus, wenn du dich auf eine ausgeschriebene Position bewirbst. In diesem Fall solltest du dich zeitnah darauf bewerben und rasch deine Bewerbungsunterlagen einsenden. In der Regel werden diese Positionen sehr schnell besetzt, sobald sich ein passender Kandidat gefunden hat. Neben deinem Lebenslauf (Abb. 8.5) solltest du dieser Bewerbung auch ein aussagekräftiges Anschreiben beilegen, indem du auf deine Erfahrungen und Studienschwerpunkte im angestrebten Bereich eingehst und deutlich machst, warum du die größte Eignung für die Bearbeitung des Themas mitbringst (siehe Abb. 8.6).

Du kannst dich für die Abschlussarbeit auch bei einem ausländischen Unternehmen bewerben. In diesem Fall solltest du deine Unterlagen in der Landessprache oder auf Englisch verfassen.

Lebenslauf

Persönliche Daten
Name: **Peter Blum**
Anschrift: Musterweg 1, 12345 Musterstadt
Telefon: 0111/ 11111
E-Mail: Peter.Blum@musteremail.de
Geburtsdatum: 09.03.1998
Geburtsort: Musterstadt

Schulbildung
09/04 - 07/08   Grundschule Musterstadt
09/08 - 06/16   Goethe Gymnasium, Musterstadt
                              Mathematischer Zweig
Abschluss: Allgemeine Hochschulreife (Note 2,0)
Lieblingsfächer: Deutsch (sehr gut), Mathematik (gut)

Studium
09/16 - heute   Technische Fachhochschule Musterstadt
Angestrebter Abschluss: Bachelor of Engineering in Maschinenbau im Juli 2019
Studienschwerpunkt: Fahrzeugtechnik

Berufserfahrung
08/14   Dreiwöchiges freiwilliges Schülerpraktikum
                              123 GmbH, Musterstadt
Tätigkeiten: Unterstützung im Büro der Angebotsabteilung

08/17 - 09/17   Vierwöchiges freiwilliges Studentenpraktikum
                              in der ABC Firma GmbH, Musterstadt
Tätigkeiten: Mitarbeit in der Fertigung und Materialverarbeitung

10/17 - 04/18   Werkstudent, ABC Firma GmbH, Musterstadt
Tätigkeiten: Mitarbeit in der Fertigung und Materialverarbeitung

03/18 - 09/18   Praxissemester in der ABC Firma GmbH, Musterstadt
Tätigkeiten: Mitarbeit in der Konstruktionsabteilung

Zusatzqualifikationen
Führerschein: Klasse B
Computerkenntnisse: Maschinenschreiben, MS Office
Sprachkenntnisse: Deutsch (Muttersprache), Englisch (fließend)

Sonstige Aktivitäten
01/10 - heute   Ehrenamtliche Mitarbeit in der Bücherei, Musterstadt
03/08 - heute   Sportverein Musterstadt, Fußball, aktiver Mittelfeldspieler
01/11 - heute   Aktives Mitglied der Freiwilligen Feuerwehr Musterstadt
                              regelmäßige Übungen, Unterstützung bei Festen

Lesen, Skifahren, Radsport, Gitarre spielen

Musterstadt, 01.01.2019

Peter Blum

Abb. 8.5   Beispiellebenslauf Abschlussarbeit

Peter Blum
Musterweg 1
12345 Musterstadt
01111/ 11111
Peter.Blum@musteremail.de

ABC Firma GmbH
z.Hd. Herrn Anton Braun
ABC Straße 1
12345 Musterstadt

Musterstadt, 01.01.2019

Bewerbung um eine Bachelor Abschlussarbeit

Sehr geehrter Herr Braun,

Auf Ihrer Firmenwebseite bin ich auf Ihre offen Abschlussarbeitsstelle zur "Konstruktion einer Antriebswelle für den LKW Antrieb" gestoßen, auf welche ich mich hiermit bewerben möchte. Das Thema und der beschriebene Inhalt entsprechen meinen Interessen, meinem Studienschwerpunkt, sowie den Erfahrungen, die ich bereits in Ihrem Unternehmen machen konnte. Derzeit studiere ich im fünften Semester Maschinenbau mit Schwerpunkt auf Fahrzeugtechnik. Im März dieses Jahres würde ich gerne meine Abschlussarbeit in Ihrem Hause schreiben.

Seit meiner Kindheit bin ich ausgesprochen von Technik, Mechanik und besonders Fahrzeugen fasziniert und Autos waren schon immer mein Lieblingsspielzeug. Da mich auch in der Schule Physik sehr fasziniert hat, habe ich mich auch im Studium für Maschinenbau und Fahrzeugtechnik entschieden. Mit dem Ziel das theoretische Wissen aus dem Studium zu vertiefen, habe ich bereits mehrere Wochen und Monate als Praktikant, Werkstudent und während meines Praxissemesters in Ihrem Unternehmen verbracht. So konnte ich in der Fertigung und Materialverarbeitung mit anpacken und lernen, wie die verschiedenen Komponenten gefertigt werden. Derzeit arbeite ich in der Konstruktion und Entwicklungsabteilung, um bei der Erstellung der Komponenten zu unterstützen, wobei die Einblicke aus der Fertigung sehr nützlich sind. Durch die Zeit in Ihrem Unternehmen habe ich ein gutes Verständnis für die internen Prozessschritte und auch die entsprechenden firmeneigenen Besonderheiten entwickelt. Dies und mein Wissen aus dem Studium würde ich gerne für eine Abschlussarbeit über die Konstruktion einer Antriebswelle für den LKW Antrieb nutzen und weiter ausbauen. Ich bin an diesem Thema wirklich sehr interessiert und motiviert, zudem fleißig und zuverlässig, wie ich bereits in Ihrem Unternehmen unter Beweis stellen konnte. Herr White aus der Fabrik und Herr Orange aus der Konstruktion haben zugestimmt, Ihnen gerne ihre jeweiligen Einschätzungen und Erfahrungen zu meiner Arbeitsweise und meinen Leistungen zu geben.

Ich würde mich sehr freuen, Sie persönlich kennenzulernen.

Mit freundlichen Grüßen

Peter Blum

Peter Blum

Abb. 8.6   Beispielanschreiben Abschlussarbeit

Bewerbungsschritte

Nach dem Einsenden deiner Bewerbungsunterlagen für eine Studienabschlussarbeit in einem Unternehmen, erfolgt häufig ein klassisches
Bewerbungsgespräch mit ein bis zwei Vertretern aus der entsprechenden
Abteilung. Je nach Zahl der Bewerber wirst du möglicherweise vorab
noch zu einem Telefoninterview eingeladen. Erfahrungsgemäß wollen
Unternehmen den Bewerbungsprozess zügig gestalten und schnell eine
geeignete Besetzung für die Abschlussarbeit finden. Passen Studienschwerpunkt und bisherige Erfahrungen zusammen und vermittelt
der Bewerber einen zuverlässigen und motivierten Eindruck, steht der
Zusammenarbeit häufig nichts mehr im Wege.

8.3.5 Erfahrungen und Tipps

Das Thema deiner Abschlussarbeit sollte dich interessieren und idealerweise inhaltlich bereits in eine Richtung gehen, in der du dir vorstellen
könntest, anschließend auch zu arbeiten. Auch wenn du keine Garantie
dafür hast, kann es doch deine Chancen auf eine anschließende Festanstellung in einem entsprechenden Bereich erhöhen. Immerhin hast du
dich bereits nachweislich inhaltlich in das Thema eingearbeitet. Es kann
sich anbieten die Themenwahl so allgemein zu gestalten, dass sie auch
für andere Abteilungen und Firmen relevant ist.

Ich habe bei meiner Abschlussarbeit eine Marktanalyse über den
Vertrieb von Prozess-Sensorik erstellt. Zugegeben, nicht das klassische
Thema bei einem Maschinenbaustudium, trotzdem haben mir die
Recherche, Einarbeitung und Erstellung sehr viel Spaß gemacht und
auch für die weiteren Karriereschritte die richtigen Weichen gestellt.
Aufgrund der Offenheit meiner Hochschule und der Unterstützung
eines wirklich tollen Professors war es mir überhaupt erst möglich, dieses Thema zu wählen. Mit diesem Beispiel möchte ich dazu
ermutigen, auch vermeintlich etwas entferntere Themen grundsätzlich für sich in Betracht zu ziehen. Die Abschlussarbeit im Rahmen
meines berufsbegleitenden MBA Studiums habe ich in meiner aktuellen

Abteilung geschrieben. Hierzu habe ich meine Vorgesetzten um ein entsprechendes Thema gebeten, welches sich zum einen für die Abschlussarbeit eignet, zum anderen auch Mehrwert für die Abteilung schafft, die das Studium finanziell unterstützt. Eine Win–Win-Situation für beide Seiten.

Empfehlungen für Zusatzinformationen zur Studienabschlussarbeit

- www.die-bachelorarbeit.de (Börse für Bachelorarbeitsthemen in diversen Unternehmen)
- www.die-masterarbeit.de (Börse für Masterarbeitsthemen in diversen Unternehmen)

8.4 Auslandsaufenthalt während des Studiums

Du hast während des Studiums verschiedene Möglichkeiten, einige Zeit im Ausland zu verbringen, ohne dass du deshalb (zwangsläufig) deine Studienzeit verlängern musst. Wahlweise kannst du einige Zeit an einer ausländischen Hochschule studieren oder beispielsweise bei einer ausländischen Firma ein Praktikum machen. Die Vorteile eines Auslandsaufenthaltes, auch neben den offensichtlichen Vorteilen für deine Sprachkenntnisse und der wunderbaren Erfahrung wurden bereits in Abschn. 6.2 zum Thema Gap-Jahr ausführlich behandelt.

Einige Studiengänge in Deutschland werden standardmäßig teilweise oder sogar vollständig auf Englisch oder in einer anderen Sprache durchgeführt. Dies hat unter anderem den Vorteil, dass du entsprechende fachspezifische Begriffe direkt in dieser Sprache lernst. Es gibt auch internationale Studiengänge, die einen Aufenthalt an einer ausländischen Partnerhochschule fest vorsehen und gegebenenfalls sogar einen Doppelabschluss ermöglichen. Auf diese Weise bekommst du in einem Studienfach zwei Abschlüsse an zwei Hochschulen in zwei verschiedenen Ländern.

Wenn du dich für einen Auslandsaufenthalt während des Studiums interessierst, solltest du frühzeitig mit der Recherche, Planung und Vorbereitung beginnen, idealerweise bereits über ein Jahr im Voraus. In der Regel gibt es dabei viel zu beachten, wobei die konkreten Anforderungen je nach Land und Art des Aufenthalts variieren können.

Möglichkeiten, während des Studiums ins Ausland zu gehen

* Auslandssemester an einer ausländischen Hochschule.
* Auslandspraktikum.
* Praxissemester im Ausland.
* Studienabschlussarbeit im Ausland.
* (Intensiv-)Sprachkurse in den Semesterferien.
* Komplettes Auslandsstudium (z. B. Masterstudium).

Auslandssemester an einer ausländischen Hochschule
Wenn du während deines Studiums ins Ausland gehen möchtest, um dort zeitweise Vorlesungen zu besuchen, kannst du auf eine Reihe von potenziellen Förderungen und finanziellen Unterstützungen zurückgreifen (z. B. Erasmus, DAAD, Partnerhochschulen etc.). Zuallererst solltest du einen Blick auf die Hochschulwebseite werfen und gegebenenfalls auch das Studienbüro deiner Hochschule aufsuchen. Häufig haben Hochschulen eine oder mehrere ausländische Partnerhochschulen. Zum einen ist es in der Regel leichter, in diese aufgenommen zu werden, da womöglich sogar Plätze hierfür *„reserviert"* sind, zum anderen entfallen beim Studium an der ausländischen Partnerhochschule häufig die Studiengebühren. Diese können andernfalls im Ausland enorm hoch ausfallen. Auch kann es einfacher sein, die an einer Partnerhochschule erbrachten Studienleistungen in Deutschland anerkennen zu lassen. Den Aspekt der Prüfungsleistungsanerkennung solltest du unbedingt gleich zu Beginn klären. Ansonsten musst du in Deutschland alles noch einmal belegen und dein Studium verlängert sich womöglich dadurch unnötig. Im Rahmen deines geplanten Auslandssemesters solltest du dir auch das Erasmus-Programm (für Aufenthalte innerhalb Europas) und die Fördermöglichkeiten des Deutsch Akademischen Austauschdienstes (DAAD)

anschauen. Alternativ könnte auch ein Stipendium interessant sein, welches beispielsweise deine Studiengebühren, Reisekosten oder Kosten für die Unterkunft trägt. Neben deiner Hochschule als mögliche Informationsquelle kann dir auch die allgemeine Internetrecherche weiterhelfen. Die Bewerbungsprozesse für Auslandssemester an einer ausländischen Hochschule können unterschiedlich sein. In der Regel musst du einige Formulare und Anträge ausfüllen. Erfahrungsgemäß kann es deine Chancen enorm steigern, wenn du dich über deine eigene Hochschule oder eine entsprechende Organisation bewirbst.

Praktikum, Praxissemester oder Abschlussarbeit im Ausland
Wenn du vorhast im Ausland zu arbeiten und dort beispielsweise ein Praktikum, das Praxissemester oder die Abschlussarbeit abzuleisten, ist es hilfreich beim selben Unternehmen bereits in Deutschland gearbeitet zu haben. Gerade wenn du bereits in der deutschen Niederlassung des Unternehmens mit deiner Arbeit überzeugt hast, kann das deine Chancen enorm erhöhen, auch im Ausland eine entsprechende Stelle zu finden. Eventuell hast du in diesem Fall auch Kontakte, die dich wiederum ins Ausland vermitteln können. In diesem Fall kann der Bewerbungsprozess unter Umständen relativ unkompliziert ablaufen. Hat der deutsche Chef keine entsprechenden Kontakte, solltest du ihn unbedingt um eine idealerweise englischsprachige Empfehlung bitten. Diese kann dir sehr nützlich sein, wenn du dich beispielsweise direkt auf der Firmenwebseite für ein Praktikum im Ausland bewirbst. Große, internationale Unternehmen bieten diese dort ebenso an, wie entsprechende Stellen im Inland. Wenn du in ein Studentenförderprogramm eines Unternehmens aufgenommen wurdest, solltest du diese Kontakte unbedingt nutzen und direkt fragen, ob es möglich ist ein Praktikum oder ähnliches an einer ausländischen Niederlassung zu absolvieren. Besonders wenn du für eine Position empfohlen wirst, kann der Prozess relativ einfach aussehen und beispielsweise neben dem Einsenden des Lebenslaufs nur ein anschließendes Telefongespräch oder virtuelles Bewerbungsgespräch beinhalten. Achte darauf deine Bewerbungsunterlagen auf English oder der jeweiligen Landessprache zu verfassen.

Bei meiner Bewerbung um eine Abschlussarbeit im Ausland habe ich verschiedene Abteilungen und Länder über die interne Jobbörse kontaktiert. Die Rückmeldungen waren leider erschreckend gering. Es lag wahrscheinlich auch an den Zielländern, aber ich habe in den allermeisten Fällen einfach gar keine Rückmeldung erhalten. Da auch meine internen Kontakte leider nicht weiterhelfen konnten und ich das Glück hatte, in ein wirklich fantastisches Studentenförderprogramm bei Siemens aufgenommen worden zu sein, habe ich die dortigen Betreuer kontaktiert. Diese haben ein weltweites Netzwerk an Führungskräften, die regelmäßig Studenten aus dem Programm aufnehmen. Auf eine ausgeschriebene Praktikantenstelle habe ich dann via E-Mail nachgefragt, ob es möglich wäre, auch für eine Abschlussarbeit und natürlich zusätzliche Aufgaben für mehrere Monate in die Abteilung zu kommen und meinen englischen Lebenslauf angehängt. Nach einem sehr angenehmen Telefongespräch mit der dortigen Führungskraft, dass in erster Linie um das Kennenlernen ging, habe ich direkt die Zusage erhalten und wir haben uns relativ schnell auf ein Thema für die Abschlussarbeit geeinigt und alle rechtlichen Dinge und Rahmendaten geklärt. Per E-Mail habe ich den Vertrag erhalten und unterschrieben zurückgeschickt. Es lief auch deshalb relativ einfach und unkompliziert, weil mein damaliger Chef schon (gute) Erfahrungen mit Studenten aus diesem Programm gemacht hat und ich viel Unterstützung von Seiten der Hochschule bekommen habe. Besonders wertvoll war auch der Austausch mit der derzeitigen Praktikantin, meiner „Vorgängerin" sozusagen, die mir viele Fragen beantworten konnte. Der Aufenthalt in Thailand und meine Abschlussarbeit dort waren für mich von unschätzbarem Wert. Zum einen wurde die Arbeit sehr gut bewertet und zum anderen haben mich die Erlebnisse, die völlig andere Arbeits- und Lebenskultur sowie die Freundschaften und beruflichen Kontakte tief bewegt und beeindruckt. Beruflich und privat war es die bestmögliche Entscheidung und auch heute noch profitiere ich von diesen Erlebnissen, besonders dann, wenn es um die Zusammenarbeit mit asiatischen Kollegen geht.

Abb. 8.7 zeigt einen beispielhaften englischen Lebenslauf, auch „Curriculum Vitae", kurz CV genannt und Abb. 8.8 ein englischsprachiges Anschreiben, auch „Cover Letter" genannt. Besonders

Curriculum Vitae

Personal Data
Name:	**Peter Blum**
Address:	Musterweg 1, 12345 Musterstadt, Germany
Telephone:	0049 1111 11111
E-Mail:	Peter.Blum@musteremail.de
Details of birth:	09.03.1998 in Musterstadt, Germany

Education
09/04 - 07/08	Elementary school, Musterstadt, GER
09/08 - 06/16	Goethe High School, Musterstadt, GER
	Focused on mathematics
Degree:	A-Levels (grade good)

Studium
09/16 - 07/19	University of Applied Science, Musterstadt, GER
Degree:	Bachelor of Engineering in Mechanical Engineering (good)
	Focused on automotive engineering
Bachelor thesis:	Designing a drive shaft for the truck engine (very good)

Work Experience
08/14	Three weeks of voluntary internship at the 123 GmbH, Musterstadt, GER
Activities:	Supporting the bids team creating in customer offers.
08/17 - 09/17	Four weeks of voluntary student internship at the ABC Firma GmbH, Musterstadt, GER
Activities:	Supporting manufacturing and material processing.
10/17 - 04/18	Working Student, ABC Firma GmbH, Musterstadt, GER
Activities:	Supporting manufacturing and material processing.
09/18 - 03/19	Practical term at the ABC Firma GmbH, Musterstadt, GER
Activities:	Supporting manufacturing and material processing.

Additional Qualifications
Driver´s license:	Car driver's license
Computer skills:	Typewriting, MS Office, C++, CAD
Language skills:	German (mother tongue), English (fluent)

Other Activities
01/10 - date	Volunteering in the library, Musterstadt
03/08 - date	Sports association Musterstadt, soccer midfield player.
01/11 - date	Active member oft he voluntary fire brigade Musterstadt, regular practical training, supporting at local events.

Hobbies
Reading, skiing, cycling, and playing the guitar.

Musterstadt, 01.01.2019

Peter Blum

Abb. 8.7 Beispiel CV Bachelor Thesis englisch

Peter Blum
Musterweg 1
12345 Musterstadt, Germany
0049 1111 11111
Klaus.Blum@musteremail.de

ABC Company Limited
For the attention of Mr. James Black
Examplestreet 1
San Francisco, USA

Musterstadt, 03.08.2018

Application for the Bachelor's thesis topic "Designing a drive shaft for the truck engine"

Dear Mr. Black,

On your company website, I discovered the Bachelor's thesis on the topic "Designing a drive shaft for the truck engine" for which you have a vacant position in your office for in San Francisco. The content described interests me a lot and matches my previous experience at your company as a student intern, as well as my academic background. I am currently studying mechanical engineering with a focus on automotive engineering. My intention is to write my thesis in March 2019 and by doing so, finishing my studies in August 2019.

Ever since I was a young boy, I was fascinated by vehicle technology. Cars were my favourite toys when I was younger, and later, I enjoyed physics a lot as it gave me the background and understanding of vehicles. I was always sure I wanted to study mechanical engineering with a focus on automotive engineering, which I did.

As much as I like the theoretical knowledge, I believe the hands-on experience is worth a lot as well. That is why I have spent weeks and months as an intern in your company's office in Musterstadt, Germany. Doing so I have gained experiences in manufacturing and material processing, as well as in the design department. I got a solid understanding of how your company designs vehicle components and processes the material into these. As this interests and fascinates me a lot, I would like to write my thesis about the design process of a drive shaft for the truck engine and am applying for the vacant position you have.
I am highly motivated, skilled, reliable, smart and my work was already appreciated by my previous bosses, Mr. White and Mr. Orange, from the German factory and office in Musterstadt. They can provide reference about my work. My academic grades are also good.

I hope I will get the opportunity to join your team use all my skills, knowledge and experience to write a good thesis.
Please feel free to contact me at any time.

Yours sincerely,

Peter Blum

Peter Blum

Abb. 8.8   Beispiel Cover Letter Bachelor Thesis englisch

Lebensläufe können sich je nach Land stark in ihrem Aufbau und ihrer Struktur unterscheiden. Im Beispiel wurden die deutsche Struktur und das Layout beibehalten und lediglich auf English übersetzt. Für die in diesem Buch beschriebenen Bewerbungen habe ich selbst auch immer einen solchen Lebenslauf in der deutschen Struktur verwendet und war damit erfolgreich. Es ist also durchaus möglich. Alternativ kannst du dich auch über die jeweiligen Gepflogenheiten hinsichtlich der Lebenslaufgestaltung deines Ziellandes informieren und diese entsprechend umsetzen.

> **Empfehlungen für Zusatzinformationen zum Studium**
>
> * www.wege-ins-ausland.org (Informationen zum Auslandspraktikum und anderen Möglichkeiten, während des Studiums ins Ausland zu gehen)
> * www.daad.de (U. a. Praktikumsbörse und Stipendienfinder)

Literatur

1. Juristische anwalt.de-Redaktion (2019) Pflichtpraktikum vs. freiwilliges Praktikum – wo liegt der Unterschied? Anwalt.de. https://www.anwalt.de/rechtstipps/pflichtpraktikum-vs-freiwilliges-praktikum-wo-liegt-der-unterschied_118403.html. Zugegriffen: 06. Juni 2022
2. o. V. (kein Datum) Studenten + Praktikum. www.studenten-kv.de: Krankenversicherung für Studenten. https://www.student-kv.de/krankenkasse_versicherung_im_praktikum/#1_Vorgeschriebenes_Vor-Nachpraktikum_mit_Entgelt. Zugegriffen: 06. Juni 2022
3. o. V. (2022) Mindestlohn 2022: Was hat sich geändert. Deutscher Gewerkschaftsbund DGB. https://www.dgb.de/schwerpunkt/mindestlohn/mindestlohn-2019-was-aendert-sich-in-2019. Zugegriffen: 06. Juni 2022
4. Todisco L (kein Datum) Werkstudent – Vor- und Nachteile im Überblick. Studieren Plus. https://www.studierenplus.de/bildung-finanzieren/werkstudent/. Zugegriffen: 06. Juni 2022

5. Personalrat (2022) Wissenschaftliche und studentische Hilfskräfte. Universität Heidelberg. https://www.uni-heidelberg.de/einrichtungen/organe/personalrat/Hiwi.html. Zugegriffen: 06. Juni 2022

6. o. V. (kein Datum) Die 10 beliebtesten Studentenjobs. Uni-Blog.info … über den täglichen Wahnsinn an Deutschlands Hochschulen. https://www.uni-blog.info/die-10-beliebtesten-studentenjobs/. Zugegriffen: 06. Juni 2022

7. o. V. (kein Datum) Studienfinanzierung: Jobben. Deutsches Studentenwerk. https://www.studentenwerke.de/de/jobben. Zugegriffen: 06. Juni 2022

8. o. V. (kein Datum) Jobben: Geringfügig entlohnte und kurzfristige Beschäftigungen. Deutsches Studentenwerk. https://www.studentenwerke.de/de/content/geringf%C3%BCgig-entlohnte-und-kurzfristige-besch%C3%A4ftigungen. Zugegriffen: 06. Juni 2022

9. o. V. (kein Datum) Studienfinanzierung: Werkstudenten. Deutsches Studentenwerk. https://www.studentenwerke.de/de/werkstudentenprivileg. Zugegriffen: 06. Juni 2022

10. o. V. (2007) Allgemeine Prüfungsordnung für die Bachelor- und Masterstudiengänge an der Technischen Fakultät der Friedrich-Alexander-Universität Erlangen-Nürnberg. Friedrich-Alexander-Universität Erlangen-Nürnberg. https://www.zuv.fau.de/universitaet/organisation/recht/studiensatzungen/TECHFAK/AllgPO_TechFak_BA-MA_JULI2012.pdf. Zugegriffen: 06. Juni 2022

9

Konkrete Bewerbungen nach dem Studium

Zusammenfassung Dieses Kapitel geht auf die verschiedenen Möglichkeiten ein, nach dem Ende des Studiums in die Berufswelt zu starten, ebenso wie die entsprechenden Bewerbungsverfahren. Hierzu gehören besonders der Direkteinstieg und das Trainee- beziehungsweise Graduate-Programm. Du erhältst Tipps zur Stellensuche, dem Erstellen deiner Bewerbungsunterlagen und erfährst, wie die Bewerbungsschritte hierzu aussehen können.

Im Normalfall ist die Bewerbung nach dem Studium nicht deine allererste Bewerbung. Wenn du es bis hierhergeschafft hast, dann hast du dich bereits erfolgreich um einen (Dualen) Studienplatz und die Abschlussarbeit beworben. Vielleicht hast du dich auch bereits für ein Praktikum oder ein Praxissemester beworben. Das ist hervorragend, denn dann besitzt du bereits deine eigenen Erfahrungen im Umgang mit Bewerbungsprozessen und kannst darüber hinaus deine Chancen auf den Berufseinstieg mit deiner Praxiserfahrung erhöhen.

© Springer Fachmedien Wiesbaden GmbH, ein Teil von Springer Nature 2023
T. Schrammel, *Die ersten Bewerbungen für Schüler und Studierende*,
https://doi.org/10.1007/978-3-658-37932-2_9

Die Ratschläge in diesem Kapitel lassen sich übrigens mühelos auf alle Bewerbungen übertragen, die nach dem ersten Job auf dich zukommen. Häufig wirst du nach Abschluss deiner Berufsausbildung oder deines Dualen Studiums (zumindest für eine gewisse Zeit) von deinem Betrieb übernommen. In diesem Fall musst du dich nicht nochmal bewerben. Dann reicht ein Kennenlerngespräch mit dem Leiter der neuen Abteilung. Eine Übernahmegarantie gibt es in der Regel nicht, wenn du jedoch ein Übernahmeangebot bekommst, kann es durchaus eine Überlegung wert sein, dieses auch anzunehmen. Selbst wenn die Arbeit dort vielleicht nicht optimal sein sollte, kannst du dich nach einiger Zeit (in der Größenordnung von ein bis zwei Jahren) immer noch anderweitig umsehen und innerhalb oder außerhalb deines aktuellen Unternehmens bewerben. Alternativ kannst du dich aber auch direkt gegen Ende deiner Ausbildung oder deines Dualen Studiums bei einem anderen Arbeitgeber bewerben. Dabei solltest du jedoch gerade als dualer Student deinen Vertrag prüfen. Es kann nämlich vorkommen, dass du nach dem Studienabschluss verpflichtet bist, noch einige Zeit in deinem Unternehmen zu bleiben, wenn dir dieses eine entsprechende Stelle anbietet. Andernfalls musst du möglicherweise die getätigte Investition zurückzahlen. Diese Bindungsdauer kann beispielsweise drei Jahre betragen, wobei es auch möglich ist, dass dich dein zukünftiger Arbeitgeber *„freikauft"*.

Je öfter du dich bewirbst und je mehr Bewerbungsverfahren du durchläufst, desto routinierter wirst du dabei auch automatisch werden. Was keinesfalls bedeuten soll, dass du den Prozess deshalb auf die leichte Schulter nehmen solltest. Gerade, wenn dir ein Job wirklich wichtig ist, solltest du dir unbedingt die Mühe eines Anschreibens machen, selbst wenn es nicht verlangt wird.

9.1 Definition

Wenn das Ende deines Studiums näher rückt, wird auch die Frage immer präsenter, wie es anschließend weitergehen soll. Hierzu hast du verschiedene Möglichkeiten. Beispielsweise kannst du nach dem Bachelorabschluss weiterstudieren, den Master- und gegebenenfalls sogar den Doktortitel anhängen und anschließend eine akademische Laufbahn an der Hochschule anstreben, um vielleicht irgendwann selbst Professor zu werden. Alternativ kannst du auch unabhängig von deinem Studienabschluss in die Berufswelt starten, beispielsweise durch ein Trainee- oder Graduate-Programm (englisch „graduate"= Hochschulabsolvent) oder den Direkteinstieg. Auch ein Praktikum oder Gap-Jahr sind mögliche Optionen. Gerade in Amerika ist es beispielsweise weit verbreitet, dass Hochschulabsolventen nach ihrem Abschluss zunächst eine Weile reisen, beispielsweise als Rucksacktourist quer durch Europa.

Mögliche Optionen nach Studienende:

* Gap-Jahr (siehe Kap. 6).
* Aufbaustudium, beispielsweise Master oder Promotion (siehe Abschn. 7.2).
* Praktikum (siehe Abschn. 8.1).
* Trainee- oder Graduate-Programm in einem Unternehmen.
* Direkteinstieg in einem Unternehmen.

Sowohl der Direkteinstieg als auch das Trainee-Programm können befristet oder unbefristet angeboten werden, wobei gerade Direkteinstiege meist unbefristet sind. Bei einem unbefristeten Trainee-Programm wird dir nach Programmende die Übernahme in das Unternehmen garantiert. Das schafft Sicherheit. Wenn du die Wahl haben solltest zwischen einer zeitlich befristeten und unbefristeten Stelle, würde ich dir, bei sonst gleichen Bedingungen, immer zu einer unbefristeten Stelle raten. Diese kannst du deinerseits bei Bedarf auch nach einer gewissen Frist jederzeit kündigen.

Direkteinstieg

Beim Direkteinstieg startest du sofort in deine neue, feste Position und übernimmst nach einer angemessenen Einarbeitungszeit gleich die Aufgaben und Verantwortlichkeiten, die dir auch längerfristig zugedacht sind. Je nach Tätigkeit kannst du auf diese Weise deine Fähigkeiten und das Wissen aus dem Studium direkt umsetzen und einbringen. Ein Direkteinstieg bietet sich auch dann an, wenn du bereits ziemlich genau weißt, in welche Richtung es gehen soll und wo du arbeiten möchtest. Möglicherweise hast du bereits durch Vorlesungen, Seminare, Praktika oder Studentenjobs einen passenden Bereich für dich identifiziert. Sollte der Direkteinstieg nicht auf Anhieb klappen, kann häufig auch ein Praktikum dabei helfen, Kontakte zu knüpfen und den zukünftigen Arbeitgeber von sich zu überzeugen. Ich kenne gleich mehrere Beispiele, wo ein erfolgreiches Praktikum zu einem Jobangebot geführt hat.

Trainee- oder Graduate-Programm

Trainee- oder Graduate-Programme gibt es in den unterschiedlichsten Ausführungen. Sie werden immer verbreiteter und beliebter. In der Regel dauern sie zwölf bis 24 Monate. In diesem Zeitraum durchläufst du zuvor festgelegte Programminhalte. Besonders verbreitet sind spezifische, aufeinander abgestimmte Trainings und die Rotation in verschiedenen Abteilungen des Unternehmens für jeweils mehrere Monate. Während des Programms hast du die Möglichkeit, an unterschiedlichen Projekten, Themen und Fragestellungen zu arbeiten und dabei verschiedene Bereiche des Unternehmens kennenzulernen. Beim Durchlaufen verschiedener Abteilungen kannst du herausfinden, welche Abteilung dir besonders liegt und zu dir passt, um anschließend entsprechend einzusteigen. Manche Trainee-Programme sind eher allgemein gehalten, wohingegen andere bereits stark spezialisiert sind und ihren Fokus beispielsweise auf den Vertrieb, den Einkauf oder den Finanzbereich des Unternehmens legen. Häufig sind Kurse, Trainings sowie Netzwerkveranstaltungen und ein Betreuer Teil des Programms. Im Idealfall wirst du als Trainee systematisch von deinem Arbeitgeber aufgebaut und entwickelt. Wenn du dich für einen solchen Einstieg interessierst, solltest du dich unbedingt vorab schlau machen. Es gibt nämlich auch Trainee-Programme, die von Arbeitgebern eher in Richtung günstige Arbeitskraftbeschaffung eingesetzt werden. Um diese zu erkennen, kann es sich anbieten, im Internet nach Erfahrungsberichten ehemaliger Trainees zu suchen. Interessant ist dabei nicht nur, wie diese das jeweilige Programm empfunden haben, sondern auch, welche Karrieren sie anschließend verfolgt haben.

Einige Arbeitgeber sehen ihre Berufseinstiegsprogramme als Möglichkeit, den Hochschulabsolventen wertvolles Wissen und ein Verständnis für das Unternehmen als Ganzes zu vermitteln. Gegebenenfalls gibt es auch ein starkes Netzwerk der Alumni und das Programm wird als interne Talentschmiede gesehen, um die Führungskräfte von morgen auszubilden. Im Rahmen eines Trainee-Programms werden dir wichtige Kenntnisse und Kompetenzen für den Berufseinstieg vermittelt. Im Grunde erfährst du dadurch nochmal eine kleine Ausbildung. Je nach Branche kann es auch andere Berufseinstiegsprogramme geben wie beispielsweise ein Volontariat.

Als Trainee hat man noch eine gewisse Schonfrist, bekommt viel Hilfe und übernimmt nach und nach immer mehr Verantwortung. Zumindest im Idealfall. Ich habe auch Trainees gesehen, die mit geringbezahlten, befristeten Programmen tatsächlich als günstige Arbeitskraft fast schon ausgenutzt und dabei kaum gefördert und entwickelt wurden. Es gibt hier große Unterschiede.

9.2 Vorteile und Nutzen

Sowohl der Direkteinstieg in ein Unternehmen als auch ein Trainee- oder Graduate-Programm haben ihre Vor- und Nachteile. Keines ist pauschal besser oder schlechter. Grundsätzlich steigen die meisten Absolventen direkt ein, schon allein deshalb, weil die Zahl der Trainee-Stellen begrenzt ist, aber auch weil sie nach den vielen Jahren Studium und Schule keine weitere Ausbildung machen möchten.

Direkteinstieg

Vorteile

* Start jederzeit möglich bei entsprechend freier Stelle.
* Häufig unbefristeter Festeinstieg.
* Klare Aufgaben, Tätigkeiten und Verantwortungsbereiche von Anfang an.
* Geregelter Arbeitsablauf in einem festen Team.
* Möglichkeit, schnell Verantwortung zu übernehmen.
* Von Anfang an festes, gleichberechtigtes Teammitglied.
* Gegebenenfalls mehr Gehalt als bei einem Trainee- oder Graduate-Programm.

Nachteile

* Gegebenenfalls Gefahr ins kalte Wasser geworfen zu werden und Überforderung.
* Wenig Einblicke in andere Abteilungen und übergreifende Prozesse im Unternehmen.
* Passende Stelle muss gerade frei sein.

Trainee- oder Graduate-Programm

Vorteile

* Häufig Rotation in verschiedene Abteilungen.
* Kennenlernen des Unternehmens aus unterschiedlichen Blickwinkeln.
* Möglichkeit, Schwerpunkte nach eigenen Interessensbereich festzulegen.
* Trainings und Kurse, Ausbildungscharakter.
* Flexibilität in der Wahl einer passenden Abteilung nach Programmende.
* Meist mehrere freie Plätze.
* Enge Betreuung.
* Aufbau eines Netzwerks im Unternehmen.
* Gezielte Ausbildung mit der Möglichkeit, bewusste Schwerpunkte zu setzen (z. B. Vertriebstrainee).

Nachteile

* Je nach Programm möglicherweise Start nur einmal im Jahr möglich.
* Gegebenenfalls weniger Gehalt als beim Direkteinstieg.

Die Meinungen darüber, ob ein Direkteinstieg oder Trainee-Programm langfristig der bessere Start in die Karriere ist, gehen auseinander. Es kommt immer auf das jeweilige Programm an und darauf, was dir selbst mehr liegt. Auch ein Blick in die höheren Managementebenen eines Unternehmens wird (wenn es das Trainee Programm bereits lang genug gibt) sowohl Vertreter der einen als auch anderen Richtung beinhalten. Du solltest deine Wahl nicht allein danach treffen, was dich karriere-technisch weiterbringt. Weitaus wichtiger ist, was dich besonders interessiert. Schau dir hierzu die Inhalte und den Programmablauf bei potenziell interessanten Trainee-Programmen an und vergleiche diese mit den derzeit verfügbaren Direkteinstiegsjobs. Besinne dich auch hier auf die Erkenntnisse deiner Selbstreflexion: Was sind deine Talente, Interessen und Fähigkeiten? Wo kannst du diese und das Wissen aus deinem Studium bestmöglich einsetzen? Du kannst dich auch ohne weiteres für verschiedene Optionen bewerben und eine Entscheidung treffen, sobald du mehr als eine Zusage bekommst. Ich kann dir nur empfehlen, nicht ausschließlich rationale Gesichtspunkte in Betracht zu ziehen. Letztlich ist es auch wichtig, dass du dich mit deiner Ent-scheidung wohlfühlst und ein gutes Gefühl dabei hast.

9.3   Rechtliche Grundlagen

Sowohl beim Direkteinstieg als auch beim Trainee-Programm erhältst du einen schriftlichen Arbeitsvertrag. Dieser beinhaltet deine offizielle Stellenbeschreibung, den Beginn deiner Tätigkeit und im Falle einer Befristung auch dessen Ende, sowie deine Arbeitszeiten, Überstunden-regelungen, Vergütung, Urlaubsanspruch, Kündigungsfristen etc.
    Du solltest deinen Arbeitsvertrag unbedingt gut durchlesen, gegebenenfalls kannst du ihn auch von einem Anwalt prüfen lassen. Wenn dein Arbeitgeber mit einer Gewerkschaft (z. B. IG Metall)

ein Rahmenabkommen geschlossen hat, gelten die entsprechenden Standards auch in deinem Vertrag. In diesem Fall solltest du dich auch mit diesen Inhalten befassen und sichergehen, dass du sie verstanden hast, bevor du deinen Vertrag unterschreibst. Anschließend musst du diesen zurück an deinen Arbeitgeber schicken. Halte hierzu die von diesem bevorzugten Wege ein, sei es digital als E-Mail-Anhang oder postalisch.

Gerade beim ersten Job ist es eher unüblich, groß über das Einstiegsgehalt zu verhandeln. Wenn du mehrere Angebote hast, hast du natürlich einen Vergleich und sollte dein Favorit beispielsweise deutlich weniger bezahlen als die anderen, kannst du das auch ansprechen. Das Gehalt allein sollte jedoch nicht dein wichtigster Entscheidungsfaktor für eine Stelle sein. Wichtiger sind die Entwicklungsmöglichkeiten und dass dir der Job auch Spaß macht und dir entspricht. Nur so kannst du Bestleistungen erbringen und auf lange Sicht wirklich weiterkommen. Erfahrungsgemäß bezahlen gerade kleine Betriebe in der Regel weniger als große internationale Unternehmen. Dessen solltest du dir bewusst sein. Um vorab ein Gefühl über mögliche Gehälter zu bekommen, kannst du im Internet recherchieren. Es gibt Portale, auf denen Mitarbeiter anonym ihre Gehälter angeben können (z. B. www.glassdoor.de, www.kununu.com). Hier kannst du auch Arbeitgeber-Bewertungen und Erfahrungsberichte aktueller und ehemaliger Mitarbeiter lesen. Im Laufe deiner Karriere kann es später durchaus passieren, dass du direkt beim Bewerbungsprozess nach deinen Gehaltsvorstellungen gefragt wirst. Beim Berufseinstieg und den ersten Bewerbungen habe ich das noch nicht erlebt.

9.4   Bewerbungsprozess

9.4.1   Stellensuche

Bei der Suche nach passenden Trainee-Stellen oder offenen Positionen für den Direkteinstieg sollte die Firmenwebseite deine erste Anlaufstelle sein. Große Unternehmen haben häufig neben einer Stellensuche, bei der du gezielt nach Ort, Tätigkeitsfeld und Level filtern kannst, auch

Informationen über mögliche Einstiegsprogramme. Zudem gibt es im Internet zahlreiche Jobportale, die dir offene Stellen im gewünschten Bereich und entsprechender Umgebung bei unterschiedlichen Unternehmen anzeigen. Auch Karrieremessen, ein Tag der offenen Tür in einem Unternehmen, dass dir als Arbeitgeber interessant vorkommt, Aushänge in der Hochschule oder die Zeitung können unter Umständen hilfreich bei der Suche sein. Bei kleineren regionalen Unternehmen und Geschäften gibt es womöglich auch einen Aushang oder du kannst direkt vor Ort nach Einstiegsmöglichkeiten fragen.

Besonders, wenn du bereits als Praktikant, Werkstudent oder für die Abschlussarbeit in einem Unternehmen gearbeitet hast, solltest du deine eigenen Kontakte nutzen und nach entsprechenden freien Stellen fragen. Gerade große Firmen haben häufig interne Jobbörsen, welche durchaus auch Stellen beinhalten können, die nicht extern, also außerhalb des Unternehmens, ausgeschrieben sind. Du solltest unbedingt deine Chancen nutzen, solange du noch Mitarbeiter des Unternehmens bist und Zugang zu diesen Stellen hast. Vielleicht ist etwas Passendes dabei. Wenn du dich intern auf eine Stelle bewirbst, solltest du deinen derzeitigen Chef darüber informieren. Womöglich kennt er den Chef der Abteilung, für die du dich beworben hast, und kann ein gutes Wort für dich einlegen oder er kann dir ein Empfehlungsschreiben geben, dass deine Leistung und Eignung für das Unternehmen bescheinigt. Ich kann dir nur raten, deine Kontakte unbedingt zu nutzen. Auch wenn es nicht heißt, dass du dir so den Bewerbungsprozess ersparen kannst. Allerdings kann es deine Chancen, überhaupt gesehen und zum Vorstellungsgespräch eingeladen zu werden, immens erhöhen. Die richtigen Kontakte sind Gold wert.

9.4.2 Bewerbungsunterlagen

Sowohl für einen Direkteinstieg als auch eine Traineestelle solltest du unbedingt einen Lebenslauf (siehe Abb. 9.1) und ein starkes Anschreiben (siehe Abb. 9.2) erstellen. Dabei sollte dein Lebenslauf besonders deine Berufserfahrung in Form von Praktika und Studentenjobs, aber auch das Thema deiner Abschlussarbeit enthalten, gerade,

Lebenslauf

Persönliche Daten
Name:	**Peter Blum**
Anschrift:	Musterweg 1, 12345 Musterstadt
Telefon:	0111/ 11111
E-Mail:	Peter.Blum@musteremail.de
Geburtsdatum:	09.03.1998
Geburtsort:	Musterstadt

Schulbildung
09/04 - 07/08	Grundschule Musterstadt
09/08 - 06/16	Goethe Gymnasium, Musterstadt
Abschluss:	Allgemeine Hochschulreife (Note 2,0)

Studium
09/16 - heute	Technische Fachhochschule Musterstadt
Angestrebter Abschluss:	Bachelor of Engineering in Maschinenbau im Juli 2019
Studienschwerpunkt:	Fahrzeugtechnik
Bachelorarbeit:	Konstruktion einer Antriebswelle für den LKW Antrieb (1,0)

Berufserfahrung
08/14	Dreiwöchiges freiwilliges Schülerpraktikum
	123 GmbH, Musterstadt
Tätigkeiten:	Unterstützung im Büro der Angebotsabteilung

08/17 - 09/17	Vierwöchiges freiwilliges Studentenpraktikum
	in der ABC Firma GmbH, Musterstadt
Tätigkeiten:	Mitarbeit in der Fertigung und Materialverarbeitung

10/17 - 04/18	Werkstudent, ABC Firma GmbH, Musterstadt
Tätigkeiten:	Mitarbeit in der Fertigung und Materialverarbeitung

09/18 - 03/19	Praxissemester in der ABC Firma GmbH, Musterstadt
Tätigkeiten:	Mitarbeit in der Konstruktionsabteilung

08/17 - 09/17	Abschlussarbeit in der ABC Firma GmbH, Musterstadt
Tätigkeiten:	Recherche und Forschung im Rahmen der Abschlussarbeit

Zusatzqualifikationen
Führerschein:	Klasse B
Computerkenntnisse:	Maschinenschreiben, MS Office, C++, CAD
Sprachkenntnisse:	Deutsch (Muttersprache), Englisch (fließend)

Sonstige Aktivitäten
01/10 - heute	Ehrenamtliche Mitarbeit in der Bücherei, Musterstadt
03/08 - heute	Sportverein Musterstadt, Fußball, aktiver Mittelfeldspieler
01/11 - heute	Aktives Mitglied der Freiwilligen Feuerwehr Musterstadt

Lesen, Skifahren, Radsport, Gitarre spielen

Musterstadt, 01.05.2019

Peter Blum

Abb. 9.1 Beispiellebenslauf Trainee-Programm

Peter Blum
Musterweg 1
12345 Musterstadt
01111/ 11111
Peter.Blum@musteremail.de

Unternehmen AG
z.Hd. Herrn Jean Türkis
Unternehmerstraße 1
12345 Musterstadt

Musterstadt, 01.05.2019

Bewerbung um eine Trainee-Stelle in der Fahrzeugtechnik

Sehr geehrter Herr Türkis,

Im Internet bin ich auf Ihr Trainee-Programm in der Fahrzeugtechnik aufmerksam geworden, auf die ich mich hiermit gerne bewerbe. Derzeit bin ich in der finalen Phase meines Maschinenbaustudiums an der Technischen Hochschule Musterstadt, welche ich voraussichtlich im Juli 2019 mit dem Bachelor abschließen werde. An ihrem Trainee-Programm interessiert mich besonders die Möglichkeit in die verschiedenen Bereiche ihres Unternehmens Einblicke zu bekommen und dieses so als Ganzes kennenzulernen. Gerade auch die internationale Ausrichtung finde ich dabei sehr spannend.

Aufgrund meines großen Interesses an Technik, technischen Produkten und Fahrzeugen habe ich mich für ein Maschinenbaustudium entschieden und den Studienschwerpunkt Fahrzeugtechnik gewählt. Neben dem theoretischen Wissen aus dem Studium konnte ich meine Kenntnisse in diesem Bereich durch Praktika, dem Praxissemester und der Abschlussarbeit vertiefen. Diese haben mir auch bereits praktische Einblicke in die Berufswelt vermittelt. Als Trainee in Ihrem Unternehmen würde ich mein Wissen gerne einbringen und zugleich meiner Leidenschaft für Fahrzeugtechnik nachgehen. Ihre Produkte, gerade im LKW Bereich interessieren mich sehr. Hierzu bringe ich auch bereits Erfahrung mit, da ich meine Abschlussarbeit derzeit über die Konstruktion einer Antriebswelle für den LKW Antrieb schreibe. Als jahrelanger aktiver Mittelfeldspieler im Sportverein und aktives Mitglied der Freiwilligen Feuerwehr bin ich es gewohnt im Team zu agieren und gemeinsam an gesteckten Zielen zu arbeiten. Es macht mir Spaß komplexe Probleme und Fragestellungen anzugehen. Zudem bringe ich großes Interesse, viel Fleiß, Motivation und Zuverlässigkeit mit. Es wäre mir eine Freude als Trainee mein Wissen zu ergänzen und anschließend in eine spannende Position in ihrem Haus zu starten

Über eine positive Rückmeldung und eine Einladung zum persönlichen Gespräch würde ich mich sehr freuen.

Mit freundlichen Grüßen

Peter Blum

Peter Blum

Abb. 9.2 Beispielanschreiben Trainee-Programm

wenn diese zu deiner angestrebten Stelle passen. Hierbei kannst du den Lebenslauf nehmen, den du bereits für frühere Bewerbungen verwendet hast und entsprechend ergänzen. Auch könnte es sich anbieten, an dieser Stelle neue, aktuelle Bewerbungsfotos vom Fotografen machen zu lassen. Halte dich beim Einreichen deiner Bewerbungsunterlagen unbedingt an den vom Unternehmen bevorzugten Weg. Das kann eine Papierbewerbung mit Bewerbungsmappe sein oder die Onlinebewerbung via E-Mail beziehungsweise Eingabemaske. Besonders wertvoll sind an dieser Stelle bei den Anlagen die Nachweise über deine bereits vorhandenen Berufserfahrungen, wie Praktikumsberichte, Empfehlungsschreiben ehemaliger Arbeitgeber, aber auch von Professoren, Nachweise über ehrenamtliche Tätigkeiten, gegebenenfalls Stipendien, Preise etc. Alles, was dich positiv dastehen lässt, solltest du auch zeigen. Dabei besteht grundsätzlich auch die Möglichkeit, einzelne Erfahrungen, wie ein Praktikum, das thematisch nicht passt, wegzulassen. Allerdings würde ich davon eher abraten. Im Rahmen der Berufsorientierung war es vollkommen okay, verschiedene Bereiche kennenlernen zu wollen, und bei der Bewerbung um den Berufseinstieg ist in der Regel jede Erfahrung in der Arbeitswelt ein Vorteil. Gerade bei späteren Bewerbungen kannst du dir aber tatsächlich überlegen, entsprechende Positionen zu streichen und dafür detaillierter auf die Tätigkeiten einzugehen, die du in Vollzeit nach Studien- beziehungsweise Ausbildungsende absolviert hast.

9.4.3 Bewerbungsschritte

Erfahrungsgemäß ist gerade der Bewerbungsprozess für eine Trainee-Stelle häufig dem für einen Dualen Studienplatz sehr ähnlich. Da es durchaus vorkommen kann, dass mehrere Positionen pro Jahr gleichzeitig besetzt werden, sind in diesem Zusammenhang auch Assessment Center beliebt. Und hierbei kann tatsächlich alles an den Bestandteilen und Kombinationen vorkommen, die wir in Kap. 4 detailliert betrachtet haben. Am besten schaust du dir diese nochmal an. Auskunft über den Prozess kannst du vorab auf der Webseite des Unternehmens nachschauen. In der Regel bekommst du auch mit deiner Einladung weitere Informationen über den Ablauf. Im Zweifel kannst du auch nachfragen, was du besonders vorbereiten solltest. Die Auswahl der passenden Kandidaten für ein Trainee- oder Graduate-Programm kann durchaus sehr selektiv sein. Da es jedoch in der Regel mehrere freie Stellen zu besetzen gibt als beim Direkteinstieg solltest du deine Chancen nicht pauschal niedriger einschätzen. Erfahrungsgemäß sind besonders die Berufseinstiegsprogramme großer, bekannter Unternehmen sehr beliebt. Entsprechend groß kann die Zahl der Bewerber ausfallen. Mach dir darüber jedoch keine allzu intensiven Gedanken. Du kannst deine Mitbewerber nicht beeinflussen. Konzentriere dich stattdessen auf dich. Bereite dich gut vor, gib dein Bestes und falls es nicht klappen sollte, gewinnst du eine wertvolle Lernerfahrung im Umgang mit Assessment Centern, die dir in der Zukunft nützlich werden kann.

Beim Direkteinstieg gibt es meist nur eine zu besetzende Stelle. Dabei kann es zwar auch zu einem Assessment Center kommen, sehr viel wahrscheinlicher ist jedoch ein klassisches Bewerbungsgespräch. Häufig musst du auch vorab einen Vortrag zu einem freien oder vorgegebenen Thema halten oder dir zu einer bestimmten fachspezifischen Fragestellung Gedanken machen und diese Überlegungen beim Gespräch präsentieren. Achte dabei nach Möglichkeit darauf, thematisch einen Bezug zu deiner Stelle herzustellen. Wenn du beispielsweise bereits ein Praktikum in diesem Unternehmen oder der Branche absolviert hast, könntest du davon erzählen oder von einem Studienprojekt, dass inhaltlich stark an die Stelle anknüpft. Beim Festeinstieg ist es sehr wahrscheinlich, dass du im Gespräch direkt deine künftige Führungskraft und sogar Mitglieder des Teams kennenlernst. In der Regel bekommst du auch Gelegenheit, deine Fragen zu stellen und dich über die Abteilung, das Team, die Verantwortlichkeiten sowie den Arbeitsalltag, aber auch Entwicklungsmöglichkeiten zu informieren. Das solltest du auch unbedingt tun. Letztlich suchst du ja eine für dich passende Position. Es kann auch passieren, dass du nach einem Gespräch sagst, die Stelle kommt für dich so nicht infrage. Ich habe das im Laufe meiner Karriere genau einmal direkt nach dem ersten

Gespräch mit dem potenziellen Chef festgestellt. Letztlich immer noch sehr viel besser als nach dem Festeinstieg.

Manchmal kann es auch vorkommen, dass du zwar in deinem Wunschunternehmen eine Zusage bekommst, allerdings nicht in der von dir bevorzugten Abteilung. In diesem Fall kann es tatsächlich klug sein, diese Stelle trotzdem anzunehmen. Ein interner Wechsel nach ein paar Jahren im Unternehmen ist keinesfalls unüblich und kann unter Umständen sehr viel leichter sein als die Bewerbung von außerhalb. Darüber hinaus lernst du auf diese Weise womöglich Abteilungen kennen, die dir noch viel mehr entsprechen und von deren Existenz du bisher gar nichts wusstest.

9.5 Erfahrungen und Tipps

Ich habe nach meinem Studienabschluss ein unbefristetes Trainee-Programm im Vertrieb absolviert. Neben professionellen Verkaufs- und Verhandlungstrainings ging es in erster Linie darum, erfahrene Vertriebskollegen zu unterstützen, zum Kunden zu begleiten und von ihnen zu lernen. Dabei habe ich zu Beginn nur kleine Themen über- nommen, wie beispielsweise Angebote und Verträge erstellen. Mit der Zeit konnte ich dann mehr und mehr Verantwortung übernehmen und nach Ablauf des zwölfmonatigen Programms direkt als vollwertiger Vertriebsbeauftragter einsteigen. Mehrmonatige Rotationen in andere Abteilungen waren in meinem Fall nicht eingeplant, allerdings konnte ich mehrere Wochen Technikertrainings besuchen und Applikations- spezialisten und Service-Techniker bei ihren Kundeneinsätzen begleiten. Auch konnte ich spannende Einblicke in vertriebsnahe Abteilungen bekommen und beispielsweise bei der Kundenhotline mithören. Im Grunde war das Trainee-Programm wie eine kleine Ausbildung zum Verkäufer. Es war eine enorm interessante und wertvolle Zeit und letzt- lich für mich der optimale Einstieg in den Vertrieb.

Viele meiner Kommilitonen haben sich nach dem Bachelorabschluss bei verschiedenen Unternehmen beworben und als Plan B, falls es nicht klappen sollte, eine Zusage für die richtige Stelle zu bekommen, das Masterstudium drangehängt. Das kann durchaus eine gute Strategie sein. Kein Weg ist pauschal besser oder schlechter. Wichtig ist nur, dass der Weg, den du für dich wählst, auch zu dir passt.

Mehr Tipps rund um den erfolgreichen Berufseinstieg, die Probezeit und Einarbeitung findest du in meinem zweiten Buch („10 Erfolgstipps für Berufseinsteiger: Ein persönlicher Ratgeber für den Jobstart und die ersten Berufsjahre", ISBN 978–3-658–36.392-5).

Nachwort

Greift nach den Sternen!

In diesem Ratgeber habe ich versucht, meine Erfahrungen und Erkenntnisse so offen und ehrlich wie nur möglich zu teilen. Stets in der Hoffnung, dir auf diese Weise wirklich bei deinen eigenen beruflichen Entscheidungen und Bewerbungen zu helfen. Dabei habe ich so manches Persönliche geteilt und jeder, der dieses Buch noch vor der Veröffentlichung korrekturgelesen hat und mich gut kennt, weiß, welche konkreten Situationen ich jeweils beschreibe und welche Emotionen bei jeder einzelnen involviert waren. Dieses Buch ist ein echtes Herzensprojekt. Ich hoffe sehr, dass es dir dabei hilft, deinen beruflichen Weg zu finden und auch den entsprechenden Bewerbungsprozess dahin zu meistern.

Letztlich ist eine Bewerbung nur dann wirklich ein Fehlschlag, wenn sie nie abgeschickt wird. Wenn du deine Stärken kennst und entsprechend selbstbewusst und optimistisch an den Auswahlprozess herantrittst – egal, wie herausfordernd dieser auf den ersten Blick auch erscheint – hast du eine reale Chance auf Erfolg. Greife nach den Sternen! Nur so kannst du sie auch erreichen. Es ist völlig in Ordnung,

© Springer Fachmedien Wiesbaden GmbH, ein Teil von Springer Nature 2023
T. Schrammel, *Die ersten Bewerbungen für Schüler und Studierende*,
https://doi.org/10.1007/978-3-658-37932-2

auf dem Weg dorthin ab und an ins Stolpern zu geraten und möglicherweise sogar hinzufallen, solange du nur immer einmal öfter wieder aufstehst, als du hinfällst. Ich hoffe sehr, dass ich dir mit diesem Ratgeber etwas die Scheu vor den unbekannten Größen Berufsorientierung, Bewerbung, Bewerbungsunterlagen und Auswahlprozess nehmen konnte. Zu sehen, wie es bei anderen mit den Bewerbungen geklappt hat, kann und soll motivieren, anspornen und helfen. Aber auch aus den Fehlern anderer, welche letztlich zu den wirklich wertvollen Erkenntnissen werden, kannst du viel für dich selbst mitnehmen.

Brief an mein 16-jähriges Ich

Zum Abschluss möchte ich noch einen Rat geben, aber diesmal nicht an meinen kleinen Bruder, denn alles, was ich ihm je zum Thema Bewerbung und berufliche Zukunft gesagt habe (und noch mehr), steht bereits in diesen Seiten. Dieser abschließende Abschnitt soll etwas ganz Besonderes sein. Ein (hoffentlich) würdiger Abschluss für ein Projekt, dass mir sehr viel Freude und Mühe bereitet hat und mir von der allerersten Sekunde an wirklich am Herzen lag. Er enthält einen Brief an mein 16-jähriges Ich. Denn für so einzigartig, wie man sich selbst und seine Gedanken in diesem Alter auch hält, ich bin mir sicher, dass sie gar nicht so anders waren als die vieler anderer, die heute dieses Buch lesen. Mit 16 nimmt man nicht gerne Ratschläge an. Was wissen andere schon darüber, was einen wirklich bewegt? Was also, wenn man einen Rat von jemandem bekommt, der einen wirklich kennt und auch noch sehr viel länger als man selbst? In diesem Sinne:

Liebes jüngere Ich,
in jedem Schuljahr hat man dir gesagt, dieses sei (nun aber wirklich) das schwerste. Die Wahl der Leistungskursfächer sei fundamental entscheidend für deine Zukunft, ebenso wie die Wahl der richtigen Ausbildung oder des richtigen Studiengangs. Man versucht dir immer wieder (in bester Absicht) klarzumachen, wie wichtig es ist, in deinem Alter die richtigen Weichen für die Zukunft zu stellen und dir gleichzeitig einzubläuen, welch schlimme Konsequenzen eine Fehlentscheidung haben könnte. Dazu lass mich Dir heute sagen: Setz dich nicht zu sehr unter Druck, und bitte: Lass die

Angst davor, dich falsch zu entscheiden, nicht übermächtig werden. Viele Interessen zu haben, ist eine Gabe. Und eine Entscheidung muss keine Einschränkung bedeuten. Du hast dich dagegen entschieden (trotz des Deutschleistungskurses), Journalistin zu werden und bist dem technischen, logischen Weg gefolgt, stets auf der Suche nach neuen Herausforderungen, und trotzdem schreibst du später Bücher. Auch gegen die Biologie und Medizin hast du dich entschieden, trotz des Biologieleistungskurses und der Faszination und Begeisterung für diese Themen. Und in zehn Jahren bist du trotz eines technischen Studiums in der Gesundheitsbranche tätig und von Medizinern und klinischen Kunden umgeben. Keine (berufliche) Entscheidung, die du treffen wirst, wird wirklich falsch sein.

Jedes Hindernis und jeder vermeintliche Misserfolg haben dich letztlich stärker gemacht. Vertraue dir selbst, glaub an dich und bleibe dabei stets ein guter Mensch. Du bist stärker, als du manchmal glaubst, und kannst alles schaffen, was du dir nur vornimmst. Sei nicht zu hart oder kritisch mit dir selbst. Es ist okay, nicht perfekt zu sein. Sei nachsichtiger. Du wirst viele böse Wörter hören, glaub ihnen nicht und nimm sie dir nicht zu Herzen. Sei stattdessen lieber stolz auf das, was du schon geschafft hast und konzentriere dich stets auf die positiven Aspekte in deinem Leben. Sei so glücklich, wie du nur sein kannst. Du kannst nicht alles verändern, was auf der Welt schiefläuft, aber du bist für dein persönliches Glück verantwortlich und dafür ist es einzig und allein entscheidend, wie du mit deinem Leben umgehst! Du hast nur das eine Leben, übernimm die Verantwortung dafür, mach das Beste daraus und sorge dafür, dass es dir gut geht und du gesund und glücklich bist. Du wirst auf deinem Weg die wundervollsten Menschen kennenlernen, die dein Leben bereichern werden. Ich habe inzwischen gesehen und erlebt, was noch kommen wird, und glaub mir, es wird richtig gut. Freu dich auf das, was noch kommt und hab keine Angst vor der Zukunft.

Alles Liebe
Tamara

Tamara Schrammel

10 Erfolgstipps für Berufs- einsteiger

Ein persönlicher Ratgeber
für den Jobstart und
die ersten Berufsjahre

SACHBUCH
EBOOK INSIDE

Springer

Printed in the United States
by Baker & Taylor Publisher Services